竞争政策与法律文库

黄勇 总主编

专著系列

江山 主编

国家社科基金一般项目“反垄断法的修订研究”（19BFX161）最终成果

中国反垄断法的立法完善

Legislative Perfection of China’s Anti-monopoly Law

丁茂中 著

法律出版社
LAW PRESS · CHINA
—— 北京 ——

图书在版编目(CIP)数据

中国反垄断法的立法完善 / 丁茂中著. -- 北京 : 法律出版社, 2022

ISBN 978 - 7 - 5197 - 6080 - 9

Ⅰ. ①中… Ⅱ. ①丁… Ⅲ. ①反垄断法－立法－研究－中国 Ⅳ. ①D922.294.4

中国版本图书馆CIP数据核字(2021)第211960号

中国反垄断法的立法完善
ZHONGGUO FANLONGDUANFA DE LIFA WANSHAN

丁茂中 著

策划编辑 沈小英
责任编辑 刘晓萌
装帧设计 李 瞻

出版发行 法律出版社
编辑统筹 法治与经济出版分社
责任校对 晁明慧 王 皓
责任印制 吕亚莉
经　　销 新华书店

开本 710毫米×1000毫米 1/16
印张 13.5 **字数** 249千
版本 2022年1月第1版
印次 2022年1月第1次印刷
印刷 北京虎彩文化传播有限公司

地址:北京市丰台区莲花池西里7号(100073)
网址:www.lawpress.com.cn
投稿邮箱:info@lawpress.com.cn
举报盗版邮箱:jbwq@lawpress.com.cn

销售电话:010-83938349
客服电话:010-83938350
咨询电话:010-63939796

书号:ISBN 978-7-5197-6080-9
定价:88.00元

凡购买本社图书,如有印装错误,我社负责退换。电话:010-83938349

竞始择
争而和

总　序

时至今日，市场经济成为现代国家经济发展模式的最优选择，已是共识。市场经济是主要通过市场来配置资源的经济运行机制，即经济生活中“生产什么”“如何生产”“为谁生产”等问题交由市场决定。市场经济条件下，由竞争所形成的资源相对价格承载着某一资源相对于其他资源的稀缺程度信息，而市场参与者依据该信息便可掌握相关市场的竞争态势，并作出相应的资源配置决策，从而大大降低信息成本和交易成本。与此同时，市场参与者不仅要受到竞争约束，而且要受到产权约束，从而极大降低了监督成本。正因如此，市场经济成为一种静态和动态资源配置效率兼具的经济制度。倘若不建立这样的制度，社会资源配置就缺乏可靠的指引，经济资源也就无法得到有效配置。因而市场经济成为各国发展经济的不二选择，我国也不例外。党的十四大确立“建设社会主义市场经济体制”目标、1993年“市场经济”入宪，宣示我国开启了经济建设的新模式。

市场经济要求市场在资源配置中起决定性作用，竞争是市场的核心机制。没有竞争，也就无所谓市场，更遑论市场经济。政策文件、法律文本上的“市场经济”，并不必然意味着市场或竞争能够在现实的资源配置中发挥积极作用。对于尚处于转型期的中国来说，计划经济体制下长官意志、行政命令和对产业政策的深度路径依赖并未完全消除，仍残留在经济政策制定的过程之中,或隐或显地影响或干扰着经济运行,其典型体现便是坊间所称的“行政垄断”。这不仅戕害市场公平竞争,也损害市场运行效率和政府威信。与此同时,竞争的自我毁坏性在我国市场经济运行中也不可避免。如何有效规制垄断便成为市场经济运行中不可回避的话题。1993 年出台的《反不正当竞争法》和 2007 年颁布的《反垄断法》相继成为我国打击垄断、保护竞争的法制支撑,在矫正竞争扭曲行为、维护市场竞争秩序方面发挥了不容忽视的效用,但在我国改革进入深水区之时面临包括体制、机制在内的诸多束缚和挑战。显然,这已不是反垄断法所能承载之重,需将竞争政策与法律置于中国全面深化改革的时代大背景之下整体考量、全面筹划。

在中国,自古以来改革绝非易事,当代经济改革更是一件宏大的历史叙事。对内改革、对外开放,是 40 多年来经济建设不变的主题。众所周知,改革就会向旧体制“宣战”,更会触动某些利益集团或群体的“奶酪”,从而使改革困难重重。拿出“壮士断腕”的勇气和魄力,不是套话而是改革浪潮中决策者的真实呼唤与深情呐喊。因此,在经济改革进程中,导入竞争机制,将计划经济体制遗留下来的那只踩住市场“无形之手”的政府“有形之脚”驱离,还以市场经济之应有活力,其难度可想而知! 改革尚未完成,法治仍需努力! 唯有通过改革,方能不断巩固和强化市场机制,以及竞争在资源配置和国民经济运行中的决定性作用。“使市场在资源配置中起决定性作用和更好发挥政府作用,必须以保护产权、维护契约、统一市场、平等交换、公平竞争、有效监管为基本导向,完善社会主义市场经济法律制度”,不仅是政策表达,更是经济改革的制度诉求。其核心,是促进市场竞争的政策选择与法律治理问题。对学者来说,是挑战,更是机遇。

在欧美成熟市场经济法域,丰富的反垄断理论学说与实践经验的积累,源自制度与市场长时期的共同演进。而在中国,反垄断法诞生伊始就面临着浓缩的改革大时代和迭代的经济新潮流,既要夯实制度基础、因应改革变局,又要立足理论前沿、迎接未知未来。为此,与之相关的竞争政策与立法的基础性、系统性和前沿性、开创性的研究都亟待充实。当前,竞争政策与法律所处的宏观环境是动态的。正推进着的全面深化改革战略,不仅从制度层面上不断改变着现行的制度与规范体系,更改变着制度所处的环境,需要研究动态之下的制度把握与应用。唯有宏观把握竞争政策与产业政策作为经济发展政策工具选择的优劣、消长,方能从容布划,为经济改革的路径选择、制度设计和政策制定建言献策。与此同时,反垄断法的不确定性也呼唤理论与实践的深化。这种不确定性由多种因素促成，既有规范文字的原则抽象，也有垄断行为的千变万化，更有市场情势的瞬息万变。也正是因为这种不确定性，使反垄断法适用极具技术性、专业性，无论是具体实务还是理论探讨，无不需要跨领域、跨学科的多角度、多层次深入思考、比较分析、潜心研究，借鉴和汲取域外有益经验，总结和归纳国内反垄断实践之得失。竞争政策与反垄断法不是停留在政策与法律文本的字里行间，而是要落地、生根，在政策实施与法律适用中方能获得生命。脱离实际、远离中国市场竞争的竞争政策与法律研究注定是灰色的。该领域的研究不仅要着眼于竞争政策与反垄断法深层次的理论追寻，更要善于把握现实中的实践需求，如当下的公平竞争审查、执法机制与程序完善、创新与反垄断等问题，深入挖掘、扎实研究，小心求证、谨慎结论。唯有如此，竞争政策与法律研究在中国方可开花、结果。

对外经济贸易大学竞争法中心是为回应我国《反垄断法》制定和实施需求、推动竞争法律与政策研究、加强对外学术交流与合作而成立的校级研究机构。自成立以来，始终以“竞始择，争而和”为情怀，以推动和引领中国竞争法研究为己任，通过举办国际性论坛、系列讲座和提供咨询服务等多种形式，构建良好的学术研究平台，开展前沿性研究、培养竞争法人才，服务国家与社会。百舸争流，奋楫者先。为进一步推动中国竞争政策与法律研究的发展，中心拟举惠园之力、聚全国竞争法同人之智识，组织出版《竞争政策与法律文库》，以共襄中国竞争法治之盛事。文库设专著系列、译著系列、案例系列、文集系列，是法律出版社与对外经济贸易大学竞争法中心共同打造的学术品牌。中心将秉持开放包容之胸怀、恪守择优务实之原则，认真对待每一位竞争法志士的优秀作品。期待您的大作！

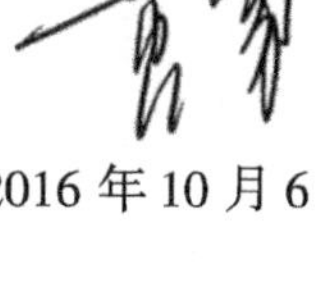*

2016 年 10 月 6 日

* 对外经济贸易大学竞争法中心主任，教授、博士研究生导师。

Contents

目录

绪论　反垄断法的基本完善路径

过去十余年的实践充分表明,我国《反垄断法》客观还存在很多的立法问题,内容涵盖调整范畴、行为规范、法律责任、实施体制等方方面面,而各部分的突出程度有所不同。并且,理论界、实务界对它们的性质以及解决方案存在认识分歧。这就基本决定了我国《反垄断法》的修订应当会是比较复杂的,整体难度甚至可能并不低于起初的制定。就框架性设计而言,我们应当重点做好以下方面的基本工作。

一、有效调整垄断行为的竞争规制范畴

就理论界、实务界对其性质以及解决方案存在认识分歧的问题性质而言,它们主要涉及垄断行为的竞争规制范畴,即哪些应当纳入反垄断法的规制范围或者哪些不应当纳入反垄断法的规制范围在我国目前仍然存在较大的争议。

(一)制度性规则设计的争议

按照争议程度的高低,维持转售价格问题在此应当毫无疑问地位居榜首。维持转售价格通常是指生产商或供应商在将产品出售给分销商或零售商时,对后者向第三人进行转售时的价格进行限制的情形。[①] 我国《反垄断法》第14条对维持转售价格作了原则性的禁止规

---

① 参见黄勇、刘燕南:《关于我国反垄断法转售价格维持协议的法律适用问题研究》,载《社会科学》2013年第10期。

定。对此,不仅反垄断执法机构与法院之间存在适法分歧,而且法院系统内部也存在适法分歧。自 2008 年 8 月以来,国务院反垄断执法机构及其授权的省级执法机构对维持转售价格的违法认定至少在形式上一直都是仅仅依据《反垄断法》第 14 条作出的。若用竞争法理论上常用的术语来概括这种做法,就是“本身违法原则”。[①] 而在海南裕泰科技饲料有限公司与海南省物价局物价行政处罚纠纷案二审之前,[②]法院对维持转售价格的违法认定在整体上一直都是依据《反垄断法》第 14 条和第 13 条第 2 款作出的。若用竞争法理论上常用的术语来概括这种做法,就是“合理原则”。[③] 但是随着海南省高级人民法院撤销海口市中级人民法院(2017)琼 01 行初 681 号行政判决,[④]这种分歧开始出现在法院系统内部。针对我国当前出现的维持转售价格的适法现象,业内专业人士基本都将问题指向立法,但是他们对此的具体看法又不尽一致。从整体来看,这些观点大体可以分为两种:一种认为,原则性禁止维持转售价格是正确的,只是立法需要完善潜在的分析方法构造;[⑤]另一种认为,原则性禁止维持转售价格不正确,立法的要务应当在于防止潜在的滥用情形。[⑥]

相对优势地位问题在此应当可以位居榜单第二。相对优势地位通常是指在具体交易过程中,交易一方在资金、技术、信息、市场准入、销售渠道、原材料采购等方面处于优势地位,交易相对方对该经营者具有依赖性,难以转向其他经营者。[⑦] 对于反垄断法是否应当对相对优势地位进行规定,我国在《反不正

① 本身违法原则,英文表述为“illegal per se rule”,其要义是只要经营者实施了特定的行为,就直接推定它们构成垄断行为,而无须考虑其他相关事项。

② 海南裕泰科技饲料有限公司在 2014 年和 2015 年实施了维持转售价格。海南省物价局认定这种行为违反了《反垄断法》第 14 条规定,作出琼价监案处〔2017〕5 号行政处罚决定书对其进行处罚。前者对此不服,向海口市中级人民法院对后者提起行政诉讼。海口市中级人民法院作出(2017)琼 01 行初 681 号行政判决,判令撤销海南省物价局作出的琼价监案处〔2017〕5 号行政处罚决定书。后者对此不服,向海南省高级人民法院提起上诉。

③ 合理原则,英文表述为“rule of reason”,其要义是并非只要经营者实施了特定的行为,就可以直接推定它们构成垄断行为,而还需要充分考虑行为动机、实施效果等才能进行定性。

④ 海南省高级人民法院认为:海南省物价局作出琼价监案处〔2017〕5 号行政处罚决定书程序合法,认定事实清楚,适用法律正确;一审判决适用法律错误。详见(2017)琼行终 1180 号行政判决书。

⑤ 参见时建中、郝俊淇:《原则性禁止转售价格维持的立法正确性及其实施改进》,载《政治与法律》2017 年第 11 期。

⑥ 参见兰磊:《转售价格维持违法推定之批判》,载《清华法学》2016 年第 2 期。

⑦ 参见戴龙:《滥用相对优势地位的法律规制研究——兼议〈反不正当竞争法〉(修订草案送审稿)第 6 条的修改》,载《中国政法大学学报》2017 年第 2 期。

当竞争法》修订过程中就曾附带性地又掀起新一轮的争论高潮，只是争论的焦点在形式上有所位移而已。赞同的观点认为，“多数情况下，滥用相对优势地位行为可以通过反垄断法以及合同法、侵权法等已有民事法律予以调整，缺乏在《反不正当竞争法》中单独规制的必要性”。① 反对的观点则认为，“若按传统观念将其滥用行为纳入反垄断法的调整范畴，则既与域外反垄断立法的‘结构主义’范式和‘行为主义’范式相冲突，亦与我国现阶段反垄断立法的‘谦抑性’特征相违背。相较而言，反不正当竞争法在静态机理中展示出的‘维护公平竞争’的独立价值品格以及在动态运行上呈现的‘从个体到整体’的利益保护路径，更契合规制滥用相对优势地位的内在逻辑”。② 而综观我国以往具有针对性的争论，对此的具体看法在大体上也是如此，即基本可以分为赞同类和反对类两种。前者的代表性观点如“我国反垄断法的立法者应该总结社会现实的切实需要，从总体上界定滥用相对优势地位的概念、行为类型、法律责任，将滥用相对优势地位的行为纳入我国反垄断法的规制范围”。③ 后者的代表性观点如，在结构性要素仍然是反垄断法理论框架的基础下，我国的《反垄断法》不应当采用相对优势地位滥用理论。④

超高定价问题在此应当位居榜尾。超高定价通常是指具有市场支配地位的经营者以不公平的高价销售商品或者以不公平的低价购买商品。⑤ 我国《反垄断法》第 17 条第 1 款对超高定价作了原则性的禁止规定。对此，无论是在立法过程中还是在法律颁布之后，就规制的必要性所发生的争论基本没有实质性地停止过。“中国反垄断法学界的主流观点认为，超高定价应该受到反垄断法的规制，理由包括：垄断性高价是滥用市场支配地位的比较普遍的和典型的表现形式，如果任其泛滥，则消费者利益和国家经济秩序将会受到更大的危害；反垄断法对处于市场支配地位的企业滥用其这种地位而非法牟取垄断性高价的行为进行管制更方便，也可能更有效；虽然证明垄断性高价并不容易，但是反垄

---

① 朱理：《滥用相对优势地位问题的法律规制——虚幻的敌人与真实的危险》，载《电子知识产权》2016 年第 6 期。

② 龙俊：《滥用相对优势地位的反不正当竞争法规制原理》，载《法律科学（西北政法大学学报）》2017 年第 5 期。

③ 王丽娟、梅林：《相对优势地位滥用的反垄断法研究》，载《法学》2006 年第 7 期。

④ 参见李剑：《论结构性要素在我国〈反垄断法〉中的基础地位——相对优势地位滥用理论之否定》，载《政治与法律》2009 年第 10 期。

⑤ 参见王先林：《超高定价反垄断规制的难点与经营者承诺制度的适用》，载《价格理论与实践》2014 年第 1 期。

断法执行中的复杂性和难度也不是这个问题所独有的。”①但是,也有不少专家持有完全不同的观点。他们认为:“禁止独占者的超高定价是一种保护消费者的措施,而不是保护竞争的设计。”②而“市场经济下的垄断企业有可能在一个短期内攫取垄断利润是激励企业创新的重要机制。一般来说,竞争性市场上的短期剥削行为应当交给市场本身来解决”。③

(二)反垄断立法的根本指导原则

“法是调整社会关系的规范,它通过规范人们的行为而达到调整社会关系的目的。”④顾名思义,反垄断法即为反对垄断的法律。“虽然各国反垄断法所规制的垄断的侧重点和具体形式不完全相同,但它们的重点一般均不放在市场结构上,而是放在市场行为上。”⑤仔细考察《反垄断法》不难看出,我国亦是如此。有所不同的是,我国在此不仅将规制重点指向了经营者及行业协会,而且将规制重点指向了行政机关和法律、法规授权的具有管理公共事务职能的组织。市场由卖方转向买方使竞争的压力基本转移到经营者身上,而竞争是市场的灵魂,所以,任何对经营者的经营行为进行不同程度的限制或者放宽限制在客观上都会直接影响市场的运行,包括制度性的规范设计或者个案化的具体执法。也正是因为如此,所有对行政机关和法律、法规授权的具有管理公共事务职能的组织进行的竞争规制或者规制力度的调整,在客观上也会影响市场的运行,只是作用的方式相对间接些而已。

就维持转售价格问题的争论而言,这具体表现为是否应当让政府对经营者要求交易相对人必须按照其意思固定向第三人转售商品的价格或者限定向第三人转售商品的最低价格等做法进行干预。基本赞同当前规定的人认为应当让政府对此进行干预,而完全反对当前规定的人则认为应当归由市场对此进行调节。就相对优势地位问题的争论而言,这具体表现为是否应当让政府对在资金、技术、信息、市场准入、销售渠道、原材料采购等方面只是存在一定的差距,但是因此形成依赖性关系的当事人之间所发生的各种商业化博弈行为进行干预。赞同我国在反垄断法中引入滥用相对优势地位的人认为,应当让政府对此

---

① 叶卫平:《平台经营者超高定价的反垄断法规制》,载《法律科学(西北政法大学学报)》2014年第3期。

② 孔祥俊:《反垄断法原理》,中国法制出版社2001年版,第562页。

③ 王晓晔:《反垄断法》,法律出版社2011年版,第207页。

④ 张文显主编:《法理学》(第4版),高等教育出版社、北京大学出版社2011年版,第45页。

⑤ 王先林:《竞争法学》(第3版),中国人民大学出版社2018年版,第201页。

进行干预,而反对我国在反垄断法中引入滥用相对优势地位的人则认为,应当归由市场对此进行调节。就超高定价问题的争论而言,这具体表现为是否应当让政府对在相关市场上具有支配地位的经营者所实施的交易价格进行干预。赞同当前规定的人认为应当让政府对此进行干预,而部分反对当前规定的人则认为应当归由市场进行调节。

因此,反垄断的立法应当以政府与市场的关系定位为根本指导原则。而比较《反垄断法》出台前后的中央改革文件,非常明显,我国在政府与市场的关系定位上发生了历史性的变化。回顾历史,我国在 1994 年就将《反垄断法》的制定列入第八届全国人大常委会的立法规划,但是直到 2006 年 6 月国务院法制办才向全国人大常委会提交了《反垄断法》的草案,后经第十届全国人大常委会第二十二次、第二十八次、第二十九次会议的审议才于 2007 年 8 月 30 日颁布。而这个阶段,我国在政府与市场的关系定位上一直都是使市场在资源配置中起基础性作用,只是在不同时期的具体改革要求略有不同而已。党的十四大提出的改革要求,是使市场在国家宏观调控下对资源配置起基础性作用;党的十六届三中全会提出的改革要求,是在更大程度上发挥市场在资源配置中的基础性作用。事实上,这种基本定位一直延续到《反垄断法》实施之后的第五个年头。众所周知,党的十八届三中全会审议通过的《中共中央关于全面深化改革若干重大问题的决定》开创性地提出:"经济体制改革是全面深化改革的重点,核心问题是处理好政府和市场的关系,使市场在资源配置中起决定性作用和更好发挥政府作用"。这就客观决定了《反垄断法》的修订在基本思路上应当有别于先前的制定,必须充分反映出市场在资源配置中的决定性地位。

(三)基础性规制条款的具体重构

对于维持转售价格,我国应当转为采用《反垄断法》第 55 条有关知识产权的立法模式。① 竞争源于不同经营者的不同品牌之间,这些商品之间应当存在竞争关系。但是品牌内部是否存在竞争关系,应当属于品牌所有者及其授权使用者的经营自主权范围内的决定事项。用户的选择在核心上是不同品牌的选择,相关的潜在选项必须有较为充足的选择空间,能够对此形成有效约束的决

---

① 具体条款可以在附则部分作出如下类似规定:"经营者依照《中华人民共和国民法典》等法律、行政法规规定实施维持转售价格的行为,不适用本法;但是经营者滥用维持转售价格,排除、限制竞争的行为,适用本法。"

定性因素是其他经营者在各自品牌上的品种、数量、定价等，而非单个经营者的品牌销售体系。如果一个经营者不能对这种外部约束作出有效反应，那么它就可能面临着被淘汰出局的残酷现实。所以，任何经营者的应有负担就是保持对外的竞争力。而这除了基础性地取决于产品本体外，还在很大程度上涉及商品的流动渠道。因此，无论是采用直销模式还是经销模式，品牌所有者及其授权使用者都应当有权就建立自己品牌的销售体系所涉的价格策略作出自主安排。至于维持转售价格容易导致不同品牌的不同经营者之间出现横向垄断协议问题：一方面，这至今只是部分经济学家的理论推演，并未得到有效证实；另一方面，我国在反垄断法的制度设计上已经存在横向垄断协议的规制条款。并且，"中国作为一个新兴市场国家，市场相对活跃，不断有新企业、新产品、新品牌进入市场，既然限制最低转售价格有利于促进新企业、新产品、新品牌进入市场，那么这种行为在中国就更不应该被原则性地否定了"。[①] 故而，立法对此可为的内容应当是防止潜在的滥用情形。

对于相对优势地位，我国应当基本保持当前的做法，但是需要采取措施完善《反垄断法》第 18 条规定。由于不同的市场参与者在资金规模、技术水平、信息获取能力等相关方面存在差异，使交易的当事人总会有一方处于相对优势地位，只是程度不同而已。即便是一方因此对另一方具有依赖性而难以转向其他经营者的情形，在市场经济活动中亦是比较普遍的。一方面，绝大部分领域的市场一直都在发生代际性的变革。社会创新的客观规律充分表明，实现技术突破并成功进行商业化的主体在垄断没有被竞争对手打破之前通常对所有的交易相对人具有相对优势地位。另一方面，绝大部分领域的市场一直都在进行代内性的细分。差异化经营的本质就是对不同的用户进行群体化区分，试图最大限度地借助独特的消费偏好以及价格接受水平等其他因素进行有效锁定。若将相对优势地位作为潜在的规制内容，就意味着绝大部分的市场交易活动都可能受到反垄断执法机构的直接介入。况且，优胜劣汰的基本法则本身就要求所有经营者必须不断地建立自己的优势地位，以使其能够在市场博弈中尽量获得更多的生存发展机会。因此，凡是没有达到能够可能影响市场有效竞争的市场支配地位级别的相对优势，至少反垄断法不应当将此纳入调整视野。虽然《反垄断法》在形式上只是对市场支配地位作了规定，但是由于它在第 18 条中将"其他经营者对该经营者在交易上的依赖程度"作为市场支配地位的权衡因素

---

① 丁文联：《限制最低转售价格行为的司法评价》，载《法律适用》2014 年第 7 期。

之一，这就使该法在适用过程中可能实质性地夹杂相对优势地位的内容。因此，立法应当明确限制不能仅仅依据此项权衡因素就可以直接认定一个经营者具有市场支配地位。①

对于超高定价，我国应当改变当前的做法，实质性地将其从《反垄断法》中彻底删除。“市场机制能够有效配置资源、形成兼容的激励机制的根本原因在于，通过市场竞争形成的价格能够反映供求即资源的稀缺程度，只有通过市场的自由竞争才能形成这一价格信号，才能实现市场所有有效的机制。”②因此，我们应当最大限度地控制政府直接干预价格的行为，尤其是对竞争性的市场。就以不公平的高价销售商品或者以不公平的低价购买商品的性质而言，它们在本质上是经济利益的一种分配，国家立法机关的职能部门对此所作的学理说明也充分肯定了这点。③ 一方面，这并不会妨碍市场的有效竞争。当交易对象为上下游的经营者或者消费者时，它在客观上恰恰为部分竞争对手特别是中小企业提供了一些生存空间；即便交易对象是竞争对手，也无法动摇市场竞争所涉及的要素结构及其可以进行选择组合的空间，况且排他性本身就是竞争的固有内容。另一方面，这也不会影响维护消费者利益的作用路径。反垄断法对消费者的保护是以独特的方式进行的，即原则上以保护市场公平竞争来给消费者提供更多的便利选择，在以适度牺牲市场公平竞争为代价去换取经济运行效率或者社会公共利益的例外情况下要求涉事的经营者必须与相关的消费者共同分享由此产生的好处。由于立法在单个垄断行为的具体表现形式上无可避免地将会使用到兜底条款，这就决定我们为此不能只是简单地将相应内容从《反垄断法》中删除即可，而还应当另外进行合理的设计使其不会被滥用市场支配地位的兜底条款所涵盖。④

---

① 具体条款基本可以作出如下类似规定：认定经营者具有市场支配地位，应当综合考虑下列因素：(1)该经营者在相关市场的市场份额，以及相关市场的竞争状况；(2)该经营者控制销售市场或者原材料采购市场的能力；(3)该经营者的财力和技术条件；(4)其他经营者对该经营者在交易上的依赖程度；(5)其他经营者进入相关市场的难易程度；(6)与认定该经营者市场支配地位有关的其他因素。

② 吴敬琏：《市场的灵魂在于竞争》，载《华夏酒报》2013年3月12日。

③ 参见全国人大常委会法制工作委员会经济法室编：《中华人民共和国反垄断法条文说明、立法理由及相关规定》，北京大学出版社2007年版，第17页。

④ 具体条款基本可以在附则部分作出如下类似规定：具有市场支配地位的经营者高价销售商品或者低价购买商品，不适用本法。

二、重点提高垄断行为的行为规范的确定性

相较其他法律制度而言,反垄断法普遍具有较高程度的不确定性。① 而我国目前在此则表现得更为突出,尤其是涉及垄断行为的行为规范内容。

(一)反垄断法不确定性的具体表现

其一,相关市场的定义条款在适用上往往存在很大的弹性空间。虽然《反垄断法》第 12 条第 2 款对相关市场作了明确定义,但是仅据此通常还无法对所有涉嫌垄断的行为所处的相关市场作出精确界定。产品、地理、时间只是界定相关市场的基本维度,它们只能粗略地勾勒出目标集合体最为宽泛的影像轮廓。而要想使之达到较为理想的清晰程度,就必须进一步考察每个维度的所有相应权衡因素。国内外的反垄断执法以及司法实践充分证明,这些权衡因素的选择以及偏重程度的差异一般都会直接影响相关市场的界定结论。除此以外,在逐项分析替代性的过程中所择用的方法以及关键数据的差异也都会在很大程度上影响相关市场的界定结论。② 正因如此,除了极少数类型的垄断案件以外,大部分的相关市场界定经常充满业内专业人士的各种争议甚至是完全相反的见解,而且不同的反垄断执法机构或者不同的法院以及这两个系统之间就同一垄断纠纷或者类似情形依法所作出的界定结论也时常出现不同程度的差异。

其二,滥用市场支配地位的规制条款在要件表述上过于笼统。根据《反垄断法》第 17 条第 1 款的规定,经营者的某个做法构成滥用市场支配地位必须具备以下 3 个要件,即具有市场支配地位、实施了特定的行为、没有正当理由。除了对第一个要件以定义、列明权衡因素、明确可以推定情形的方式作了进一步指引以外,《反垄断法》并没有对第二个要件和第三个要件作出任何其他指引。而无论是第二个要件还是第三个要件,它们都还有很多内容需要进一步明确。前者以"以低于成本的价格销售商品"中所涉的成本样品选择为例,就至少有被掠夺方的边际成本、被掠夺方的平均可变成本、掠夺方的平均成本、行业平均成本等,选择不同的成本样品自然会基础性地影响到掠夺性定价行为本体的个案认定。③

---

① 参见沈敏荣:《论国际反垄断法的不确定性》,载《社会科学》2001 年第 1 期。

② 参见王晓晔主编:《反垄断案件的相关市场界定》,社会科学文献出版社 2014 年版,第 159 页。

③ 参见许光耀:《掠夺性定价行为的反垄断法分析》,载《政法论丛》2018 年第 2 期。

其三，经营者集中的控制条款在制度设计上尚存在模糊点。根据流程的顺序，首先，经营者集中的法定范畴中的“控制权”和“决定性影响”的认定标准。《反垄断法》只是将上述两者作为股权交易、资产交易或者委托管理等方式构成经营者集中的决定性要素，但是并没有对它们进一步作出合理的解释，而此种情形在实践中是相当复杂的。其次，未达到国务院规定申报标准的经营者集中是否确定不会受到竞争审查问题。虽然《反垄断法》第21条和第22条明确了达到国务院规定申报标准的经营者集中将会受到竞争审查及其可以例外情形，但是《反垄断法》并没有明确第28条的适用必须以此为前提，而未达到国务院规定申报标准的经营者集中未必就不会产生反竞争效果，但是《反垄断法》并没有对此种情形的潜在处理作出明确指引。最后，经营者集中的控制标准。一方面，《反垄断法》并没有对第28条前半部分作为基本控制标准组成内容的“具有或者可能具有排除、限制竞争效果”作出进一步解释，而所有经营者集中至少在形式上都有可能产生这种效果；另一方面，《反垄断法》并没有对第28条后半部分作为修正控制标准组成内容的“该集中对竞争产生的有利影响明显大于不利影响”作出进一步解释，而这完全可以是仁者见仁智者见智的。

其四，垄断行为的责任条款在处罚细节上存在部分的指向不明确。根据实践来看，这主要包括：第一个是没收违法所得的范畴，它潜在的选项有超额利润、超额利润+正常利润、超额利润+正常利润+商品成本；第二个是上一年度的时间节点，它潜在的选项至少有垄断行为存续期间的某个年度、经营者被立案调查的上一年度、反垄断执法机构作出处罚决定的上一年度等；第三个是销售额的范围，它潜在的选项有相关市场所涉的销售额或者经营者的所有销售额；第四个是1%以上10%以下的性质，它潜在的选项有比例自由裁量模式或者损害赔偿折算模式。①

(二)反垄断法不确定性的具体成因

基础性的原因应当是垄断行为的竞争规制所涉的事项客观比较复杂。除

① 比例自由裁量模式，即反垄断执法机构根据垄断行为的危害程度、被控对象的配合态度、行业发展的阶段特质等因素自由裁定对不同个案的违规企业按照自身选定的会计年度及营业额依据某个比例进行征收行政罚款。损害赔偿折算模式，即反垄断执法机构根据计算出来的垄断行为给市场造成的损失来确定违规企业应当向反垄断执法机构所代表的抽象市场必须进行赔偿的数额，以此作为化身行政罚款的基本数值并结合罚款基数的调整因子最终确定罚款数额，但是绝对值与上一年度营业额的比值不得超过10%。参见丁茂中：《垄断行为法律责任条款实施困境的消解》，载《法学》2017年第9期。

了横向垄断协议和政府滥用行政权力排除限制竞争的内容相对简单些以外，垄断行为所涉的其他内容往往相对烦冗而且多变。就相关市场而言，即使我们对产品、地理、时间各个维度的权衡因素以及一些常用的定量分析方法，诸如假定垄断者测试法及其数据选用的规则等作出明确指引，我们亦无法对缺乏有效数据、完全免费市场、多边平台经济等少数特殊情形的相关问题面面俱到。就滥用市场支配地位而言，不仅掠夺性定价、拒绝交易、限定交易、搭售或者附加不合理的交易条件、差别待遇的各自行为本体在构造上涉及诸多的不同商业元素，①而且它们各自在合理性上的具体抗辩事由也是基本各异的。② 就经营者集中而言，无论是其法定范畴中的"控制权"和"决定性影响"的认定标准还是其控制标准，都涉及很多作用要素及其组合效果的具体判断。前者如公司股权结构、所涉交易的股权性质、董事会成员的产生以及更换规则、经营决策的一票否决权等，后者如市场份额、市场控制力、市场集中度、市场进入壁垒的不同组合可能形成的单边效应、双边效应或者封锁效应以及人本目标的综合比较。就垄断行为的法律责任而言，违法成本与违法收益，规制垄断与鼓励创新，个人责任与单位责任，横向垄断协议与经营者集中在商业效果上的可融通性导致潜在的违法成本具有比较性，行业协会以及行政机关的经费来源特殊性等一堆庞杂事项的均衡与兼顾，使其应然的制度设计应当远远比当前的要复杂得多了。③

决定性的原因应当是立法者之前在此方面的归纳能力较为不足。虽然我国自20世纪90年代初就开始了《反垄断法》的起草工作，但是10年之后在此的经验和专业仍然显得薄弱。与垄断行为的竞争规制所涉事项客观比较复杂形成的反差导致了两个后果：第一，对条款的深化设计不足。综观我国《反垄断法》的制定过程不难发现，我们也曾经试图对上述不少内容进行细化指引。以经营者集中法定范畴中的"控制权"为例，2000年6月20日的征求意见稿和2005年7月27日、9月14日的修改稿均尝试对此作出较为具体的规定。但最

---

① 例如，搭售的行为本体就主要涉及独立商品的判断，即搭售商品与被搭售商品的区分；而差别待遇的行为本体就主要涉及交易条件的不同和交易相对人的相同的判断。

② 例如，限定交易的合理性抗辩事由通常包括为了保证产品质量和安全的、为了维护品牌形象或者提高服务水平的、代工协议履行、涉及知识产权等；而拒绝交易的合理性抗辩事由则通常包括交易相对人有严重的不良信用记录或者出现经营状况持续恶化等情况可能会给交易安全造成较大风险的、交易相对人能够以合理的价格向其他经营者购买同种商品或者替代商品或者能够以合理的价格向其他经营者出售商品等。

③ 由于我们将在后面有关"重点改进垄断行为的法律责任的威慑力"部分对此问题从另一个视角进行深度阐述，故而就不在此再进行重复赘述。

终都因无法达到预期的效果而被迫放弃。第二，对条款的周密设计不足。对于未达到国务院规定申报标准的经营者集中是否确定不会受到竞争审查问题，在流程性的设计框架内并不复杂，所以未来条款设计时应对其进行明确。

辅助性的原因应当是立法者当时对此秉持的制定指导思想较为保守。我国这方面的实践经验较为不足，而且经济生活具有多样性、多变性、复杂性的特点。因此，当前在反垄断法中主要将反垄断的基本原则、基本制度确立起来，做到界限清晰、概念明确、留有余地，便于操作执行，经过一段时期的实践，积累经验后，再及时加以修改和完善。① 据此可以说，我们在反垄断法的制定过程中是非常谨慎的。而事实上，即便在10多年前，我们也完全有能力在《反垄断法》的基础上对部分内容进行不同程度的精确深化。例如，在相关市场上，我们至少可以对产品、地理、时间各个维度的一些权衡因素具体列明。即便是对更为复杂的掠夺性定价、拒绝交易、限定交易、搭售或者附加不合理的交易条件、差别待遇的各自行为本体以及它们的具体抗辩事由亦是如此。但是为了最大限度地追求稳妥性，我们最终还是尽量选择了原则化的处理方式。

（三）反垄断法不确定性的具体克服

经过法律开始实施之后的10多年快速发展，我国目前在反垄断法的经验与专业上已经取得了很大进步。这不仅突出反映在反垄断法执法机构的具体执法上，而且突出反映在国务院反垄断委员会和国务院反垄断执法机构发布的指引文件上。② 虽然制度具体化是解决反垄断法不确定性问题的必由之路，但是垄断行为的竞争规制所涉事项客观比较复杂又使我们根本无法做到对此实现完全克服，而且不当的安排还会影响立法本身的科学性。在这种情况下，思路的选择非常重要。就前面问题所涉的内容而言，它们在大体上有三类，即具体的权衡因素、具体的评价样品和具体的定性标准。针对具体的权衡因素内容，我们应当尽量进行细化。一方面，这确实能够在很大程度上有效提升相应规则的指引性；另一方面，辅以兜底条款的做法不会限制相应条款的延展性。针对具体的评价样品内容，只要排除不会导致出现反竞争效果问题，那么我们就应当择用其中之一进行列明。尽管以笼统的方式进行处理使反垄断法在形式上具有最大限度的潜在科学性，但这未必就意味着在实质上能够给予经营者

---

① 参见曹康泰：《关于〈中华人民共和国反垄断法（草案）〉的说明——2006年6月24日在第十届全国人民代表大会常务委员会第二十二次会议上》，载全国人大网，http://www.npc.gov.cn/npc/zt/2006-06/24/content_1382613.htm。

② 参见王炳：《我国反垄断指南的尴尬法律地位与救赎方法》，载《政法论丛》2018年第6期。

最佳的保护。潜在的适用弹性特别是不同的反垄断执法机构选择不同的做法使经营者难以对此进行有效的竞争合规,从而客观导致它们被置于巨大的风险之下。与其如此,不如以具体的方式进行明确来提升反垄断法的指引功能。事实上,除非具体所用的评价样品可能导致法律适用的结果发生背离反垄断法的基本立法宗旨,这在实质上都是非常有利于经营者的守法。针对具体的定性标准内容,我们可以将成熟的经验进行总结加以适度反映。若确定现有的做法是成熟的经验,则我们完全可以通过非穷尽列举的方式对此进行法律化。这不仅能够使相应规范的指引性实现质的飞跃,而且一般不会折损制度应有的科学性。

具体就相关市场而言,我们目前在立法上应当只列明各个维度的具体权衡因素。虽然此处所涉的具体定性标准也是我们需要明确的内容,但是现有的经验在客观上还未达到理想的成熟程度。即便是假定垄断者测试法,亦还存在一些问题。除了前面提及的之外,至少还包括"玻璃纸谬论"、毛利润率与临界损失值的反比关系可以导致实际情形背离等。所以,目前最为稳妥的做法就是只进一步明确产品、地理、市场的各自具体权衡因素。在操作路径上,以相关市场的规定独立成条为基础,产品与地理的各自具体权衡因素可以直接移用《国务院反垄断委员会关于相关市场界定的指南》第 8 条和第 9 条的内容;时间的具体权衡因素应当重点突出峰期与非峰期、季节性、产品革新、确定的放松管制 4 项内容,并辅以兜底条款。

具体就滥用市场地位而言,对于行为本体,我们目前在立法上可以明确拒绝交易、限定交易、搭售或者附加不合理的交易条件、差别待遇的具体定性标准。根据国内外的实践来看,先前的《工商行政管理机关禁止滥用市场支配地位行为的规定》第 4 条、第 5 条、第 6 条、第 7 条的内容已经比较成熟,完全可以直接移用到立法层面。掠夺性定价在此主要涉及具体的评价样品,我们目前在立法上应当对此明确为掠夺方的平均成本。一方面,无论是理论推演还是实践操作,都没有证据表明使用掠夺方的平均成本会导致法律适用的结果发生背离反垄断法的基本立法宗旨;另一方面,使用掠夺方的平均成本比较符合人们的日常习惯,而且比较简单易懂。对于具体抗辩事由,我们目前在立法上应当列明各自的具体权衡因素。掠夺性定价、拒绝交易、限定交易的对应内容,可以分别直接移用先前的《反价格垄断规定》第 12 条第 2 款、第 13 条第 2 款、第 14 条第 2 款的规定;搭售或者附加不合理的交易条件的,应当重点突出必要性、增益性、习惯性3项内容，[①]并辅以兜底条款；差别待遇的，应当按照终端性、间接性、客观性、保护性四个阶梯形的考察视角逐次进行逻辑展开。[②] 在条款的安排方式上，我们对此应当转为采用2004年2月的送审稿采用的单独成条的体例，这样便于对每个滥用市场支配地位的行为本体和具体抗辩事由进行集中表述，更符合人们的阅读习惯。[③]

具体就经营者集中而言，对于经营者集中的法定范畴中的“控制权”和“决定性影响”的认定标准，我们目前在立法上可以明确具体的定性标准。在条款设计上，应当将持股比例超过50%且享有表决权、对经营决策拥有否决权、全权委托经营等明确推定属于此类情形，并辅以兜底条款，另外再设立允许当事人进行反证的规定。对于未达到国务院规定申报标准的经营者集中是否确定不会受到竞争审查问题，最为简单的做法就是立法对此予以明确肯定，具体条款表述基本可以照此进行直白；如果我们要在经营者集中申报制度的基础上明确作出例外审查安排，那么立法必须严格控制此种情形的适用范围，[④]应当无例外性地限制在尚未实施或者尚未完成的经营者集中，并且不得就此设立或者采取处罚措施。对于经营者集中的控制标准，科学的基本做法就是将《反垄断法》第28条前半部分作为基本控制标准组成内容的“具有或者可能具有排除、限制竞争效果”改为“具有或者可能具有实质性排除、限制竞争效果”，将《反垄断法》第28条后半部分作为修正控制标准组成内容的“该集中对竞争产生的有利影响明显大于不利影响”改为“该集中有利于提高经济运行效率，或者有利于维护消费者利益”。[⑤]

值得指出的是，若在完善之后的垄断行为法律责任的条款设计中还涉及前面所提及的要点或者其他类似性质的内容，则我们应当在最大限度上就所涉的具体权衡因素、具体评价样品、具体定性标准或者其他相关事项进行具体化，从而有效降低反垄断法在此的不确定性。

---

① 参见吴汉洪、钟洲：《论搭售的反垄断争议》，载《中国人民大学学报》2016年第4期。

② 参见丁茂中：《论差别待遇的合理性分析标准》，载《上海对外经贸大学学报》2018年第5期。

③ 目前，《禁止滥用市场支配地位行为暂行规定》已经替代了先前的《工商行政管理机关禁止滥用市场支配地位行为的规定》和《反价格垄断规定》，而且在内容上作了进一步完善，这些内容基本都可以直接移用到立法层面，它们在表述方式也是各自分开进行的。

④ 参见徐瑞阳：《论经营者集中申报标准实施机制的完善》，载《法学家》2016年第6期。

⑤ 参见丁茂中：《论我国经营者集中控制标准的立法不足》，载《北方法学》2008年第3期。

三、重点改进垄断行为的法律责任的威慑力

除了局部存在前面提及的不确定性问题之外，我国目前就垄断行为的法律责任所作的规定存在的主要问题，应当是其能够形成的威慑力总是出现结构性失衡。

（一）威慑力结构性失衡的情景揭示

第一，突出反映在单位与个人所需承担的法律责任上。按照经济法理论界的通说，《反垄断法》所具体规制的对象在整体上可以分为两类，即经济性垄断行为和行政性垄断行为，前者包括垄断协议、滥用市场支配地位和具有或者可能具有排除、限制竞争效果的经营者集中，后者包括滥用行政权力排除、限制竞争。根据《反垄断法》第 8 条和第五章的规定，行政性垄断行为的实施主体应当是行政机关和法律、法规授权的具有管理公共事务职能的组织，即均为单位。而根据《反垄断法》第 12 条第 1 款的规定，经济性垄断行为的实施主体既可以是单位，也可以是个人。仔细观察一下便不难发现，当实施主体是单位时，无论所实施的是经济性垄断行为还是行政性垄断行为，《反垄断法》在责任追究上采取的方式都是单罚制，只是针对经济性垄断行为和行政性垄断行为所采取的具体做法有所不同而已。对于前者，依据《反垄断法》第 46 条、第 47 条、第 48 条和第 50 条的规定，只有单位需要对此承担相应的法律责任，而作为单位组成部分的个人即便是企业的高管也不会因此直接遭受任何惩罚。对于后者，依据《反垄断法》第 51 条的规定，只有直接负责的主管人员和其他直接责任人员需要对此承担相应的法律责任，而涉事单位并不会因此直接遭受任何处罚。

第二，突出反映在不同的经济性垄断行为的法律责任上。虽然垄断协议、滥用市场支配地位和具有或者可能具有排除、限制竞争效果的经营者集中在类别上都是经济性垄断行为，但是它们的法律责任并不尽相同。根据《反垄断法》第 46 条的规定：当经营者达成并实施垄断协议时，除由反垄断执法机构责令停止违法行为以外，它们将被没收违法所得，并处上一年度销售额 1% 以上 10% 以下的罚款；当经营者尚未实施所达成的垄断协议时，它们将被处 50 万元以下的罚款；如果行业协会违反规定组织本行业的经营者达成垄断协议，情节一般的，其将被处 50 万元以下的罚款，情节严重的，其将被撤销登记。根据《反垄断法》第 47 条的规定：如果经营者滥用市场支配地位，除了由反垄断执法机构责令停止违法行为以外，它将被没收违法所得，并处上一年度销售额 1% 以上 10% 以下的罚款。根据《反垄断法》第 48 条的规定：如果经营者违反规定实施

集中,除由国务院反垄断执法机构责令停止实施集中、限期处分股份或者资产、限期转让营业以及采取其他必要措施恢复到集中前的状态以外,它们将被处 50 万元以下的罚款。非常明显,经营者集中的法律责任在整体上是远远轻于垄断协议和滥用市场支配地位的。我国这些年来的实践还充分表明,它甚至在很多情况下都无法超过对应潜在的违法收益。①

第三,突出反映在相同的法律责任对不同的经营者可能形成的惩罚效果上。除了潜在的民事责任以外,垄断协议与滥用市场支配地位在法律责任上还有一个完全相同的内容,那就是没收违法所得加并处上一年度销售额 1% 以上 10% 以下的罚款。“由于在反垄断案件中违法所得往往数额巨大,而《反垄断法》在罚款问题上又设定了上一年度销售额 1% 的最低限制,这些对于部分企业来说,可能构成一个难以承受的过大的数额。”②事实上,这种情形在《反垄断法》的法律责任适用过程中并不是唯一的。根据以往的经验来看,针对行业协会的罚款也会存在此类问题,而且更容易在威慑不足与威慑过度之间走向极端。由于在所属行业、运行模式、会员规模等相关事项上总是存在多多少少的细微差异,各类以及各个行业协会因此在财务能力上基本是千差万别的。有些行业协会仅每年的会费收入就有数千万元,如像上海、北京、广东这样发达地区的律师协会;有些行业协会的总资产也就数万元,如像西部城乡的一些砖瓦协会。毫无疑问,50 万元以下的罚款对于前者之类而言基本是没有什么影响的,但是对于后者而言则往往构成致命性打击。

(二)威慑力结构性失衡的影响分析

当垄断行为的法律责任在威慑力上呈现局部性的不足时,必然会导致部分垄断行为的频频发生。③ 虽然竞争文化等其他因素确实能够在一定程度上影响到各类主体实施或者谋划实施垄断行为,但是对此起到决定性作用的应当还是潜在的违法收益与潜在的违法成本之大小比较。如果潜在的违法收益明显大于潜在的违法成本,那么有利可图就很容易刺激各种形式的逐利主体实施或者

---

① 参见王晓晔:《我国反垄断法中的经营者集中控制:成就与挑战》,载《法学评论》2017 年第 2 期。

② 张昕:《垄断行为没收违法所得的美国经验及对我国的启示》,载《价格理论与实践》2013 年第 11 期。

③ 我国目前行政性垄断行为仍然普遍存在的社会形势也可以充分证明这一点。除了因执法机制的设计问题而导致对此的责任追究非常不利以外,涉事的个人最多只会遭到行政处分也直接从根基上影响了它们对行政性垄断行为的防控态度。

谋划实施垄断行为;反之,无利可图则使它们基本不会产生此类念头或者积极付诸实施。可以说,《反垄断法》有关经济性垄断行为的禁止规定得到义务主体遵守的情况就已经充分证明了这一点。由于经营者集中的法律责任在整体上非常轻,因此违规实施的经营者集中在我国目前是屡见不鲜,国务院反垄断执法机构在过去查处的几十起此类案件实际上也只是其中的一部分。而由于垄断协议与滥用市场支配地位的法律责任在整体上比较重,因此它们在事实性的占比上就相对少了很多。但是无法否认的是,垄断协议与滥用市场支配地位的具体数量在我国目前还是不少的。就此成因而言,除了针对行业协会的法律责任存在的问题之外,最为关键的应当就是个人在此方面的责任缺失。"企业管理层的支持是影响反垄断合规制度有效运行的最重要因素,只有获得管理层的支持,合规制度的实施才能够有足够的资源保证和充足的时间投入。"①而对应的单罚制大大降低了这些岗位人员的个体压力,由此导致的低效或者无效的竞争合规自然就会纵容垄断行为的发生。

当垄断行为的法律责任在威慑力上呈现局部性的过度时,这又将会影响到市场的创新发展。虽然特定的经营者因违反规定实施垄断行为而遭受严厉的法律惩罚在原则上系其咎由自取的应然结果,但是这并不意味着对其采取的惩罚措施越重越好。如果一个经营者因此遭受非常沉重的打击,那么就不能排除可能出现它因此无法继续在相关市场上进行发展的情形。而根据国内外市场经济运行的客观规律来看,随着竞争者数量的减少,相关市场的竞争强度因此往往趋于弱化。即便是在创新文化非常浓郁的市场环境下,竞争强度的弱化都会在不同程度上直接影响各类主体进行技术革新的现实压力及其催生的潜在动力。况且,反垄断法本身还存在一定的不确定性问题。由于所有成功的技术革新特别是颠覆性的技术变革通常都会给行为人带来巨大的市场,甚至完全有可能在一个较长的时间内一家独霸相关市场,这就意味着我们对垄断行为尤其是滥用市场支配地位采取的法律责任越重,各类主体在创新过程中由此面临的不确定性的潜在风险也就越大。毋庸置疑,这当然会直接影响到它们创新的积极性。

除此之外,威慑力结构性失衡还为经营者实施经济性垄断行为在违法成本上提供了可以选择的游离空间。就目的效果而言,经营者集中与垄断协议对于所有经营者尤其是具有竞争关系的企业来讲在作用手段上是具有高度的替代

① 喻玲:《从威慑到合规指引——反垄断法实施的新趋势》,载《中外法学》2013年第6期。

性。如果两个或者两个以上的竞争对手谋划合作以获取更高利润,它们既可以借助垄断协议的方式来实施,也可以借助经营者集中的方式来实施。至于它们具体会选择哪种方式,在很大程度上取决于法律对此所作的规定以及执法的态度。以后者为例:当反垄断执法机构对垄断协议秉持非常严厉的规制态度时,经营者则更多会选择经营者集中的方式;而当反垄断执法机构对垄断协议秉持相对宽松的规制态度时,经营者在此则更多会选择垄断协议的方式。

(三)威慑力结构性失衡的对策探索

针对实施经济性垄断行为的经营者和行业协会的法律责任,有必要对此进行系统化重构。首先,所有主体都应当对自己实施的垄断行为承担相应的民事责任。除了《反垄断法》规定的经营者以外,行业协会也应当对因其违反规定组织本行业的经营者达成垄断协议而给他人造成损失的依法承担民事责任。这符合民事侵权的一般因果关系特质,理应为受害者提供相应的权利救济途径。就民事责任所涉的赔偿类型选择而言,最为理想的做法就是1倍以上3倍以下的酌情惩罚性赔偿模式。此举不仅能够切实有效地维护受害者的合法经济利益,而且能够有效提高受害者的诉讼积极性以促进反垄断法的私人实施。① 其次,统一此类3个垄断行为的行政处罚之基本模式。就此基本思路而言,最为科学的做法就是放弃先前追求的精确型理念转为采用比较务实的简约型理念,即只是单一地采用行政罚款。这不仅“可以及时、有效地抑制垄断行为,提高反垄断执法的效率,同时,使反垄断执法更加公开和透明,防止反垄断执法机构在执法中的寻租和创租行为的发生”。② 除此之外,立法还应当在《反垄断法》规定的基础上对滥用市场支配地位引入合理的拆分机制,并对经营者附加限制性条件的违约情形另行具体规定合理的数额制罚款,以完善它们在整体上对义务主体的潜在威慑效果。

针对实施经济性垄断行为的单位有关个人的法律责任,有必要对此进行全面性补充设计。由于此类主体在形式上并没有与受害者形成或者产生任何的法律关系,因此对它们也就无法直接强加垄断行为的民事责任。根据历史经验来看,对此可行的基本责任类型选择便是行政责任当中的罚款。就此内容的具体设计而言,最为合适的做法应当是采取数额制,授权给反垄断执法机构根据

① 参见王健:《关于推进我国反垄断私人诉讼的思考》,载《法商研究》2010年第3期。

② 蒋岩波:《反垄断没收违法所得处罚问题研究——基于法经济学的视角》,载陈云良主编:《经济法论丛》(总第29期),社会科学文献出版社2017年版,第151页。

当事人的主观过错程度以及社会影响等因素在法律规定的上限和下限范围内进行自由裁量。在此基础上,我们可以考虑引入刑事责任。“只要是钱的问题,公司最后可以帮你解决,但是如果涉及剥夺我个人的自由,那么公司没有任何解决办法。”①“要真正有效地把垄断控制在人们‘可容忍’的限度内,不能没有刑罚这把达摩克利斯之剑。”②但是考虑到“过严的责任处罚,未必能够达到维护和促进市场竞争的效果,相反可能因噎废食而严重扼制或损害经营者的竞争积极性,有悖初衷——背离了通过反垄断法矫治和维护市场竞争的目的”。③所以,刑罚的种类选择应当限于有期徒刑之下的自由刑,并且适用对象应当限于不存在不确定性的经济性垄断行为。

针对实施行政性垄断行为的行政机关和法律、法规授权的具有管理公共事务职能的组织的法律责任,有必要对此进行合理的补充设计。因为所作所为在性质上系行政行为,所以对这些主体也是无法直接强加垄断行为的民事责任。虽然行政罚款在经济性垄断行为上可以进行普遍应用,但是它在行政性垄断行为上难以被应用。“对于实施行政垄断的行政机关不宜规定行政罚款,这是因为罚款的直接承担者如果是行政机关,其经费是国家财政拨款,而罚款最终又是上交国家财政,这种流转过程既不能体现对违法者的制裁作用,也没有多大的实质意义。”④对此,较为可行的做法应当是直接明确行为主体的行政赔偿责任。“无论实施‘行政垄断’的行政机关是否纠正其行为,都不能弥补因行政垄断给经营者、消费者带来的经济利益损失。可见,以国家赔偿的方式来对相关市场主体予以补偿,可以从事后救济程序敦促行政机关依法行政。”⑤

针对实施行政性垄断行为的行政机关和法律、法规授权的具有管理公共事务职能的组织有关直接负责的主管人员和其他直接责任人员的法律责任,有必要对此进行适度的优化设计。就此可以选择的措施而言,应当是非常有限的。基于此类主体所实施的是公务行为,故民事责任和行政责任当中的罚款对它们都是不合适的。一个完全可行的做法便是限制行政处分的适用情形:可选方案

---

① Donald I. Baker, *The Use of Criminal Law Remedies to Deter and Punish Cartels and Bid-Rigging*, George Washington Law Review, October/December, 2001, p. 706.

② 王健、朱宏文:《反垄断法实施问题研究》,法律出版社 2013 年版,第 47 ~49 页。

③ 金善明:《论垄断行为入罪化的限度》,载《北京工业大学学报(社会科学版)》2017 年第 6 期。

④ 王健:《行政垄断法律责任追究的困境与解决思路》,载《法治论丛》2010 年第 1 期。

⑤ 吴宏伟、吴长军:《行政垄断的规制与反思》,载《河北法学》2011 年第 6 期。

之一就是区分情节程度,如情节一般的,可以给予警告、记过、记大过或者降级处分;而情节严重的,必须给予撤职或者留用察看或者开除处分。可选方案之二就是直接设置最低处分级别,如降级、撤职或者留用察看甚至开除。至于刑事责任,除非有关直接负责的主管人员和其他直接责任人员还涉及其他违法问题,否则就不宜对它们就此强加任何类型的刑罚,不然在客观上必然会形成威慑过度而影响到它们执法的积极性。而限于非刑事责任可以覆盖范围内的潜在违法收益,上述的潜在违法成本应当能够形成有效的威慑力。

四、全面优化反垄断执法机构的权力配置

在对涉嫌垄断行为的调查以及垄断行为的处罚上,我国目前赋予反垄断执法机构的权力配置尚有待完善。

(一)执法权力配置尚有待完善

首先是经营者承诺制度,即《反垄断法》第45条规定的内容。根据这条规定:只要被调查的经营者承诺在反垄断执法机构认可的期限内采取具体措施消除该行为后果的,反垄断执法机构就可以决定中止调查;除非经营者在作出承诺时提供了虚假信息或者相关事实发生了重大变化,否则只要经营者履行了承诺,反垄断执法机构就可以决定终止调查。经营者承诺制度的设计初衷是为了解决反垄断执法机构在查处部分重大疑难案件时,客观面临的有限执法资源因此被阶段性过度挤占以及久攻不下形成的调查僵局,使相关市场的有效竞争可能会因此进一步受到严重损害问题。所以,它应当有非常严格的适用情形限制。“承诺制度应当作为一种替代性执法方式而存在,通常只有在正式执法难以进行或成本过高的情况下才应适用,一般不可作为执法机关简化调查程序的常用手段。”①但是依据《反垄断法》第45条的规定,无论是否已经启动了调查程序,无论是否已经基本掌握了案件相关的事实以及证据,无论被调查的对象可能涉及何种类型的垄断行为以及其是否存在此类的违法前科,只要被调查的经营者承诺按期整改完毕,反垄断执法机构就有权决定是否中止调查以及后续视情况最终给予终止调查。

其次是垄断协议的宽恕制度,即《反垄断法》第46条第2款规定的内容。根据这条规定:如果经营者主动向反垄断执法机构报告达成垄断协议的有关情况并提供重要证据的,那么反垄断执法机构可以酌情减轻或者免除对该经营者

① 焦海涛:《反垄断法承诺制度的适用范围研究》,载《法商研究》2013年第2期。

的处罚。依据《反垄断法》第 46 条第 2 款的规定，即便纯粹只是某个垄断协议的参与者，即便其在反垄断执法机构开始调查之前或者尚未掌握相关重要证据的情况下向反垄断执法机构提供了相关事实和重要证据，反垄断执法机构也有权决定不给予其任何减轻处罚。

最后是行政性垄断行为的行政追责制度，即《反垄断法》第 51 条规定的内容。根据这条规定：当行政机关和法律、法规授权的具有管理公共事务职能的组织实施的行为构成滥用行政权力排除、限制竞争时，除法律和行政法规另有规定外，只能由上级机关来对直接负责的主管人员和其他直接责任人员给予处分，反垄断执法机构对此只有提出依法处理的建议权力。

（二）执法权力配置不足存在的风险

古今中外的实践充分证明，没有被合理约束的权力在行使过程中往往会发生权钱交易。相较而言，我国目前的经营者承诺制度可能出现这类问题。正如前所示，垄断协议与滥用市场支配地位的法律责任在整体上较重，使经营者在被判定构成垄断行为和没有被判定构成垄断行为之差上，通常存在巨额的经济利益悬殊。事实上，我们在前面只是揭示了我国在垄断协议的宽恕制度上给予反垄断执法机构权力有点大的一面，实际上这还表现为《反垄断法》第46 条第2 款的规定并没有对反垄断执法机构可以给予经营者免除处罚或者减轻处罚的适用情形作出进一步的具体限制。依据此规定，即便是经营者在反垄断执法机构启动调查并且已经掌握相关事实和重要证据之后才告发的，或者所涉主体系横向垄断协议或者纵向垄断协议的组织者，反垄断执法机构也可以给予它们不同程度的宽恕。

就经营者承诺制度而言，“这一制度设计的初衷，是快速解决竞争问题、提高行政效率和节约行政成本”。[①] 而在我国目前对此所作的规定下，即便非常容易查证的垄断协议或者滥用市场支配地位案件，反垄断执法机构在没有进行任何实质性调查的情况下也可以径直作出给予被调查对象中止调查以及后续视情况最终给予终止调查的决定。

权力过小又会影响行政性垄断行为的规制效果。虽然反垄断执法机构依据《反垄断法》可以对涉嫌滥用行政权力排除、限制竞争的行政机关和法律、法规授权的具有管理公共事务职能的组织进行立案调查，并且在查证后借助向社会公布其向某组织的上级机关发送关于建议纠正某组织滥用行政权力排除限

---

① 黄勇、赵栋：《经营者承诺制度研究》，载《价格理论与实践》2012 年第 2 期。

制竞争有关行为的函之方式，对实施行政性垄断行为的主体及其上级机关进行舆论施压，实施行政性垄断行为的主体之上级机关也因此责令下级机关进行有效整改，但是根据目前所能收集的公开信息来看，鲜有对直接负责的主管人员和其他直接责任人员进行处分的情形。这有一个深层次的社会缘由："滥用行政权力限制竞争行为实际上都是歧视行为，其背后都存在保护地方企业或者保护个别企业的经济动机。"①这在某种程度上使实施行政性垄断行为并无实质后果，从而导致了行政性垄断行为不易禁止。所以说，"建议权毕竟只是一种提出建议的权利，这对行政性限制竞争的行为不具足够的威慑力"。②

（三）执法权力配置的完善方案

有关经营者承诺制度在此方面的问题，我们应当在规定的基础上进一步作出如下严格限制：第一，被调查的经营者涉嫌的垄断行为只是滥用市场支配地位。第二，被调查的经营者之前没有曾因实施相同的具体行为而被反垄断执法机构立案调查，但因适用经营者承诺制度而终止调查，并且之前没有曾因实施相同的具体行为而被反垄断执法机构认定构成滥用市场支配地位。第三，反垄断调查工作已经开展了较长时间。第四，现状能够充分表明调查可能还需要很长时间或者难以取得实质性进展。第五，僵持局面极有可能会造成市场竞争机制受到永久性损伤或者需要较长时间才能恢复。后 3 项的设计目的在于确保经营者承诺制度的应用具有最低限度的必要性。虽然前两项的设计在形式上确实大大压缩了反垄断执法机构在此的自由裁量空间，但是它们的目的并不仅限于此。就第一项而言，它还有一个非常重要的考虑，即兼顾到垄断协议宽恕制度的功能发挥。在立法对垄断协议已经专门设置了豁免制度与宽恕制度的情况下，如果再允许对涉嫌垄断协议的情形适用经营者承诺制度，那么极易导致变相激励经营者采取更为隐蔽的方式去实施完全恶性的核心卡特尔。就第二项而言，它的另一个重要考虑就是争取在最大限度上减少反垄断执法机构在反垄断法实施中出现"积极失误"或者"消极失误"。③

有关垄断协议的宽恕制度在此方面的问题，我们应当在规定的基础上进一步作出如下严格限制：第一，只要参与垄断协议的经营者主动向反垄断执法机

① 王晓晔：《中国反垄断法实施面临六大严峻挑战》，载《中国价格监管与反垄断》2018 年第 9 期。

② 王晓晔：《行政垄断问题的再思考》，载《中国社会科学院研究生院学报》2009 年第 4 期。

③ 参见丁茂中：《反垄断法实施中的"积极失误"与"消极失误"比较研究》，载《法学评论》2017 年第 3 期。

构提供基本事实和重要证据的,就能够获得免除处罚或者减轻处罚。第二,反垄断执法机构可以给予免除处罚或者减轻处罚的经营者人数上限不得超过3个。第三,第一个主动报告的经营者免除处罚,第二个主动报告的经营者减轻50%的处罚,第三个主动报告的经营者减轻不超过30%的处罚。第四,免除处罚不适用于垄断协议的组织者,但反垄断执法机构可以酌情减轻不超过50%的处罚。第五,只适用于横向垄断协议。第六,当第一个主动报告的经营者因系垄断协议的组织者而不能适用免除处罚时,其余主动报告的经营者所涉排序不变。通过上述6项的进一步安排,反垄断执法机构在此的自由裁量空间被极大压缩。[①] 这不仅可以有效地防止潜在的不作为、乱作为甚至权力腐败问题,而且从根本上使我国对此所作的规定基本上契合了垄断协议宽恕制度的应然设计。要使宽恕制度有效发挥帮助反垄断执法机构获取证据的基本功能,就必须基础性地确保对此所作的规定在激励上具有确定性、诱惑性、竞赛性和道德性。

有关行政性垄断行为的行政追责制度在此方面的问题,我们应当将规定调整为:行政机关和法律、法规授权的具有管理公共事务职能的组织实施的行为构成滥用行政权力排除、限制竞争的,除法律和行政法规另有规定外,由反垄断执法机构来责令改正,并对直接负责的主管人员和其他直接责任人员给予相应的处分,有关上级机关可以向反垄断执法机构提出依法处理的建议。并且,这样会促使个人在行使行政权力的过程中变得较为审慎,[②]能够在很大程度上有效减少行政性垄断行为的发生,[③]特别是那些潜在的过失类不当行政行为。考虑到上级机关对下级部门改正行政性垄断行为上的实际影响力,我们可以允许

---

① 在此所作的6项进一步限制,在客观上还是无法阻止可能出现反垄断执法机构在其已经启动调查并掌握相关事实和重要证据的情况下仍然给依法进行报告的经营者免除处罚或者减轻处罚,因此也就仍然可能出现乱作为甚至权力腐败问题。对此,一方面,就制度设计而言,我们不宜对此类情形作出进一步限制性规定,因为这将会影响到激励的确定性,因为打算进行报告的经营者是无法知晓反垄断执法机构的进展情况;另一方面,适用领域、经营者人数及其身份属性的限制已经在很大程度上压缩了此类潜在风险的空间,并且涉及权力腐败问题的还有其他法律制度特别是刑法可以进行有效处理。

② 当享有处罚权的机关换成反垄断执法机构时,相较原先的上级机关而言,对行政性垄断行为负有责任的相关个人应当就没有非常大的把握确定自己不会因此遭受行政处分。即便所涉的个案在调查时是国务院反垄断执法机构授权给特定的省级执法机构实施的,并且这些执法机构的主要人员与自己也是比较熟悉的,他们也无法确定国务院反垄断执法机构在此案调查完毕后不会直接由其来进行最终的执法。在这种情况下,按照正常人的理性思维,理应会对自己负责的工作有所"用心"。

③ 参见丁茂中:《行政行为的竞争合规制度研究》,载《现代法学》2017年第2期。

上级机关就此向反垄断执法机构提出合理的处理建议。一方面，这能够在最大限度上防止先前立法在此方面所顾虑的潜在风险；另一方面，这也能够在最大限度上使反垄断执法机构的执法活动直接产生竞争倡导效果。①

① 参见张占江：《竞争倡导研究》，载《法学研究》2010年第5期。

第一章　经营者定义的立法完善

《反垄断法》第12条第1款规定：本法所称经营者，是指从事商品生产、经营或者提供服务的自然人、法人和其他组织。我国十余年的反垄断施法实践充分表明，客观上还存在诸多的立法问题，需要我们尽快采取科学措施及时加以完善。

一、问题缘起：中国体育反垄断首案

2012年6月，广东粤超体育发展股份有限公司及其法定代表人刘某某（独立以具有利害关系的自然人身份）向广州市中级人民法院对广东省足球协会和广州珠超联赛体育经营管理有限公司提起反垄断诉讼。此案先后经过一审、二审和再审，广州市中级人民法院、广东省高级人民法院和最高人民法院均驳回了广东粤超体育发展股份有限公司及其法定代表人刘某某的全部诉讼请求。[①] 根据法院的调查，此案所涉的基本事实如表1－1所示。

---

① 参见最高人民法院民事裁定书，（2015）民申字第2313号。以下对案件所涉的基本事实、争议焦点、法院意见等所作的行文表述就不再逐项进行引注，均是根据该民事裁定书作出的。

表1-1 中国体育反垄断首案基本情况

事实	广东省足球协会
广州珠超联赛体育经营管理有限公司	2009年7月,双方签订《协议书》约定:一、广东省足球协会批准广州珠超联赛体育经营管理有限公司独家在广东省境内投资、组织、管理、运营和举办广东省室内五人制足球联赛,制定有关的规章、规则、标准和制度,决定参赛球队的数量和加盟球队的资格。广州珠超联赛体育经营管理有限公司从2009年开始在协议有效期(自生效之日起至2018年12月31日止共10年)内必须每年举办广东省室内五人制足球联赛,且不少于6支俱乐部共10轮30场比赛,并需支付按期举办联赛的保证金10万元。二、广东省足球协会批准广州珠超联赛体育经营管理有限公司独家拥有广东省室内五人制足球联赛相关的知识产权和一切商业的经营开发权利,且由此产生的一切经济收益归广州珠超联赛体育经营管理有限公司所有,承担联赛运营的相关开支和费用。三、广东省足球协会向广州珠超联赛体育经营管理有限公司提供诸如争取有关政府机构和主管部门对联赛的支持和批准等与举办联赛相关的协助服务。广州珠超联赛体育经营管理有限公司支付相应劳务费用每年10万元。2009年8月,广东省足球协会向广州珠超联赛体育经营管理有限公司发出《批准书》:一、批准广州珠超联赛体育经营管理有限公司实行自主经营、自负盈亏在广东省境内投资、组织、管理、运营和举办广东省室内的五人制足球联赛,制定有关的规章、规划、标准和制度,决定参赛球队的数量和加盟球队的资格。二、批准广州珠超联赛体育经营管理有限公司独家拥有广东省室内的五人制足球联赛相关的知识产权和一切商业经营开发权等权利,并可独家持续经营10年
广东粤超体育发展股份有限公司	广东粤超体育发展股份有限公司与广东省足球协会曾合作举办了五人制省港杯、五人制足球超霸杯比赛。 在没有广东省足球协会批准且也未与广东省足球协会签订授权协议的情况下,广东粤超体育发展股份有限公司举办了广东省室内五人制足球联赛

针对广东省足球协会和广州珠超联赛体育经营管理有限公司,广东粤超体育发展股份有限公司与刘某某提起的反垄断指控有3项:第一,达成并实施垄断协议;第二,滥用市场支配地位;第三,滥用行政权力排除限制竞争。从以往的经验来看,其中最有可能的就是滥用行政权力排除限制竞争,因为广东省足球协会的传统角色与它向广州珠超联赛体育经营管理有限公司发出《批准书》的做法至少在形式上就使人们极易联想到此。但正如前所言,法院并未支持这个主张。究其原因,就在于这不符合滥用行政权力排除限制竞争的构成要件。

根据反垄断法规定,滥用行政权力排除限制竞争的构成要件应当有3个,即主体是行政机关或者法律法规授权的具有管理公共事务职能的组织,行为是滥用行政权力,效果是具有或者可能具有排除限制竞争。

就主体要件而言,虽然足球行业的管理改革在客观上大大减少了各级足球协会管理公共事务的职能,但是各级足球协会目前确实还不同程度地具有管理公共事务的职能。例如,足球赛事的裁判资格及其等级的评定目前仍然是由各级足球协会来负责。因此,广东省足球协会符合滥用行政权力排除限制竞争的主体要件。就行为要件而言,虽然广东省足球协会向广州珠超联赛体育经营管理有限公司发出《批准书》,但是这在性质上并不属于使用行政权力范畴。无论是五人制足球赛事还是七人制足球赛事或者十一人制足球赛事,它们在举办上都无须取得各级足球协会的行政许可,这也就是为何广东粤超体育发展股份有限公司在与广东省足球协会在没有任何合作的情况下仍然可以举办广东省室内五人制足球联赛的原因。所以,广东省足球协会在行为上不符合滥用行政权力排除限制竞争的行为要件。就效果要件而言,虽然广东省足球协会向广州珠超联赛体育经营管理有限公司发出《批准书》并不能阻碍广东粤超体育发展股份有限公司进入五人制足球赛事的运营市场,但是能够影响它们在相关市场上的公平竞争。足球赛事的商业运营涉及多个方面的要素,包括参赛球队、任职裁判、合作媒体、赞助商、赛事场地等。而根据实践来看,各级足球协会对这些资源的流向有很大的引导力。一方面,这就是为何广东粤超体育发展股份有限公司在可以举办五人制足球赛事的情况下,仍然撕破脸皮状告广东省足球协会的核心原因;另一方面,这就是为何广州珠超联赛体育经营管理有限公司在其他经营者并不需要经过广东省足球协会批准就可以组织五人制足球赛事的情况下仍然出资与广东省足球协会进行合作的关键原因。

虽然广东省足球协会的做法不构成滥用行政权力排除限制竞争,但是它应当非常近似滥用市场支配地位中的差别待遇。但是无论是滥用市场支配地位还是垄断协议,都有一个前提基础,即行为主体必须是经营者。如果广东省足球协会不构成经营者,那么它实施的行为也就不可能构成滥用市场支配地位或者垄断协议。[①] 而至于广东省足球协会是否构成经营者,关键取决于对《反垄断法》的经营者定义中"提供服务"的理解。若将此定位在以营利性为目的上,

① 参见焦海涛:《行业协会的反垄断法主体地位——基于中国体育反垄断第一案的分析》,载《法学》2016年第7期。

则广东省足球协会就不构成经营者。虽然根据签订的《协议书》,广州珠超联赛体育经营管理有限公司每年须向广东省足球协会支付相应劳务费10万元,但是根据广东省足球协会在法庭上所作的证明,这些费用均为需要对外支付的成本。换言之,即广东省足球协会并无从中牟利计划。若将此定位在不限于以营利性为目的,则广东省足球协会就构成经营者。显而易见,广东省足球协会确实根据签订的《协议书》为广州珠超联赛体育经营管理有限公司的赛事运营提供了一些服务。这就使《反垄断法》在经营者定义上存在的问题开始暴露出来,至少立法在指引性上有点模糊。

而这不仅直接影响垄断行为的规制条款适用,而且直接影响垄断行为的法律责任适用。众所周知,虽然我国最终将滥用行政权力排除限制竞争纳入反垄断法的规制范畴,但是立法对此所作的规定更多是具有宣誓性色彩。这除了突出表现在法律仅赋予反垄断执法机构对此可以向有关上级机关提出依法处理的建议权以外,还表现在法律对此所设的行政责任仅为行政处分。在这种情况下,为了加大对滥用行政权力排除限制竞争的威慑力度,以及能够给滥用行政权力排除限制竞争的受害者提供一个合理的救济途径,不少反垄断法专家强烈建议通过解释将行政机关和法律法规授权的具有管理公共事务职能的组织归入经营者的范畴,从而可以对其滥用行政权力排除限制竞争追究民事责任。"我国行政机关所从事的垄断行为,是一种典型的干涉市场竞争的行为,将其解释为反垄断法中的'经营者'不仅是可行的,而且是正当的。据此,笔者认为,行政机关因其实施垄断行为给他人造成损失的,司法机关可以依据《反垄断法》第50条的规定追究其民事责任。"①非常明显,如果行政机关和法律法规授权的具有管理公共事务职能的组织在反垄断法的框架内不能被认定为经营者,那么受害者对它们滥用行政权力排除限制竞争追究民事责任也就无从谈起,因为民事责任的承担在当前规定下是以垄断行为的实施主体系经营者为前提条件的。

二、立法比较:国内相应条款考察

虽然对经营者是否以营利性为要件必须基于反垄断法的制度背景进行理解,但是对其他法律相应条款的综合考察有助于促进对此科学性的理解。

客观而言,我国目前在经营者这类概念的立法使用上不够清晰。不仅不同

---

① 王健:《行政垄断法律责任追究的困境与解决思路》,载《法治论丛》2010年第1期。

的法律对此使用不同的立法术语，如经营者、生产者等，而且同一部法律对此也经常使用不同的立法术语，如生产者、销售者、食品经营者等。如果以立法在经营者这个概念使用上的差异性程度为标准，如表 1 – 2 所示，那么做法在整体上基本可以分为 3 类。

表 1 – 2　立法使用经营者概念的概况

<table>
<tr><th>类型名称</th><th>类型要义</th><th>具体法律（有限列举）</th></tr>
<tr><td rowspan="3">单一本类</td><td rowspan="3">立法通篇只是使用了“经营者”这一个术语对目标对象进行表述</td><td>《价格法》</td></tr>
<tr><td>《反不正当竞争法》</td></tr>
<tr><td>《消费者权益保护法》</td></tr>
<tr><td>单一他类</td><td>立法通篇使用了“生产者”“销售者”这些术语对目标对象进行表述</td><td>《侵权责任法》</td></tr>
<tr><td rowspan="3">混合使用类</td><td rowspan="3">立法通篇使用了“生产者”“销售者”“经营者”“（环节或者领域）经营者”等术语对目标对象进行表述</td><td>《环境保护法》</td></tr>
<tr><td>《食品安全法》</td></tr>
<tr><td>《产品质量法》</td></tr>
</table>

无论是从前面的类型上还是具体法律的数量上来看，绝大部分并没有对所用术语进行定义。具体而言，单一他类和混合使用类所列举的原《侵权责任法》和《环境保护法》、《食品安全法》、《产品质量法》，都没有对各自使用的生产者、销售者或者生产经营者或者食品生产经营者、食用农产品生产者、食品经营者、食品生产者或者生产者、销售者、经营者等作出明确的法律界定。即便是单一本类中的《消费者权益保护法》，亦未对经营者这个非常关键的法律概念给出明确的定义，大大影响了法律在实践中的日常适用。仅以医疗纠纷为例：有些明确将此纳入消费者权益的保护范畴，如《福建省实施〈中华人民共和国消费者权益保护法〉办法》和《浙江省实施〈中华人民共和国消费者权益保护法〉办法》，大部分则明确将此排除在消费者权益的保护范畴之外。出现这种分歧在形式上似乎只涉及患者是否属于消费者之类问题，然而事实上并非完全如此，这应当还涉及医疗机构是否属于经营者之类问题。[①] 毫无疑问，在法律没有明确对经营者作出定义的情况下，无论是理论界还是实务界对后者的认识分歧一点都不比前者小。

① 参见王毓莹：《论〈消费者权益保护法〉的适用范围》，载《法律适用》2013 年第 2 期。

这就使我们可以进行比较的选择余地非常有限，只有《价格法》与《反不正当竞争法》不仅直接使用了经营者这个概念，而且直接对此进行了定义。《价格法》第3条第3款规定：本法所称经营者是指从事生产、经营商品或者提供有偿服务的法人、其他组织和个人。《反不正当竞争法》第2条第3款规定：本法所称的经营者，是指从事商品生产、经营或者提供服务（以下所称商品包括服务）的自然人、法人和非法人组织。略微比较一下就不难看出，如表1-3所示，《反垄断法》的经营者定义与《反不正当竞争法》的经营者定义在提供服务的营利性上是完全一致的，而它们与《价格法》在此则存在显著的差异。

表1-3　经营者定义的不同法律比较

经营者定义	行为要素		主体类型		
《反垄断法》	从事商品生产、经营	提供服务	自然人	法人	其他组织
《价格法》	从事生产、经营商品	提供有偿服务	个人	法人	其他组织
《反不正当竞争法》	从事商品生产、经营	提供服务	自然人	法人	非法人组织

三、焦点分析：是否以营利性为要件

根据再审结果，最高人民法院对广东省足球协会的身份问题作出了三重性质认定，除了法律法规授权的具有管理公共事务职能的组织和非营利性的社团法人以外，还有就是足球赛事组织市场的经营者。对此，主审此案的第一巡回法庭法官解释道："非营利性社团法人虽然不以营利为目的，并不意味着其不能从事一定的市场经营活动。社团法人可以在章程范围内作为民事主体对外开展民事活动，独立承担民事责任。足协章程规定，广东省足协可以通过必要的活动为足球运动项目发展筹集资金，积极开展与足球运动有关的活动和咨询服务等市场经营活动。事实上，广东省足协长期以来也实际参与或从事了各种与足球赛事有关的经营活动，符合反垄断法第十二条第一款规定的从事商品生产、经营或者提供服务的经营者。"①由此能够得出，最高人民法院认为反垄断法上的经营者在认定上无须以营利性为要件。这种理解不仅在形式上具有高度的合法性，而且在实质上具有高度的合理性。换言之，即反垄断法上的经营者从应然的角度来讲应当是不以营利性为要件的。

---

① 刘贵祥：《中国体育反垄断第一案》，载《法制与经济》2016年第4期。

市场的核心功能在于促进产品和服务的交换,这就从根本上决定了竞争源于和流于以营利为目的的自然人、法人或者其他组织之间。因为只有不断地获得利润,它们才能够不会被市场所迅速淘汰。排他性特质的基础关系自然使这些主体成为破坏市场竞争秩序的基本力量来源,只是在不同时空所具体表现出来的形式不尽相同而已。虽然如此,但是这并不意味着只有竞争者才会影响市场公平竞争。毋庸置疑,其中最为突出的另一类主体就是行政机关和法律法规授权的具有管理公共事务职能的组织。除此之外,根据实践来看,能够影响到市场公平竞争的应当还有非营利法人,包括事业单位、社会团体、基金会、社会服务机构等。尽管这类市场参与者自身并不以营利为目的,但它们确实可以影响到竞争者之间的营利。深度透视中国体育反垄断首案的纠纷起源,问题不在于广东省足球协会是否赚了钱,而在于广东省足球协会影响了谁赚钱。而《反垄断法》的基本立法宗旨就是保护市场公平竞争,以此来提高经济运行效率与维护消费者利益和社会公共利益。所以,凡是能够影响市场公平竞争的主体,它们所有作为都应当处于反垄断法的管控之下,只是适用的归口身份有所分类罢了,如经营者、行业协会、行政机关和法律法规授权的具有管理公共事务职能的组织等。正因如此,欧盟法院曾经明确指出:"任何从事经济活动的实体包括自然人和法人,不论其法律形式和筹资方式,也不论其是否有盈利动机以及根据其国内法是否具有法律行为能力,它们一律可被称为企业。"①

而直接使用了经营者这个概念并且直接对此进行了定义的我国《价格法》则旗帜鲜明地突出了对经营者的营利性要求。形成这种局面是必然的,因为它的基本立法宗旨是规范价格行为以发挥价格合理配置资源的作用,所以这就直接决定了它在适用对象上的应然范围。而直接使用了经营者这个概念并且对此进行了定义的《反不正当竞争法》与此则完全一致,即不以营利性为要件。但是需要特别指出的是,该做法似乎值得商榷。虽然其与《反垄断法》同属竞争法范畴,但是它们所调整的关系在行为主体参与的范围及其方式上有很大的差异。以严格意义上的不正当竞争为限,它只会发生在受到优胜劣汰这个市场基本规律作用的对象之间,尽管它们之间未必一定就是有直接的竞争关系,然而这一定不会涉及类似前面影响市场公平竞争的第三方。一方面,受到优胜劣汰市场基本规律作用的对象最为基本的特质就是以营利为目的;另一方面,只要它们不开展经营行为就不会涉及不正当竞争。

---

① 王晓晔:《反垄断法》,法律出版社 2011 年版,第 77 页。

若仅就中国体育反垄断首案而言,《反垄断法》的经营者定义在形式上是可以支持将广东省足球协会认定为足球赛事组织市场的经营者。既然该条款没有像《价格法》那样明确要求提供的是有偿服务,也没有像《反不正当竞争法》那样明确要求从事的是营利性服务,即便广东省足球协会在客观上没有计划从中牟利,并且实际上也没有从中获利,即使其没有要求广州珠超联赛体育经营管理有限公司每年支付相应劳务费用10万元,仅据广东省足球协会向广州珠超联赛体育经营管理有限公司提供诸如争取有关政府机构和主管部门对联赛的支持和批准等与举办联赛相关的协助服务,就完全可以依照规定将其归为《反垄断法》中的经营者。但是从整体来看,它就暴露出一些问题。商品的基本属性意味着对价值的追求,这就直接决定了从事生产或者经营的主体具有营利性特质。不言而喻,这显然有悖于反垄断法上的经营者不应当以营利性为要件的应然特质,必然会导致主体的适用范围出现类型化的遗漏。除此之外,这还容易导致人们对《反垄断法》的经营者定义产生理解分歧,因为从事商品生产或者经营所自然具有的营利性属性在客观上极易使我们对提供服务的理解惯性化地走向营利性,而法律本身又没有对此明确作出要求。因此,《反垄断法》的经营者定义迫切需要进行调整,可以通过对营利性和非营利性的并行表述实现对目标对象的有效概括。

四、要义补充:突出力量依赖的特质

我国《反垄断法》的经营者定义还无法完全做到身份属性的唯一锁定,立法应当进一步采取必要的技术措施对此加以科学限定。

(一)问题表现形式

在中国体育反垄断首案的其他事实都不变的情况下,假设举办所有类型的足球赛事均需要得到各级足球协会的批准,仅就案件所涉行为主体的身份属性而言,广东省足球协会应当是非营利性的社团法人和法律法规授权的具有管理公共事务职能的组织。但是我们会惊讶地发现,广东省足球协会在此情形下仍然可以被认定为经营者。首先,它是非营利性的社团法人,而非营利性的社团法人也属于法人。其次,它提供了服务,即向广州珠超联赛体育经营管理有限公司提供诸如争取有关政府机构和主管部门对联赛的支持和批准等与举办联赛相关的协助服务。对照《反垄断法》中关于经营者的定义,完全可以将它纳入此概念范畴中来。当从应然的角度来强调反垄断法上的经营者无须以营利性为要件时,出现这种情形就会变得更为普遍。虽然一个法人或者其他组织可以成为法律法规授权的具有管理公共事务职能的组织,也可以成为任何一个领域的经营者,但是对于同一个具体行为来讲,这两种不同的身份属性不应当同时出现在它们身上。否则,这就明显违背政企分开、依法行政等市场经济与法治经济的基本要求。而就被告广州珠超联赛体育经营管理有限公司的身份属性而言,除了固有的营利法人以外,在反垄断法规则的适用资格上应当就只有经营者这一个了。因为不存在法律法规授权问题,所以法律法规授权的具有管理公共事务职能的组织根本无法将它纳入这个概念范畴中来。两种情形形成的鲜明反差充分表明,无论是《反垄断法》的经营者定义还是将来从应然的角度强调无须以营利性为要件的经营者定义,都缺少像法律法规授权的具有管理公共事务职能的组织这样的概念所完全具有的身份属性锁定能力。

《反垄断法》将垄断行为从整体上分为两大类进行分别规制,即经济性垄断和行政性垄断。前者包括我们通常所说的垄断协议、滥用市场支配地位和经营者集中,后者就是滥用行政权力排除限制竞争。根据立法精神,经济性垄断针对的是经营者,行政性垄断针对的行政机关和法律法规授权的具有管理公共事务职能的组织,两者在竞争规制的使命和任务上应当是泾渭分明的。就前面所假设的情形而言,广东省足球协会的做法在性质上应当是涉嫌滥用行政权力排除限制竞争。在主体要件上,广东省足球协会属于法律法规授权的具有管理公共事务职能的组织,因为法律法规授予了其对举办各类足球赛事的审批权。在行为要件上,广东省足球协会滥用了对举办各类足球赛事的审批权,没有给予同样符合条件的广东粤超体育发展股份有限公司同等待遇。在效果要件上,此举确实明显影响了广东粤超体育发展股份有限公司在广东省五人制足球赛事运营市场上与广州珠超联赛体育经营管理有限公司的公平竞争。但是在广东省足球协会在此情形下仍然可以被认定为经营者的情况下,上述做法在性质上应当还涉嫌经济性垄断当中的滥用市场支配地位。在市场支配地位要件上,无论是根据市场支配地位的法律定义条款还是市场支配地位的综合衡量条款,广东省足球协会在此都具有可能,这充分表现在它能够阻碍、影响其他经营者进入相关市场的能力上。在经营行为要件上,广东省足球协会确实对条件相同的广东粤超体育发展股份有限公司和广州珠超联赛体育经营管理有限公司在合作上实行了差别待遇。在正当理由要件上,此举不仅比较直观地影响到广东粤超体育发展股份有限公司和广州珠超联赛体育经营管理有限公司之间的公平竞争,而且难以从提高经济运行效率、维护消费者利益或者社会公共利益的角度找到合理的抗辩事由。一旦如此,这就使之前费尽周折才最终得以保留下来的行政性垄断规制条款在很大程度上失去了原有价值。

（二）问题解决路径

深度比较经济性垄断上的经营者和行政性垄断上的法律法规授权的具有管理公共事务职能的组织，除了在组织形态上略有差异外，即经营者可以为自然人，而法律法规授权的具有管理公共事务职能的组织则必须为法人或者其他组织，它们最为本质的区别应当在于依赖的力量。以中国体育反垄断首案的焦点对象广东省足球协会为例：其之所以在某个情形下属于法律法规授权的具有管理公共事务职能的组织，核心系因为它在此行使的是公权力；其之所以在另一情形下属于经营者，核心系因为它在此行使的是私权利。由于法律法规授权的具有管理公共事务职能的组织在术语本体中已经对公权力依赖的特质直接加以了包含，因此它能够对身份属性进行唯一锁定。而经营者在定义中并没有对私权利依赖的特质加以有效表述，所以造成了它无法对身份属性进行唯一锁定。为了保证经营者这个概念在主体适用上能够进行精确定位，反垄断法应当在此对私权利依赖的特质有所突出。就操作方式而言，它基本有两种选择，即概括式和排除式。前者是指立法在定义条款中明确经营者的构成要件，其中包括对私权利依赖的特质要件。后者是指立法在定义条款中对私权利依赖的特质要件并非通过正面描述表达出来，而是通过对不适用情形的反面描述表达出来。根据实践来看，成文法的国家目前在此多数采取的是排除式。例如，瑞典《竞争法》第3条规定："本法所称的企业是指从事经济或商务活动的自然人或法人。如果此类活动涉及公权力的行使，则不在本定义范围之内。"[①]该规定既简单易行，又能够在最大限度上保持对目标对象的有效涵盖。若据此对广东省足球协会在特定情形下的身份认定，就不会出现前面假设情形中不应当存在的重叠问题，反垄断法的规制条款在适用上也就能够按照预先的功能设计有序地发挥作用。

在反垄断法对经营者的定义突出对私权利依赖的特质后，将滥用行政权力排除限制竞争的行政机关和法律法规授权的具有管理公共事务职能的组织解释成为经营者，使能够让受害者可以对行政性垄断追究民事责任的设想就完全没有操作空间了。事实上，这种设想本身在我国就是行不通的，除了在客观上会导致反垄断法的规制条款出现适用紊乱问题，并使之前费尽周折才最终得以

① 全国人大常委会法制工作委员会经济法室编：《中华人民共和国反垄断法条文说明、立法理由及相关规定》，北京大学出版社2007年版，第63页。

保留下来的行政性垄断规制条款在很大程度上失去了原有价值以外,还直接严重挑战着我国当前的诉讼体制。我国当前的诉讼体制在民事诉讼和行政诉讼上有严格的系统分工,当仅通过身份属性的解释强行将原本属于行政诉讼的反垄断案件变为民事诉讼的反垄断案件时,必然会遇到很多无法解决的问题。以审查标准为例,对于反垄断民事诉讼案件,法官可以而且应当进行法律适用的最优探寻,但是对于反垄断行政诉讼案件,法官应当做好的工作是逻辑合理的基本确认。当用民事审理方式来处理行政诉讼时,在反垄断案件中就必然会实质性发生司法替代行政问题,从而影响行政与司法的运行效率;若仍以行政审判思维来处理此类诉讼,基本无法有效实现民事权利的救济效果。所以,对此最为可行的办法应当还是建立行政性垄断的国家赔偿制度。“无论实施‘行政垄断’的行政机关是否纠正其行为,都不能弥补因行政垄断给经营者、消费者带来的经济利益损失。可见,以国家赔偿的方式来对相关市场主体予以补偿,可以从事后救济程序敦促行政机关依法行政。”①

① 吴宏伟、吴长军:《行政垄断的规制与反思》,载《河北法学》2011年第6期。

第二章　垄断协议行为规范的立法完善

《反垄断法》第二章对垄断协议的行为规范作了基本规定，我国十余年的反垄断施法实践充分表明，这些内容在客观上还存在一些立法问题，需要我们尽快采取科学措施加以完善。

一、垄断协议定义的立法问题及其完善路径

《反垄断法》第 13 条第 2 款将垄断协议定义为“排除、限制竞争的协议、决定或者其他协同行为”。

（一）当前存在的立法问题

当我们通过市场进行社会资源配置时，政府、经营者、消费者之间以及不同的经营者之间就必然会发生各种各样的交易。而根据合同法的基本理论，这些交易在性质上都是一种协议及其履行结果，只是它们在采取的方式上有所不同而已，有些可能为要式合同，有些可能为非要式合同。虽然反垄断法中所谓的协议与合同法中所谓的协议无论是在形式上还是在实质上均存在很大的差别，如前者无须必然存在邀约和承诺，而后者则必须以邀约和承诺为要件，但毫无疑问的是，合同法中所谓的协议在范围上应当包含于反垄断法中所谓的协议。根据实践来看，当两个或者两个以上的市场参与者完成一项交易时，特定的生产需求或者特定的消费需求因在这个过程中得到满足而就此消失。虽然绝大多数领域都会产生与前面消失的相同或者相似的特定生产需求或者特定消费需求，并且所有经营者都有机会再次

参与这些潜在交易的市场争夺，但是就前面消失的特定生产需求或者特定消费需求而言，除获得这项交易的经营者之外的其他经营者都不可能再有机会获得这项交易。若从形式上来讲，这确实在一定程度上存在排除或者限制了竞争。换言之，即所有交易在客观上都不同程度地存在排除、限制竞争的效果。在这个背景下，《反垄断法》对垄断协议的定义是存在问题的。按照字面理解，市场参与主体之间实施的所有交易在形式上都可能是反垄断法所禁止的垄断协议；即便它们只是通过要式合同完成了缔约，无论后面是否发生了违约或者履行不能等类似问题，都会面临此类问题。毋庸置疑，这明显有悖于市场经济的客观规律和社会公众的常规认知。更为关键的是，《反垄断法》对垄断协议的立法往往会影响人们在参与市场资源配置过程中的积极性、决策效率、经营举措、活跃程度等事项。

值得指出的是，这个问题并不为我国所独有。事实上，“世界上最早的反垄断法是美国国会 1891 年颁布的《谢尔曼法》。”①而美国《谢尔曼法》第 1 条规定：任何契约、以托拉斯形式或其他形式的联合、共谋，用来限制州际或与外国之间的贸易或商业，是非法的。任何人签订上述契约或从事上述联合或共谋，是严重犯罪。“由于在市场活动中几乎任何交易均需要通过合同进行，而任何合同几乎都具有限制贸易的后果——甲公司的某一批货物通过合同出售给乙公司，则意味着其他任何人都无法再就同一批货物达成交易（违约不算）。如果简单地按照字面意思来做，那么整个商业活动都会被《谢尔曼法》所禁止，这显然是不可能的。”②若要论《谢尔曼法》为何会出现如此严重的问题，这恐怕要归咎于当时的美国社会对到处泛滥且横行霸道的托拉斯所产生的极端愤怒而导致的一时非理性之举。“到 19 世纪 80 年代末，全美形成独占地位的托拉斯遍布石油、铜、橡胶、煤炭、牛肉、玻璃、威士忌、农业机械等数十个行业。致使大批中小企业纷纷被收购，或者因托拉斯的掠夺性行为而破产，失业率急剧上升，贫富差距拉大，赤贫人口增多，企业劳资关系紧张。”③这使人们对作为工业集中化方式之一的托拉斯（Trust）由早些年的默认支持急剧变为那时的恐惧与反对，普通民众的过度情绪化与政治人物的激烈博弈在《谢尔曼法》制定过程中对此

---

① 王晓晔：《反垄断法》，法律出版社 2011 年版，第 24 页。

② 李胜利：《美国联邦反托拉斯法百年：历史经验与世界性影响》，法律出版社 2015 年版，第 25 页。

③ 漆多俊：《时代潮流与模块互动——“国家调节说”对经济法理论问题的破译》，载漆多俊主编：《经济法论丛》（第 13 卷），中国方正出版社 2007 年版，第 15 ~ 16 页。

就逐步演化为“一刀切”的极端民粹主义。但是物极必反，恰恰因《谢尔曼法》在垄断协议上的规定存在打击面过宽问题而在较大程度上导致这部法律曾经在很长一段时间内根本无法进行适用。直到后来美国联邦最高法院提出闻名世界的两大反托拉斯司法原则“合理原则”(rule of reason)与“本身违法原则”(per se rule)，这个问题才得以解决。

(二)立法问题的完善路径

我们解决这个问题的一种基本思路，即将垄断协议严格限制在不合理排除、限制竞争的范畴内。事实上，无论是我国当前的反垄断执法还是垄断纠纷的司法审判对此实质上都是按照这种基本思路进行处理的，至今并未出现一起常见的交易特别是经营者与消费者之间仅因双方达成合作事项而被归入垄断协议范畴进行调查或者归责的异常现象。然而立法问题毕竟不能只靠法律适用的谦抑来进行弥补，只有从法律文本的修订上才能得到根本解决。无论未来我们对垄断协议的定义在立法体例上究竟是继续采取当前的做法还是改为采用单独条款的模式，我们都应当将垄断协议定义为“实质性排除、限制竞争的协议、决定或者其他协同行为”。竞争导致垄断在向我们揭示市场固有的缺陷的同时，也向我们表明了竞争的结果具有排除、限制竞争的合理性。竞争的首要特质就是排他性，这也就直接决定了竞争的结果必然具有独占性。而根据市场运行的基本规律，只要能够保证促进这种竞争的结果可持续性发生的组织形态不被人为破坏，那么竞争机制在通常情况下就可以充分发挥优化资源配置的作用。正因如此，著名诺贝尔经济学奖得主哈耶克先生特别指出：“市场上各方必须应该自由地按照他们能找到的交易伙伴的价格进行买卖，任何人必须应该自由地生产、出售和买进任何有可能生产和出售的东西。进入各种贸易的通道也必须在平等的条件下向所有人开放，法律必须不能容忍任何个人或者集团企图通过公开或者隐秘的力量限制这些通道。”①如果一个在相关市场上不具有支配地位的私权主体通过或者企图通过自身的力量或者联合他人对此进行障碍设置，那么就会实质性排除、限制竞争，而这才是垄断协议的核心所在。

虽然将“排除、限制竞争”改为“实质性排除、限制竞争”从形式上来看确实只是针对垄断协议定义的完善，但是实质上则是对垄断行为的核心本质在立法

---

① [英]弗里德里希·奥古斯特·哈耶克：《通往奴役之路》，王明毅等译，中国社会科学出版社1997年版，第41页。

上的表述所作的一种精确化。根据《反垄断法》的规定,所禁止的垄断行为包括垄断协议、滥用市场支配地位、具有或者可能具有排除或者限制竞争效果的经营者集中、滥用行政权力排除或者限制竞争。从应然的角度来讲,它们的核心本质应当是完全相同的。在这 4 种垄断行为中,除了因使用主体资格和合理性抗辩而在条文表述上没有直接使用"排除、限制竞争"来进行厘定相关内容的滥用市场支配地位以外,其他 3 种垄断行为在立法上均采取了这样的举措。而在这 3 种垄断行为中,由于滥用行政权力排除、限制竞争使用了"滥用行政权力"措辞进行了情形限制,虽然理论界与实务界对此无论是在法律适用上还是在立法完善上都存在不小的争议,但最起码使其至少在形式上没有出现前面所说的问题,而没有直接采取类似措施的垄断协议和具有或者可能具有排除或者限制竞争效果的经营者集中则就无法幸免了。就具有或者可能具有排除或者限制竞争效果的经营者集中而言,这突出表现在《反垄断法》第 28 条的经营者集中的基本控制标准,即"经营者集中具有或者可能具有排除、限制竞争效果的,国务院反垄断执法机构应当作出禁止经营者集中的决定"。众所周知,任何一项并购交易在形式上都会导致参与市场竞争的势力减少。换言之,即所有经营者集中至少在形式上都是具有或者可能具有排除、限制竞争效果的。根据前面规定,它们随时随地都有可能被国务院反垄断执法机构所禁止,而《反垄断法》第 5 条却又明确原则上鼓励企业通过经营者集中进行做大做强。这就使我国经营者集中的行为规范在此缺乏必要的指引性。

二、垄断协议分类的立法问题及其完善路径

《反垄断法》通过第 13 条第 1 款和第 14 条将垄断协议分为横向垄断协议与纵向垄断协议两个类型,并分别进行加以规制。

(一)当前存在的立法问题

横向行为与纵向行为的划分丰富了垄断行为类型化的内容,同时也使类型化的指向更为清晰。这不但更加深刻揭示了不同垄断行为的本质,更极大地节省了执法资源。

虽然我国开始实施反垄断法的历史不长,但是"中心辐射型"卡特尔在我国也并不罕见。例如,湖南省物价局在 2012 年查处的娄底保险业垄断协议案件。2007 年 6 月,湖南省娄底市保险行业协会牵头组织中国平安财产保险、中国人民财产保险、天安财产保险等 11 家财险公司与湖南瑞特保险经纪有限公司共同组建娄底市新车保险服务中心,并安排这 11 家财险公司与新建的娄底市

新车保险服务中心分别签订合同，约定前者所有的新车保险业务必须集中交由后者办理；除起初就划分了各个公司在此业务上的市场份额以外，在湖南省娄底市保险行业协会的组织协调下，各方当事人在2009～2012年还先后就新车保险费率、优惠力度、违约责任等作了新的约定或者补充。再如，安徽省工商局在2016年查处的支付密码器垄断协议案件。2010年10月，中国人民银行合肥中心支行按照招投标流程确定信雅达系统工程股份有限公司、上海海基业高科技有限公司、北京兆日科技有限责任公司作为安徽省范围内推荐使用支付密码器的供应商，随后在当年12月所发布的文件中给出了这3家供应商在安徽省内20家银行业金融机构支付密码产品市场的分配方案以及统一销售价格。2010～2015年，信雅达系统工程股份有限公司、上海海基业高科技有限公司、北京兆日科技有限责任公司就在此框架下各自进行销售产品，并根据人民银行合肥中心支行组织的会议所确定的精神进行调整售价。

对于"中心辐射型"卡特尔这类垄断协议而言，《反垄断法》就垄断协议所作的分类规定比较缺乏周密性。以湖南省物价局在2012年查处的娄底保险业垄断协议案件为例，湖南瑞特保险经纪有限公司不仅是系列协议的重要参与者，而且是系列协议得以有效实施的重要促进者，更是重要获益者。但由于它与参加系列协议的中国平安财产保险、中国人民财产保险、天安财产保险等其他主体不具有竞争关系，因此也就无法根据横向垄断协议的规定对其进行处罚。"'娄底案'的最终处罚结果着实有些尴尬：娄底市保险行业协会和6家保险公司被湖南省物价局给予行政处罚，而瑞特公司却没有受到《反垄断法》的制裁。'娄底案'的处理结果折射出的深层次问题是，《反垄断法》对垄断协议行为所采取的区分横向协议和纵向协议的二分法，正面临着实践无情的挑战。"①事实上，安徽省工商局在2016年查处的支付密码器垄断协议案件都存在此类问题。从反垄断执法机构公布的处罚文书可以看出：信雅达系统工程股份有限公司被没收违法所得4,113,690.09元，并处罚款76,170.94元；②上海海基业高科技有限公司被没收违法所得19,854,770.81元，并处罚款75,913.85元；③北京兆日科技有限责任公司被没收违法所得5,380,259.16元，并处罚款

① 张晨颖：《垄断协议二分法检讨与禁止规则再造——从轴辐协议谈起》，载《法商研究》2018年第2期。

② 参见安徽省工商行政管理局行政处罚决定书皖工商公处字〔2016〕2号。

③ 参见安徽省工商行政管理局行政处罚决定书皖工商公处字〔2016〕1号。

258,502.5 元；[①]但是，在其中起到关键作用的中国人民银行合肥中心支行却平安无事。[②]

（二）立法的完善路径

若按照完全细分的立法思路，则应当直接对“中心辐射型”卡特尔这类的垄断协议进行单独归类，并另行设立专门条款进行规制。虽然外在表现各异的垄断协议在核心本质上都是实质性排除、限制竞争的协议、决定或者其他协同行为，但是根据外在表现的差异对它们进行合理分类不仅可以丰富立法的条款内容，而且可以有效地减轻执法、司法以及守法方面的潜在演绎负担。因此，这种完善路径的优点就在于能够使垄断协议的行为规范具有最大限度的指引性。但是它在客观上也存在很多难点，最为突出的就是条款表述的精确性。即使我们在学理上能够对“中心辐射型”卡特尔作出一个精确的定义，但在立法上可能无法对其与横向垄断协议、纵向垄断协议的关系作出一个精确的安排，而这极易导致规制条款之间出现交叉问题。此外，该举措也无法保证立法就垄断协议所作的分类规定不会再出现缺乏周密性问题。无论我们是否在对“中心辐射型”卡特尔这类的垄断协议所作的专门规制条款，像横向垄断协议和纵向垄断协议的规定那样，设立“国务院反垄断执法机构认定的其他垄断协议”之类兜底款项，针对垄断协议的立法在正常的情况下应当都不会再出现一般条款。这就意味着针对垄断协议的类型化所作的补充规定必须能够囊括其他潜在情形，而这种完善路径应当很难满足这个要求。

若按照完全笼统的立法思路，则应当不再对垄断协议进行分类规制，而只是概括地规定经营者不得达成、实施垄断协议。一方面，此举不仅能够有效地涵盖横向垄断协议和纵向垄断协议，而且能够有效地涵盖“中心辐射型”卡特尔这类的垄断协议，更是可以囊括其他的潜在情形；另一方面，此举在立法条款上比较简洁，不会出现分类规制极易发生的条款交叉问题。但是客观而言，这种做法面临着极大的挑战。首先，它不太符合反垄断法的发展趋势。反垄断法向来素有“经济宪法”之称，这充分表明其对社会的影响力。但是，“各国的反垄断法基于立法语言的模糊性、规制对象的不确定性、法律目标的多元化，表现出

① 参见安徽省工商行政管理局行政处罚决定书皖工商公处字〔2016〕3 号。

② 即使对扮演这类角色的主体生硬地将其单独剥离出来援用我国《反垄断法》第 14 条的规定进行规制，除非案件只是涉及维持转售价格问题以外，否则，被授权的省级执法机构也因不属于国务院反垄断执法机构而无权对其他纵向垄断协议进行查处。

传统法律所不具备的不确定性”。① 而为了最大限度地减少这种不确定性所带来的负面影响,除了在执法和司法上不断下功夫以外,目前各国都在努力尽量使反垄断法更为具体化。其次,它使反垄断法的结构失衡。除非我们也对滥用市场支配地位、经营者集中和滥用行政权力排除、限制竞争采用同样的处理模式,否则就必然会在法律文本上出现就垄断协议的行为规范所作的规定与其他垄断行为存在很大的悬殊,而这与垄断协议的地位明显不相称。

因此,最为理想的做法就是在我国《反垄断法》就垄断协议所作的分类基础上引入一个兜底条款,整个方案的具体安排如下:第一,删除横向垄断协议和纵向垄断协议当前存在的“国务院反垄断执法机构认定的其他垄断协议”的类别兜底款项,将这两者其他的潜在情形和“中心辐射型”卡特尔这类的垄断协议以及其他潜在类型的垄断协议统一交由新设的兜底条款进行概括规制。按照正常的立法逻辑,对同一性质的具体规制对象不应当重叠存在两个兜底条款或者一个兜底条款和一个原则性条款。第二,新设的兜底条款在内容上不宜直接采用横向垄断协议与纵向垄断协议当前的做法,而应当表述为禁止经营者达成、实施其他垄断协议。一方面,这可以有效避免像“国务院反垄断执法机构认定的其他垄断协议”之类的兜底款项曾经引发的属性争议;②另一方面,这可以有效避免出现被授权的省级执法机构像湖南省物价局在2012年查处的娄底保险业垄断协议案件和安徽省工商局在2016年查处的支付密码器垄断协议案件当中面临的执法权限问题。第三,新设的兜底条款在形式上应当采用放在垄断协议分则部分的兜底性质的规制条款,而不宜采用放在总则部分的一般条款。集中进行规定除便于人们更为直观地理解法律所规制的行为及其范围以外,还有助于尽量避免因在总则部分出现一般条款而导致其与垄断行为的类型描述条款之间发生不协调、冲突或者关系模糊等问题。

三、垄断协议规制原则的立法问题及其完善路径

《反垄断法》在横向垄断协议与纵向垄断协议的规制条款上就立法的基本

---

① 刘进:《法律不确定性视角下的反垄断法实施机制选择》,载《竞争政策研究》2016年第2期。

② 对于《反垄断法》第13条第1款、第14条和第17条第1款中的兜底款项,曾经有不少人认为它们在性质上还属于部分垄断行为的行政认定前置条款。虽然该观点目前已经被完全否定,但是这类疑问应当促使我们在立法上尽量采取更为合理的方式进行优化。

态度所作的表述采取的方式是“禁止……达成下列垄断协议”。

(一)当前存在的立法问题

具有竞争关系的经营者之间发生的固定商品价格、限制商品数量、限制成本投入、分割市场、联合抵制交易等通常被人们称为核心卡特尔,主要缘由就在于它们对市场公平竞争有非常直接的危害性。即便是中小企业甚至是以自然人形式为主的个体工商户联合实施此类行为,这也都会直接导致市场竞争机制被不同程度地扭曲。如果是寡头之间进行这类共谋,那么市场竞争机制在一段时间内将会被很大程度的直接废止。除此之外,相较滥用市场支配地位和具有或者可能具有排除或者限制竞争效果的经营者集中而言,横向垄断协议对实施主体的能力要求以及实施成本都是很低的,这就使其极易被经营者所广泛应用。所以,绝大多数国家和地区都对此秉持本身违法原则的严厉态度。从《反垄断法》将垄断协议在整个立法上所列位置以及垄断协议的行为规范所采用的立法逻辑来看,我国应当也采取这类做法。而令人遗憾的是,当前规定并没有完全实现此目的。虽然《反垄断法》就横向垄断协议所作的第 13 条第 1 款规定在主干上明确表示“禁止具有竞争关系的经营者达成下列垄断协议”,但是《反垄断法》在第 13 条第 2 款中还规定“本法所称垄断协议,是指排除、限制竞争的协议、决定或者其他协同行为”。客观而言,这就使立法在横向垄断协议的规制原则上存有两种潜在的选择:一种是只要出现了第 13 条第 1 款所列行为,即可直接认定其构成横向垄断协议;另一种是不仅需要出现第 13 条第 1 款所列行为,而且必须证明其影响了市场竞争才能认定构成横向垄断协议。目前,这种状况正逐步演化成为一种适法分歧。无论是国务院反垄断执法机构还是其授权的省级执法机构,它们在此都是采用前面第一种做法。而在反垄断纠纷的司法审判中,有些法院在此则采用了前面第二种做法,如广东省高级人民法院对深圳市惠尔讯科技有限公司、深圳市有害生物防治协会垄断纠纷一案所作的判决。①

相较横向垄断协议而言,这类问题在纵向垄断协议上表现得似乎要更加严重。截至目前,国务院反垄断执法机构及其授权的省级执法机构已经查处了近百起纵向垄断协议案件。根据公布的处罚决定书内容来看,它们至少在形式上一直都是采取只要存在《反垄断法》第 14 条规定的行为就认定其构成纵向垄断协议的做法。“对反垄断执法机构而言,只能依法办案,而不能‘造法’办案。因

① 参见广东省高级人民法院民事判决书,(2012)粤高法民三终字第 155 号。

此,对纵向价格垄断协议的执法应该秉持'禁止+豁免'的原则。"[①]但是在2013年8月对北京锐邦涌和科贸有限公司与强生(上海)医疗器材有限公司、强生(中国)医疗器材有限公司垄断纠纷一案所作出的终审判决中,上海市高级人民法院则认为:除了必须考证当事人是否实施了《反垄断法》第14条规定的行为以外,纵向垄断协议的法律认定还需要考虑这些行为是否影响了市场竞争。[②]事实上,上海市第一中级人民法院在被推翻的一审判决中对此也是秉持这种观点的。[③] 至此,就纵向垄断协议的法律适用在我国的实践中也正式开始出现分歧现象。而随着海南裕泰科技饲料有限公司与海南省物价局行政诉讼的一审出炉和二审终结,这种适法分歧开始蔓延到司法审判系统。作出此案一审判决的海南省海口市中级人民法院认为:"对于反垄断法第十四条所规定的垄断协议的认定,不能仅以经营者与交易相对人是否达成了固定或者限定转售价格协议为依据,而需要结合该法第十三条第二款所规定的内容,进一步综合考虑相关价格协议是否具有排除、限制竞争效果。"[④]作出此案二审判决的海南省高级人民法院则认为:"为实现反垄断法预防和制止垄断行为、维护消费者和社会公共利益等立法目的,在无法条明确规定的情况下,不能得出反垄断执法机构所认定的纵向垄断协议必须以排除、限制竞争为构成要件这一结论。"[⑤]

(二)立法问题的完善路径

我们首先应当将完善之后的垄断协议定义"实质性排除、限制竞争的协议、决定或者其他协同行为",以单独条款的方式列于垄断协议分则之首。虽然这个做法在形式上并不能直接解决《反垄断法》在垄断协议的规制原则上所存在的立法问题,但是它对此有着非常重要的基础意义。根据竞争法的基本理论,垄断协议的规制逻辑是:因为垄断协议"性本恶",所以法律原则性对之作出否定评价;但是由于它有时也会表现出"善良面",法律因此例外性对其作出肯定评价。比较一下不难看出,《反垄断法》的垄断协议行为规范在立法体例上并不是完全按照此展开的。将垄断协议的定义置于横向垄断协议的规制条款后面

---

① 许昆林:《宽大政策适用于纵向垄断协议》,载《中国经济导报》2013年10月31日,第A03版。

② 参见上海市高级人民法院民事判决书,(2012)沪高民三(知)终字第63号。

③ 参见上海市第一中级人民法院民事判决书,(2010)沪一中民五(知)初字第169号。

④ 参见海南省海口市中级人民法院行政判决书,(2017)琼01行初681号。

⑤ 参见海南省高级人民法院行政判决书,(2017)琼行终1180号。

并将两者放在同一个条文中,确实使立法的逻辑明显有所不畅,进而也给垄断协议的行为规范在法律适用过程中出现的诸多问题埋下了隐患。而从形式上将两者从同一个条文中分离并相互颠倒一下位置,再从内容上对垄断协议的定义加以完善,这就使立法在垄断协议的规制逻辑上变得顺畅。更为突出的是,此举有助于进一步明确垄断协议的构成要件。无论是横向垄断协议还是纵向垄断协议或者其他类型的垄断协议,都应当具有实质性排除、限制竞争效果,只是这种效果分为已然和未然两种情形而已,并且只影响豁免制度的适用以及法律惩罚的程度。而明确这一点对于立法就特定类型的垄断协议非常清晰地引入本身违法原则是至关重要。虽然本身违法原则只要求考证当事人是否存在法律所规定的具体行为,而无须评估这些做法是否实质性排除、限制竞争或者可能实质性排除、限制竞争,但是这并不意味着它们就没有实质性排除、限制竞争或者可能实质性排除、限制竞争。本身违法原则只是根据先前积累的大量经验对此作了直接推定,目的只是从形式上简化特定情形的法律认定过程,而并非要从本质上去修改垄断协议的实质内涵。① 最为关键的是,立法也不应当使其实质性地修改垄断协议的实质内涵,否则就违背了垄断协议的统一性。

如果我们要对特定类型的垄断协议在立法上引入本身违法原则,那么就应当在条文中作出精确的表述。以横向垄断协议为例,立法应当作出如下类似规定,即有下列情形之一的,可以推定构成垄断协议:(1)具有竞争关系的经营者共谋固定或者变更商品价格;(2)具有竞争关系的经营者共谋限制商品的生产数量或者销售数量;(3)具有竞争关系的经营者共谋分割销售市场或者原材料采购市场;(4)具有竞争关系的经营者共谋限制购买新技术、新设备或者限制开发新技术、新产品;(5)具有竞争关系的经营者共谋联合抵制交易。虽然我们在立法上对此也可以采取以下方式,即首先规定"具有竞争关系的经营者达成下列垄断协议的,适用本身违法原则:(一)固定或者变更商品价格;(二)限制商品的生产数量或者销售数量……",然后在该条的另一款对本身违法原则再作出具体指引。但是这应当不是最佳选择,因为它在形式上更为复杂,尤其是涉及条款适用的立法用语解释在具体操作中极易引发问题。对于立法应当就哪些类型的垄断协议引入本身违法原则,可以肯定的是在法律上能够明确具体列出来的横向垄断协议应当在此范围内,而作为兜底条款的"禁止经营者达成、实

① 参见种明钊主编:《竞争法》,法律出版社2008年版,第227页。

施其他垄断协议"所涵盖类型的垄断协议包括"中心辐射型"卡特尔则不应当在此范围。因为前者危害性非常明显,而且它们可以通过列举方式具体表述,而后者在立法技术上的科学性要求就直接限制了这种可能。至于纵向垄断协议在此的问题,应当需要根据立法的具体行为来确定。《反垄断法》第14条目前具体列明的是固定向第三人转售商品的价格和限定向第三人转售商品的最低价格,即理论界通常所谓的维持转售价格。① 而对此,不少人认为"RPM本身违法的主张难以成立,支持者提出的众多论据是站不住脚的。对RPM应当适用合理原则"。②

四、维持转售价格的规制的立法问题及其完善路径

《反垄断法》第14条就纵向垄断协议所作的具体规定对维持转售价格作出了原则性的禁止。

(一)当前存在的立法问题

虽然具有竞争关系的经营者本身是不可以采取措施限制它们在价格上的竞争,但是这应当并不等于品牌供货商就不可以对其经销商在产品销售价格上作出统一安排。当两个或者两个以上的经营者与一个品牌供货商签约成为其产品经销商后,它们在合约期限内就所代理销售的产品在价格上是否存在市场化的竞争关系应当取决于品牌供货商的态度。③ 一个经销商与一个品牌供货商的合作在性质上是市场竞争的结果,它反映不同品牌在市场销售渠道上的竞争过程。越是具有市场价值的品牌,其所有的供货商就越容易吸引更多的经销资源。任何一个经销商在正常情况下也都是根据品牌的市场价值来选择合作的供货商的,并且这种合作具有很强的临时性特质。一旦两个经营者通过合约成为经销关系,它们就变成市场众多品牌竞争队伍当中的同一股力量。在这种情景下,同一个品牌的经销商队伍内部在产品的销售价格上是否应当存有市场化的竞争关系,就应当像法律赋予一个经营者可以自由决定自己的不同销售网点之间,在产品销售价格上的关系那样交由品牌供货商来自主决定,立法不应当

---

① 维持转售价格的英文表述为"Resale Price Maintenance",缩写就是RPM。

② 兰磊:《转售价格维持违法推定之批判》,载《清华法学》2016年第2期。

③ 为了简化观点论述,我们在此就不再对同一个经营者拥有多个品牌和不同层级经销关系进行一一讨论,仅以一个经营者的一个品牌和一级经销关系为例来进行分析。

对此直接作出限制。[①] 即便品牌供货商对其经销商作出固定向第三人转售商品的价格或者限定向第三人转售商品的最低价格，这也并非意味着这些经销商就没有了市场竞争的压力。如果它们在利润率上持续低于同一个品牌内部的其他经销商或者不同品牌的其他经销商，那么也将会逐渐被市场所淘汰。而根据实践来看，除了自身的经营管理能力之外，所经销的产品在市场上受欢迎程度应当是影响一个经销商利润率的基础因素。这就迫使经销商在不断提高自身的经营管理能力基础上必须及时选择更好的品牌进行经销，它们有时为此甚至

---

① 若仅从抽象的视角来看，在销售的商品或者提供的服务上存在交叉尤其是高度重叠的经销商之间确实是具有竞争关系的经营者。但是，当特定群体的经销商加入某个品牌供货商的销售体系时，它们之间未必就必须存有竞争关系。当消费者（用户）计划购买某类商品时，在绝大部分情况下都会进行产品信息搜寻活动并以此作为最终选择交易对象的判断基础。虽然消费者所进行的产品信息搜寻活动在内容上除了这类商品的品牌及其型号、质量、价格、销量、售后服务等因素外，往往还包括获取目标商品的场所或者渠道等；在方式上除了非直接性的商家接触外，通常还可以选择进入综合性商场或品牌专营店，或者登录电子商务平台。但是生产与消费的基本关系、消费者对所需商品的关注起点决定了针对消费需求的市场供给所发生的竞争首先产生于品牌供货商之间，消费者直接进入综合性商场或者直接登录电子商务平台进行产品信息搜寻或采购，在形式上显得针对消费需求的市场供给所发生的竞争首先产生于商品经销商之间只是一种假象。因为无论是直接性的商家接触还是非直接性的商家接触所进行的产品信息搜寻活动，商品本身均是消费者实质性考察的首要因素，而这些基础性地取决于研制、生产这些商品的品牌供货商。所以各类品牌供货商才会大量地投入资源进行产品研制与广告宣传，从而为自身的产品最终走向消费奠定坚实基础。当某类商品存在一个或者一个以上的品牌供货商采用品牌专卖店包括品牌直营店方式进行商品推销时，针对消费需求的市场供给所发生的竞争首先产生于品牌供货商之间就会表现得非常直观，这种效果随着前面普遍性程度的提高而表现得愈加明显。在品牌供货商采用经销模式下，虽然消费者可以从同一品牌的不同经销商那里购买所需商品，且这些经销商在消费者眼中不同程度地具有竞争关系，即便品牌供货商给它们规定了严格的维持转售价格条件，但是对于采用经销模式尤其是维持转售价格的品牌供货商与其经销商特别是专卖店的关系，消费者在现实感知上通常将它们视为同一个市场上的同一股竞争势力。即便两个不同品牌的专卖店在地理位置上仅一墙之隔，消费者对它们的供给替代也绝不会只是孤立地限于两个经销商之间的事情，而是往往认为这是两个不同品牌的市场竞争，这些不同品牌的经销商都只是各自品牌供货商的"同伙"，它们通过商业化的自由组合进行战略结盟形成不同的品牌势力进行集团性的市场竞争。在这种背景下，特定品牌的经销商之间是否存在竞争关系，这应当是品牌供货商在建立销售体系过程中自主决定的内容。换言之，即其可以让不同的经销商在价格等上面存在竞争，也可以不让不同的经销商在价格等上面存在竞争。就性质而言，这与一个企业进行内部的不同经营网点管理是没有什么实质区别的。当品牌供货商在价格等上面对经销商采取了限制性营销策略时，这些经销商在相应内容上就不应当再被视为"具有竞争关系的经营者"。只有当品牌供货商在价格等上面没有对经销商采取了限制性营销策略时，这些经销商在相应内容上才应当被认为"具有竞争关系的经营者"。

不惜采取违约措施。[①] 而这又迫使品牌供货商必须不断改进自己的产品，否则就难以持续地建立和巩固自己的经销体系，进而直接威胁到其在相关市场上的发展前景。所以，仅就本身而言，维持转售价格应当是不会导致实质性排除、限制竞争效果的。

但是必须承认的是，维持转售价格在客观上可能被滥用来实施横向垄断协议。首先，这可能发生在同一个品牌内部的不同经销商之间。如果品牌供货商不对其经销商在产品的销售价格上作出统一规定，那么这些经销商就不可以采取措施限制它们在价格上的竞争。毫无疑问，潜在的价格竞争往往会导致经销商无法获得非常高的利润，趋利避害的自然本性在这种情况下就极易驱使它们倾向采取各种方式来限制或者排除价格竞争。由于直接进行共谋固定或者变更商品价格比较容易被反垄断执法机构所关注和证实，维持转售价格因此就成为一种潜在的选择工具。例如，"两个或者两个以上的经销商在品牌供货商寻求其进行合作过程中或者在经销协议履行、续签、变更等过程中，在品牌供货商因为所生产或者制造的产品具有非常可观的市场销量或者其他市场化因素作用下，使得自身并无采取维持转售价格经销模式的内在需求情况下，通过直接或者间接的方式共同向品牌供货商提出建议，希望对所有经销商设置维持转售价格的商业条款，以期在最大程度上减少它们在销售这些商品过程中将会面临的品牌内部的市场竞争，品牌供货商在没有实质性违背自主经营意愿的情况下，出于增益性关照合作伙伴的战略性考虑，会采取或者转而采取维持转售价格经销模式的情形"。[②] 其次，这可能发生在不同的品牌供货商之间。如果具有竞争关系的两个或者两个以上的品牌供货商共谋固定或者变更商品价格，那么它们可能会借助对各自经销商设立维持转售价格义务来强化或者巩固潜在

① 这就从一个角度解释了为何会时不时出现经销商与供货商就维持转售价格以及其他类似措施撕破脸皮，并且前者向反垄断执法机构举报后者的情形。例如，"奔驰汽车案"就系由经销商举报而引起的。"与奥迪一样，奔驰本次被罚的原因是在价格上实施了纵向垄断，即生产厂家对经销商（或上游经销商对下游经销商）的销售价格进行限定，从而导致经销商之间缺乏价格竞争。奔驰在江苏的经销商向工商局举报，从而引发了后续的一系列调查。一位接近奔驰中国的内部人士告诉时代周报记者。"参见谭力峰：《奔驰被反垄断罚款3.5亿背后：经销商向工商举报》，载《时代周刊》2015年5月5日。

② 丁茂中：《原则性禁止维持转售价格的立法错误及其解决》，载《政治与法律》2017年第1期。

的效果。[①] 尽管如此，在反垄断法已经存有横向垄断协议的规制制度情况下，立法也不能对维持转售价格作出原则性禁止。“虽然维持转售价格客观可能成为品牌供货商或者经销商实施横向垄断协议的手段，但是在维持转售价格本身能够有效促进品牌边际间的市场竞争和法律已经存有横向垄断协议与滥用市场支配地位的规制条款情况下以此作为立法禁止维持转售价格理由的手段说显得因噎废食。”[②]况且，部分经济学家之前就维持转售价格在多数情况下可能带来限制、排除竞争效果所作的论断至今都只是理论推演，并未得到有效实证。[③]

（二）立法问题的完善路径

若我们仍将固定向第三人转售商品的价格和限定向第三人转售商品的最低价格纳入纵向垄断协议的规制范畴，则可以采用如下“修改方案一”，即对维持转售价格在垄断协议的立法上单独采用合理原则，并不再重叠性地适用垄断协议的豁免制度。

修改方案一

第　章　垄断协议

第A条　本法所称垄断协议，是指实质性排除、限制竞争的协议、决定或者其他协同行为。

第B条　有下列情形之一的，可以推定构成垄断协议：

（一）具有竞争关系的经营者共谋固定或者变更商品价格；

（二）具有竞争关系的经营者共谋限制商品的生产数量或者销售数量；

（三）具有竞争关系的经营者共谋分割销售市场或者原材料采购

---

① 可以成为品牌供货商或者经销商串谋实施横向垄断协议的潜在方式（手段说）是很多国家和地区的竞争立法禁止维持转售价格的重要理由之一。若周全阐述品牌边际卡特尔的手段说，它应当包括“事前布局”和“事后起意”两种情形。所谓“事前布局”，即品牌供货商为了实施横向垄断协议而为此有目的性地采取维持转售价格的经销模式；所谓“事后起意”，即品牌供货商在正常采取维持转售价格的经销模式下伙同他人串谋实施横向垄断协议。无论是“事前布局”情形还是“事后起意”情形，维持转售价格在客观上确实起到了助推品牌供货商之间的横向垄断协议。参见张骏：《完善转售价格维持反垄断法规制的路径选择》，载《法学》2013年第2期。

② 丁茂中：《原则性禁止维持转售价格的立法错误及其解决》，载《政治与法律》2017年第1期。

③ 参见丁文联：《限制最低转售价格行为的司法评价》，载《法律适用》2014年第7期。

市场；

（四）具有竞争关系的经营者共谋限制购买新技术、新设备或者限制开发新技术、新产品；

（五）具有竞争关系的经营者共谋联合抵制交易。

第C条　禁止经营者与交易相对人达成下列垄断协议：

（一）没有正当理由，固定向第三人转售商品的价格；

（二）没有正当理由，限定向第三人转售商品的最低价格。

第D条　禁止经营者达成、实施其他垄断协议。

第E条　经营者能够证明所达成的协议属于下列情形之一的，不适用本法第B条、第D条的规定：

【垄断协议的豁免制度在内容上需要进一步完善，这将在后面部分加以具体展开和论述。】

第F条　行业协会不得组织本行业的经营者从事本章禁止的垄断行为。

若我们不再将固定向第三人转售商品的价格和限定向第三人转售商品的最低价格纳入纵向垄断协议的规制范畴，则可以采用如下"修改方案二"，即立法在充分肯定维持转售价格本身的合理性基础上将关注的焦点放在维持转售价格被滥用的竞争规制上。

修改方案二

第　章　垄断协议

第A条　本法所称垄断协议，是指实质性排除、限制竞争的协议、决定或者其他协同行为。

第B条　有下列情形之一的，可以推定构成垄断协议：

（一）具有竞争关系的经营者共谋固定或者变更商品价格；

（二）具有竞争关系的经营者共谋限制商品的生产数量或者销售数量；

（三）具有竞争关系的经营者共谋分割销售市场或者原材料采购市场；

（四）具有竞争关系的经营者共谋限制购买新技术、新设备或者限

制开发新技术、新产品;

（五）具有竞争关系的经营者共谋联合抵制交易。

第C条　禁止经营者与交易相对人达成下列垄断协议:

【除了维持转售价格之外的其他具体纵向垄断协议。】

第D条　禁止经营者达成、实施其他垄断协议。

第E条　经营者能够证明所达成的协议属于下列情形之一的,不适用本法第B条、第C条、第D条的规定:

【垄断协议的豁免制度在内容上需要进一步完善,这将在后面部分加以具体展开和论述。】

第F条　行业协会不得组织本行业的经营者从事本章禁止的垄断行为。

第　章　附　　则

第　条　经营者依照《中华人民共和国民法典》等法律、行政法规实施维持转售价格的行为,不适用本法;但是经营者滥用维持转售价格,实质性排除、限制竞争的行为,适用本法。本法所称维持转售价格,是指固定向第三人转售商品的价格、限定向第三人转售商品的最低价格。

五、垄断协议豁免制度的立法问题及其完善路径

《反垄断法》第15条通过"类型列举+要件补充"的方式对垄断协议的豁免制度作了具体规定。

（一）当前存在的立法问题

根据我国《价格法》的规定:政府在必要时可以对与国民经济发展和人民生活关系重大的极少数商品价格、资源稀缺的少数商品价格、自然垄断经营的商品价格等实行政府指导价或者政府定价;行业组织必须遵守价格法律法规,加强价格自律并接受政府价格主管部门的工作指导。而深圳市有害生物防治协会所遭遇的事情充分表明,行业组织在履行此类职责过程中可能会面临一些问题。根据广东省政府印发的《广东省定价目录》,深圳市物价局在1997年发布了深物价〔1997〕55号《关于除"四害"消杀服务收费标准的批复》,将对机关和企事业单位除四害的消杀服务收费标准确定为每月每平方米0.1元。深圳市有害生物防治协会与取得《深圳市有害生物防治服务资格等级证》的所有会员单位签订了《深圳市有害生物防治服务诚信自律公约》,第5条明确规定:本公

约适用范围为深圳市内招投标承包的有害生物防治协会工程，对于在防治工程承包竞投中，为达到承揽工程的目的，报价低于深物价〔1997〕55 号的除“四害”消杀服务收费标准及其他相关收费标准的 80% 以下者，视为不正当竞争行为。这不仅使深圳市有害生物防治协会一度反垄断官司缠身，[1]而且导致它一度陷入反垄断调查旋涡。[2] 若仅就形式而言，深圳市有害生物防治协会的此举毫无疑问违反了《反垄断法》第 16 条和第 13 条的禁止性规定。但是这应当与中石油、中石化的东北某些分公司曾经在成品油零售价格的政府指导价范围内进行共谋固定或者变更商品价格是有着实质性区别的，[3]它所涉价格限制至少在政府定价的线下区域。如果《深圳市有害生物防治服务诚信自律公约》第 5 条将报价的底线限在每月每平方米 0.1 元之上，那么这也毫无疑问构成横向垄断协议，而且同时违反了《价格法》的规定。然而，即便深圳市有害生物防治协会只是将收费标准直接限定在每月每平方米 0.1 元，这事实上也无法摆脱涉嫌横向垄断协议的“魔咒”。

这似乎还不在《反垄断法》就垄断协议的豁免制度所作的类型列举范围之内。根据《反垄断法》第 15 条第 1 款的规定，下列 7 种情形将可能得到豁免：(1)为改进技术、研究开发新产品的；(2)为提高产品质量、降低成本、增进效率，统一产品规格、标准或者实行专业化分工的；(3)为提高中小经营者经营效率，增强中小经营者竞争力的；(4)为实现节约能源、保护环境、救灾救助等社会公共利益的；(5)因经济不景气，为缓解销售量严重下降或者生产明显过剩的；(6)为保障对外贸易和对外经济合作中的正当利益的；(7)法律和国务院规定的其他情形。非常明显，当中对此最为接近的就是第 4 项和第 7 项。虽然除“四害”活动确实在一定程度上有助于改善我们的居住环境，但是仅就消杀服务的收费标准作出某种限制安排应当是难以上升到保护环境这个层面的。全面考察当前生效的法律和国务院发布的规范性文件，即使是在我国《价格法》中也没有条款对此作出明确“免责”的另行规定。退一步来讲，即便可以援用第 4 项

---

① 详情参见广东省高级人民法院对深圳市惠尔讯科技有限公司、深圳市有害生物防治协会垄断纠纷一案所作的(2012)粤高法民三终字第 155 号民事判决书。

② 参见广东省物价局：《广东省物价局价格检查局公布今年以来价格执法情况并曝光10类典型民生价格违法案例》，载 http://zwgk.gd.gov.cn/006939828/201110/t20111018_287330.html，2020 年 12 月 20 日访问。

③ 国家发展和改革委员会曾经根据举报对当事人进行了周密调查，并最终对它们作出行政处罚。

或第7项,也不能自动得到豁免。“本条对垄断协议的豁免未规定申报制度,完全由经营者自行判断其协议是否符合本条规定的豁免条件。如果反垄断执法机构在监管过程中发现经营者达成的垄断协议不属于本法规定的豁免情形,经营者将承担达成垄断协议的法律后果。”①这就意味着深圳市有害生物防治协会的此类做法始终都处于可能因构成横向垄断协议而被行政处罚的风险之下,即使在实质上属于履行价格自律职能的合理“护法”举措亦是如此。这就客观反映出《反垄断法》在垄断协议的豁免制度上所作的规定应当存在一些问题,若不采取有效措施对此加以解决,则必然会不同程度地影响行业协会在价格自律上的积极作用。

(二)立法问题的完善路径

如果我们要在垄断协议的豁免制度内解决这个问题,那么应当在垄断协议的豁免制度中另行对此直接作出法定豁免。“法定豁免是指在包括反垄断法和相关产业管制法在内的法律中,明确而直接地表达出来或者能够直接推断出,对特定主体的特定行为授予以该法律认可的反垄断法豁免。”②尽管我国施行反垄断法已有10个年头,然而我国的竞争文化发展水平还是比较低,企业的竞争合规机制还尚未普遍健全。在这个社会背景下,对垄断协议在整体上改用自动豁免模式极有可能产生纵容甚至鼓励经营者,以及由其组成的行业协议实施垄断协议特别是核心卡特尔的不良效果。所以,在未来较长的一段时间内只适宜根据特定的需要对垄断协议有限地引入法定豁免。由于直接在价格法中对行业协会履行价格自律职能作出垄断协议的豁免不仅涉及《反垄断法》之外的立法修改工作,而且这并未彻底解决国务院反垄断执法机构及其授权的省级执法机构对此的潜在干预,因此,较为合适的做法就是由《反垄断法》直接在垄断协议的豁免制度上单独采取条款对此作出明确规定。就内容而言,立法应当对以下3个方面作出精确表述:第一,行业协会依据《价格法》采取措施维护政府定价或者政府指导价的做法不适用垄断协议的禁止规范;第二,行业协会无须另外证明这类做法不会严重限制相关市场的竞争和能够使消费者分享由此产生的利益;第三,除非反垄断执法机构有证据能够证明行业协议所采取的价格自律措施超出政府定价或者政府指导价的应然范畴,否则就自动推定其符合要

① 全国人大常委会法制工作委员会经济法室编:《中华人民共和国反垄断法条文说明、立法理由及相关规定》,北京大学出版社2007年版,第84页。

② 钟刚:《反垄断法豁免制度研究》,北京大学出版社2010年版,第105页。

求。按照正常的制度演绎，这至少使诸如深圳市有害生物防治协会只是将收费标准直接限定在每月每平方米0.1元的此类做法不会出现前面的尴尬境地。

如果不拘泥于在垄断协议的豁免制度内解决这个问题，我们那么可以采用反垄断法的适用除外制度。具体而言，我们可以作出如下类似规定：行业组织依据《价格法》实施价格自律的行为，不适用本法；但是行业组织滥用价格自律，实质性排除、限制竞争的行为，适用本法。对于前面就深圳市有害生物防治协会在除“四害”消杀服务收费上所作的假设情形，可以肯定的是，将报价的底线限在每月每平方米0.1元之上应当受到反垄断法的严格规制，只是将收费标准直接限定在每月每平方米0.1元则不应当受到反垄断法的无谓规制。对于深圳市有害生物防治协会在《深圳市有害生物防治服务诚信自律公约》中所作的实际要求，虽然法院完全认定它不属于反垄断法所禁止的垄断协议，但是并不意味着这种做法就完全没有问题的。当此类措施使成员的定价水平在整体上高出了政府定价，则也应当受到反垄断法的严格规制，它在本质上就是行业协会组织经营者实施价格卡特尔之举；当此类措施使成员的定价水平在整体上基本接近政府定价或者完全契合政府定价，则不应当受到反垄断法的无谓规制，它在性质上就是行业协会依法履行价格自律职能。所以，我们对此在适用除外的模式选择上应当采用《反垄断法》就知识产权所作的第55条规定做法，而不宜采用《反垄断法》就农业领域所作的第56条规定做法。这样既可以促进行业协会依法积极履行价格自律职责，又可以防止行业协会在此过程中变相组织经营者实施固定或者变更商品价格。

第三章 滥用市场支配地位行为规范的立法完善

《反垄断法》第三章对滥用市场支配地位的行为规范作了基本规定,我国十余年的反垄断施法实践充分表明,这些内容在客观上还存在一些立法问题,需要我们尽快采取科学措施加以完善。

一、立法宗旨体现方式的立法问题及其完善路径

《反垄断法》就滥用市场支配地位的行为规范所作的规定在立法宗旨的体现方式上存在不太协调问题,它在一定程度上影响了这些规范的科学性。

(一)当前存在的立法问题

根据《反垄断法》第1条的规定,我国《反垄断法》的立法宗旨应当有4个,即保护市场公平竞争、提高经济运行效率、维护消费者利益和维护社会公共利益。目前,对我国反垄断法的终极目标还存在不同程度的争议。例如,有些人认为,由于反垄断法更擅长肩负生产功能,因此提高经济运行效率应当是其最为根本的任务;[①]有些人则认为,反垄断法应当以保护消费者权益为核心导向,立法、执法与司法必须对此予以有效保

---

① 参见丁茂中:《反垄断法的目标选择及其功能优化刍议》,载《现代财经(天津财经大学学报)》2011年第8期。

障。[1] 但是,人们对保护市场公平竞争与提高经济运行效率、维护消费者利益、维护社会公共利益的关系在认识上基本是一致的。如图 3－1 所示,前者是实现后者的基本方式,后者的实现主要依赖于前者,但是在个别情况下也会因为后者而不同程度地直接牺牲前者。

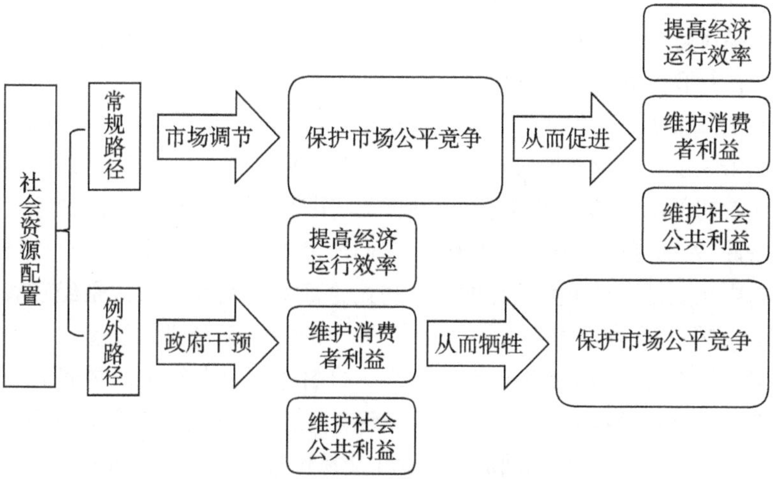

图 3－1　反垄断法立法目的之间的应然关系

从具体条文来看,《反垄断法》所规制的垄断协议、经营者集中和行政性垄断在此均完全遵照了这个思路。就垄断协议而言,这充分表现在:《反垄断法》通过第 13 条和第 14 条分别对横向垄断协议和纵向垄断协议作了原则性的禁止规定,目的在于基础性地保护市场公平竞争;以此为基础,《反垄断法》通过第 15 条对少数有利于提高经济运行效率或者有利于维护消费者利益或者有利于维护社会公共利益的非严重限制市场竞争的协议作了豁免规定。就经营者集中而言,这充分表现在:《反垄断法》通过第 5 条表明立法在原则上并不反对经营者集中,只有当一项经营者集中具有或者可能具有排除限制竞争效果时,《反垄断法》才会通过第 28 条的非但书部分要求反垄断执法机构对此进行予以禁止,目的同样在于基础性地保护市场公平竞争;但是并非只要出现此种情形就必然都会被禁止,若经营者能够证明该项集中有利于提高经济运行效率或者有利于维护消费者利益或者有利于维护社会公共利益,则反垄断执法机构有权依

① 参见颜运秋:《反垄断法的终极目的及其司法保障》,载《时代法学》2005 年第 6 期。

据第28条的但书部分给予批准。就行政性垄断而言,这充分表现在:《反垄断法》通过第8条和第五章对行政机关和法律法规授权的具有管理公共事务职能的组织滥用行政权力排除限制竞争作了宣誓性的禁止规定,目的亦是在于基础性地保护市场公平竞争;而即便在反垄断法框架内,法律也没有排除行政干预的正当性;根据行政法的基本理论,这些正当性就包括行政主体所采取的有利于提高经济运行效率或者有利于维护消费者利益或者有利于维护社会公共利益的具体行政行为或者抽象行政行为。

但是滥用市场支配地位在此似乎并非完全如此。就所禁止的行为而言,除了兜底条款以外,《反垄断法》第17条第1款具体列举了以下6种做法,即超高定价或者超低定价、掠夺性定价、拒绝交易、限定交易、搭售或者附加不合理的交易条件、差别待遇。根据实践来看,它们所涉的经营行为本体在对市场公平竞争的影响上是存在很大差异的。有些无论面对的交易相对人是经营者还是消费者,它们都会直接影响市场公平竞争。如搭售,无论搭售发生在流通环节还是消费终端,此举都会影响被搭售商品的制造商或者经销商之间的公平竞争。有些只有在面对的交易相对人是经营者时,它们才会直接影响市场公平竞争。如差别待遇,当条件相同的经营者在交易价格、结算方式、售后服务等方面遭受不同程度的商业歧视时,它们各自的竞争优势确实会因此而直接受损或者受益。但这种情形不会发生在消费者身上,因现代市场已由卖方市场转为买方市场。有些无论面对的交易相对人是经营者还是消费者,它们在严格意义上都不会直接影响市场公共竞争。如超高定价,无论以不公平的高价销售商品发生在流通环节还是消费终端,此举只涉及交易当事人之间的利益分配。① 所以,不少专家明确指出此规定并不以保护市场公平竞争为基本导向。② 比较一下不难看出,滥用市场支配地位在诸如搭售这些具体行为上与垄断协议、经营者集中、行政性垄断遵照了相同的思路,但是在诸如超高定价这些具体行为上在此似乎完全另辟了蹊径,而在诸如差别待遇这些具体行为上在此似乎则因人而异。

(二)立法问题的完善路径

如果我们仅注重法律的实用主义,那么对此可以通过非系统化的法律理解

① 参见全国人大常委会法制工作委员会经济法室编:《中华人民共和国反垄断法条文说明、立法理由及相关规定》,北京大学出版社2007年版,第17页。

② 参见孔祥俊:《反垄断法原理》,中国法制出版社2001年版,第562页。

来进行局部化的应对。由于《反垄断法》第1条并没有对保护市场公平竞争、提高经济运行效率、维护消费者利益和维护社会公共利益的相互关系作出明确规定,因此这给另一种较为牵强的法律理解提供了基本空间,即这4个立法目标可以属于平行关系,立法可以根据需要进行任意择用并据此进行制度化设计。非常明显,当按照这种思路审视《反垄断法》时,滥用市场支配地位自然就不存在前面所谓的立法问题。但是毫无疑问,这必然会在不同程度上造成滥用市场支配地位的法律适用在演绎逻辑上出现分野现象。从整体来看,滥用市场支配地位的各个具体行为无论是在构成要件的形式上还是在实质上都会存在一些差异。如在合理性分析上,搭售可能考虑的基础性因素是所涉经营行为是否影响市场公平竞争,并据此选择性地进一步考虑是否存有提高经济运行效率或维护消费者利益、维护社会公共利益的更高抗辩事由,而超高定价可能考虑的关键性因素就是所涉经营行为是否损害消费者利益。从个体来看,这种局面完全可以出现在同一具体行为上,如差别待遇。除非反垄断执法机构将面向消费终端的所有差别待遇均视为具有正当理由的经营行为,否则就无可避免地将会产生此类问题。

除此之外,这还会带来制度竞合以及法律适用的选择问题。当我们选择性地将滥用市场支配地位的立法宗旨径直定位在维护消费者利益上时,具有市场支配地位的经营者所实施的同一商业行为完全可能同时触及两部法律制度,即《反垄断法》和《消费者权益保护法》。以不公平的高价销售商品为例,它不仅构成《反垄断法》所禁止的滥用市场支配地位行为,而且构成《消费者权益保护法》所禁止的侵害消费者公平交易权行为。[①] 而这两部立法在法律责任上却存在很大的差异:前者对此的行政处罚是比较重的,没收违法所得加上并处上一年度销售额1%以上10%以下的罚款,此数额可以高达数亿元;后者对此的行政处罚相较则显得非常轻,与前者可能呈现出几十倍甚至数百倍的悬差,最少可能也就几万元。因此,这就又产生了法律适用的选择问题。根据以往的经验来看,如果这个问题得不到妥善处理,那么将会导致很多严重后果。例如,若反垄断执法机构在不同的案件中依据不同的法律对违法的经营者作出行政处罚,则就会出现竞争执法不公问题。再如,巨大的自由裁量权限在客观上极易使反

① 我国《消费者权益保护法》第10条规定:消费者享有公平交易的权利。消费者在购买商品或者接受服务时,有权获得质量保障、价格合理、计量正确等公平交易条件,有权拒绝经营者的强制交易行为。

垄断执法人员进行权力寻租,从而导致出现权力腐败问题。

如果我们注重法律的内在统一,那么对此就必须通过系统化的法律修订来进行彻底性的解决。事实上,这也是我们最为应当采取的做法。顾名思义,反垄断法的基本使命就是预防和制止垄断,保护市场公平竞争。虽然保护市场公平竞争只是我们在优化社会资源配置过程中所采取的一种工具手段,我们的根本目的是提高经济运行效率、维护消费者利益、维护社会公共利益;但是我们不能因此就可以常规性地用根本目的来直接否定工具手段的基础作用,否则不仅会导致反垄断法失去应然的制度定位,而且会导致不同的法律制度出现功能趋同甚至重叠问题。就具体方案而言,我们可以采取以下操作路径:对于所涉的经营行为本体固然会对市场公平竞争产生影响的,则采用《反垄断法》对应项下的立法表述,这应当包括掠夺性定价和搭售;对于所涉的经营行为本体会因交易对象的身份属性差异而对市场公平竞争产生影响的,则必须明确突出交易相对人是经营者这个要件,这应当包括拒绝交易、限定交易、差别待遇和附加不合理的交易条件;对于所涉的经营行为本体不会对市场公平竞争产生影响的,则将其从《反垄断法》对应项下直接移除,这应当包括超高定价和超低定价。

但是必须指出的是,这也只是对其从形式和内容上的最大限度完善。除非将来反垄断法直接对自身的立法宗旨及其关系作出明确规定或者滥用市场支配地位的具体规定特别对立法宗旨的体现方式作出明确的指引,否则就无法保证在将来的法律适用过程中不会实质性地仍然出现此类问题。而无论相关的兜底条款在立法上是继续使用《反垄断法》所用的表述方式还是改用其他的表述方式,都会给具体的法律适用留下巨大的操作空间。若反垄断执法机构借此仍然将具有市场支配地位的经营者所实施的超高定价或者超低定价及只是面向消费者的拒绝交易、限定交易、差别待遇或者附加不合理的交易条件裁定为滥用市场支配地位的做法,则前面所尝试解决的立法问题又实质性地出现在后面的法律适用中了。

二、支配地位内化标准的立法问题及其完善路径

《反垄断法》就滥用市场支配地位的行为规范所作的规定在支配地位的内化标准上存在过于糅杂问题,它在一定程度上影响了这些规范的科学性。

(一)当前存在的立法问题

就市场支配地位的判断标准而言,理论界截至目前一共提出 3 种标准,即市场绩效标准、市场行为标准和市场结构标准。如表 3 - 1 所示,它们各有长

处,也各有不足。①

表 3-1 判断标准的长处与不足

标准名称	标准要义	标准长处	标准不足
市场绩效标准	如果一个经营者所获得的利润率远远超过其在处于竞争性环境下的利润水平,那么就可以认定它具有市场支配地位	盈利能力能够最为有效地反映经营者的市场地位	因为在实践中无法精确测算出一个产品的边际成本,所以在实践中也就无法精确判断出利润的贡献源
市场行为标准	如果一个经营者在作出营销决策时基本不用考虑竞争对手所作的经营决策时,那么就可以认定它具有市场支配地位	行为表现确实可以经验化地反映经营者的市场地位	因为在实践中无法精确测算出一个产品的边际成本,所以在实践中也就无法精确判断出企业定价的合理性
市场结构标准	如果一个经营者单独或者与他人一起在较长时间内始终占据着相关市场的很大份额时,那么就可以认定它具有市场支配地位	市场份额客观可以基础性地反映经营者的市场地位	因为在实践中无法排除他人力量的形成作用,所以在实践中也就无法完全保证运行的结果绝对精确

仔细对照立法条款,《反垄断法》似乎想将这 3 种判断标准全部进行吸纳。最为明显的是,《反垄断法》第 19 条系完全按照市场结构标准来进行设计的。根据这条规定,当一个经营者在相关市场上的市场份额达到 1/2,或者两个经营者在相关市场上的市场份额合计达到 2/3,或者三个经营者在相关市场上的市场份额合计达到 3/4 时,则反垄断执法机构就可以推定它们具有市场支配地位,除非单个经营者的市场份额不足 1/10 或者另有证据能够充分证明被推定具有市场支配地位的经营者客观不具有市场支配地位。对于市场行为标准,这也表现得十分明显。首先,《反垄断法》第 17 条第 2 款有关市场支配地位的定义就是基本照此铺开的,即对行为主体具有能够控制商品价格、数量或者其他交易条件或者能够阻碍、影响其他经营者进入相关市场能力的充分强调。其次,《反垄断法》在第 18 条中明确规定,在认定一个经营者是否具有市场支配地位过程中应当合理考虑它对销售市场或者原材料采购市场的控制能力。在市

① 参见王晓晔:《反垄断法》,法律出版社 2011 年版,第 198~199 页。

场绩效标准上，虽然这没有在前面两者上那样表现得非常直观，但是在形式与内容上也都是有迹可循的。根据《反垄断法》第 18 条规定，经营者的财力是认定市场支配地位的重要权衡因素之一。正如反垄断执法机构在之前发布的规范性文件中所指出的那样，对此除需要考察资产规模、财务能力、融资能力等事项以外，还需要重点考察目标对象的盈利能力。

虽然此举在理论上确实有助于取长补短，但是实际效果似乎并不理想。首先，这使《反垄断法》在市场支配地位判断标准上的立法明显缺乏内在的统一性。即便撇开法律表现不太明显的市场绩效标准的相关内容不谈，仅就市场行为标准和市场结构标准的相关内容而言，《反垄断法》第 17 条第 2 款和第 19 条无论是在形式上还是在实质上都是明显各行其是，对市场支配地位的属性反映并未呈现融合态势。其次，《反垄断法》在市场支配地位判断标准上的立法亦未能完全就此作出有效的层次安排。仅从目前的实践来看，人们就已经对《反垄断法》第 18 条和第 19 条在适用上的关系产生了不同程度的争议。事实上，除还存在是否可以根据第 18 条的兜底条款援用司法审判机关创造的市场支配地位的反推规则这个问题以外，[①]无法排除将来在具体案件中不会出现直接根据第 17 条第 2 款对涉嫌垄断的经营者是否具有市场支配地位进行认定；而究竟应当如何适用这些规定，《反垄断法》并未对此作出有效指引。在上述两大问题的叠加作用下，市场支配地位的认定变得具有高度的不确定性。显而易见，依据不同标准必然会得出不同的结论。反映到市场支配地位的具体规则适用上，即便是一个经营者在相关市场上的市场份额达到 1/2，依据第 18 条所规定的权衡因素也极有可能得出它不具有市场支配地位；即使仅限于援用第 18 条规定，对于在相关市场上的市场份额不超过 1/10 的单个经营者，也很有可能随着择用权衡因素的侧重点差异而得出不同的结论，更不用说还可以直接使用市场支配地位的定义条款。正因如此，无论是反垄断执法机构所调查的滥用市场支配地位案件还是法院所审理的滥用市场支配地位纠纷案件，它们就当事人是否具有市场支配地位作出的法律认定不仅总是会遭到利害关系人的反对或者异议，而且往往会招致社会不同人士的批评或者质疑。客观而言，这种局面并不有利于促进我国反垄断法的科学实施。

（二）立法问题的完善路径

虽然仅就市场支配地位的现有理论判断标准而言，它们各自均存有利弊这

① 参见《关于审理因垄断行为引发的民事纠纷案件应用法律若干问题的规定》第 10 条。

点客观决定了立法在此应当进行兼收并蓄，以在最大限度上确保法律对此设立的认定标准之科学性，但是若就滥用市场支配地位的整个规制设计而言，这未必就是唯一可以进行选择的路径。尽管诚如《反垄断法》第三章所用篇幅长短所示，是否具有市场支配地位对于一个经营者来讲是非常重要的，这直接关系到特殊法律义务的潜在承担；经营者具有市场支配地位未必就违法，关键要看它所实施的行为是否影响市场公平竞争。既然如此，与其在身份属性上追求科学，还不如在行为评估上进行优化。这是因为：一方面，虽然立法在主观上试图对市场支配地位的法律认定作出周全表述，以尽量减少经营者的潜在负担，但是立法在客观上带来了很大的不确定性，导致经营者在竞争合规过程中往往难以对此作出有效判断。另一方面，《反垄断法》第17条第2款和第18条的内容无论是从形式上还是从实质上都是可以而且往往也会在对特定行为的外部影响及其合理性的分析上进行不同程度的综合考量，并且这个环节的所有安排越为完善越能够精确反映经营者所实施的行为对市场竞争产生的影响性质。所以，我们在此还可以选择以下路径：以反垄断法有效完善滥用市场支配地位的合理性抗辩为前提基础，立法放弃之前对市场支配地位的认定标准所尝试采取的完美主义，改为在最大限度上提高市场支配地位的法律认定之确定性。

若采取此路径，市场结构标准尤其是采用推定方式应当是其中最为理想的选择。只要界定出案件所涉的相关市场，即便是经营者实施的定价模式是免费的，也可以得出其在特定阶段的市场份额，只是所采用的计算单位科学程度不同而已。就规则设计而言，立法应当重点做好以下3个方面的基础工作：第一，适度降低单个经营者具有绝对市场支配地位的门槛标准。对于单一标准来讲，要求一个经营者在相关市场上的市场份额达到1/2的标准还是很高的。第二，适度降低多个经营者具有共同市场支配地位的门槛标准。同理，要求2个经营者在相关市场上的市场份额合计达到2/3或者3个经营者在相关市场上的市场份额合计达到3/4，并且单个的市场份额不少于1/10的标准也是很高的。第三，适度增列可以直接推定具有市场支配地位的其他情形。例如，依法具有独占地位的公用企业、经营者对外发布的信息能够证明其在相关市场内具有支配地位的等。考虑到市场结构标准客观存在的一些不足，立法可以先行采取必要措施进行有限修正，但是内容必须具体明确。在针对共同市场支配地位的推定情形上，我们可以采取《反垄断法》的做法，限定单个经营者的最低市场份额。在针对所有推定情形上，我们可以合理借鉴域外较为科学的做法。例如，针对新兴市场或者夕阳产业等少数领域的特殊情形，韩国《规制垄断与公平交易法》

规定,如果一个经营者的年销售额或者年购买额不足10亿韩元的,那么就直接排除其具有市场支配地位。

除此以外,我们还需要调整《反垄断法》的相关条款。首先应当直接删除市场支配地位的定义条款。事实上,即便不是为在最大限度上追求市场支配地位的法律认定之确定性而较为单一地采用市场结构标准,市场支配地位的定义条款也没有存在的特别价值。市场支配地位并不像经营者那样是一个基础的身份属性,它只是经营者在参与市场竞争过程中的一个阶段性状态。对此问题关键在于能够通过有效的工具手段进行客观反映,而非概念的立法精确厘定。这也就是为何大多数国家或者地区的反垄断法并没有在滥用市场支配地位的规制条款中专门对市场支配地位进行定义,目前也只有韩国、印度以及我国等少数国家在此采取了这种做法。更为重要的是,在立法对市场支配地位的法律认定作出规定的情况下,市场支配地位的定义条款在客观上还会干扰到关联条款的潜在适用。所以无论与否,它都没有存在的必要。其次应当实质分解第18条的权衡因素。一方面,诸如相关市场的竞争状况、进入相关市场的难易程度等完全可以在竞争评估环节进行有效反映;另一方面,诸如经营者控制销售市场或者原材料采购市场的能力、经营者的财力和技术条件等可以在合理性分析环节进行有效反映。仅以经营行为涉嫌掠夺性定价为例:前者中的进入相关市场的难易程度可以充分表明掠夺性定价是否具备必要的市场环境,即实施掠夺性定价的可行性;后者当中的经营者的财力可以直接反映行为主体的潜在能力,从而可以在较高程度上合理判断其行为的主观动机。

三、相对优势制度确认的立法问题及其完善路径

《反垄断法》就滥用市场支配地位的行为规范所作的规定在相对优势的制度确认上存在比较模糊的问题,它在一定程度上影响了规范的科学性。

(一)当前存在的立法问题

根据权威媒体的新闻报道,我国近些年来各地发生多起因小区居民强烈认为提供物业服务的经营者收取的车位租金过高而形成的规模民事纠纷。[①] 对于这些社会问题的有效解决,无论于公还是于私都应当基础性地依赖于法律。就化解纠纷的法律选择问题而言,我们通常首先会想到我国《民法典》。小区居民和提供物业服务的经营者是具有平等关系的民事主体,它们之间至少存在事实

---

① 参见王则楚:《小区停车费涨价,业主须有发言权》,载《南方日报》2015年7月31日。

性的服务协议。当前者认为后者收取的车位租金过高时,完全可以根据《民法典》有关显失公平的规定寻求法律救济。但是从公开的民事判决来看,采取此类做法的占比在整体上是非常低的。究其原因,主要应当有以下 3 个方面缘由:第一,胜诉难度较大,可能往往难以得到法院的支持;第二,诉讼成本较高,特别是时间成本;第三,惧怕后面遭到变相报复,譬如到期拒绝继续提供车位。在这种情况下,人们自然会将目光转向《消费者权益保护法》。虽然为了生活购买服务使小区居民具有完全的消费者适格身份,并且该法确实倾斜性地为消费者规定了多项具体的权利,但是对此的作用效果似乎并无明显改观,小区居民的诉求基本难以因此得到有效满足。而之所以也会出现这种局面,核心在于《消费者权益保护法》的实施机制关键同样依赖于私力。尽管该法专门设立了各类消费者保护组织,并赋予它们 8 项具体的公益性职责,然而它们并没有任何实质性的执法权限,因此难以直接提供强有力的帮助。

鉴于此,包括很多专业人士在内的主体开始纷纷将视野聚集到《反垄断法》上。首先,《反垄断法》客观上对超高定价作了原则性禁止规定。其次,《反垄断法》在实施机制上目前主要依赖于公共执法。根据该法第 38 条规定,任何单位或者个人只要采用书面形式并提供相关事实和证据进行举报的,反垄断执法机构都会进行调查,并为举报人进行保密。最后,《反垄断法》在有关超高定价的法律责任部分存有责令停止的规定。虽然理论界对责令停止的法律性质还存在不同程度的争议,但是它却完全可以满足小区居民在此的诉求;并且,没收违法所得加上并处上一年度销售额 1% 以上 10% 以下的罚款,通常能够有效威慑提供物业服务的经营者再次提高或者变相提高车位租金。但是《反垄断法》有关超高定价的禁止性规定也存在一个严格的适用前提,即所涉的经营者必须具有市场支配地位。如果被调查对象不具有市场支配地位,那么此禁止性规定也就无法适用其经营行为。从实践来看,除非将案件所涉的相关地理市场界定为某个居民小区、某个街道辖区或者其他较小的行政区划,否则大部分情形当中的提供物业服务的经营者的市场份额其实是很小的,鲜有达到 1/10 的。而按照相关市场界定的基本原理,无论是某个居民小区还是某个街道辖区或者其他较小的行政区划,它们均难以构成一个独立的相关地理市场。因此,这些提供物业服务的经营者基本也就无法根据《反垄断法》第 19 条的规定被推定为具有市场支配地位。但是这并不等于它们就不可能被认定为具有市场支配地位,因为《反垄断法》第 18 条还规定了市场支配地位的另一种认定方式,即所谓的综合认定法。根据这条规定,市场份额只不过是其中一项权衡因素而已。而仔细对照这条规定所列举的其他权衡因素,除了第 4 项的依赖程度以外,[①]这些提供物业服务的经营者很多在对应指标上基本都呈现比较弱势形态。针对这种情形,摆在我们面前的一个法律问题就是能否仅仅据此就可以认定一个经营者具有市场支配地位。

如果可以仅仅据此就认定一个经营者具有市场支配地位,那么这就意味着《反垄断法》在此包容性地采纳了相对优势地位理论。“相对优势地位理论强调了企业之间的相互力量对比,并认为当交易方在一定情况下具有类似在市场中处于垄断地位的企业的市场力量时,会使得交易相对方‘依赖于’该企业,从而引起竞争法上的效果。”[②]就小区居民与提供物业服务的经营者关系而言,前者对后者往往有着高度的依赖性。虽然由小区居民组成的业主委员会和居民委员会在理论上对诸如车位租金等物业事项有着决定权,但是受治理结构不健全、利益代表过于分散、博弈能力存在较大悬殊等多种因素的影响,提供物业服务的经营者在很多情况下却对此有着实质性的控制权。对于租赁车位的小区居民来讲:一方面,周边其他居民小区或者企事业单位在此对外通常采取的封闭性管理使它们往往没有替代性选择;另一方面,即便附近存有提供车位租赁服务的,这也不太符合我们日常所需的便捷性。因此,提供物业服务的经营者对于小区居民而言确实基本会拥有相对优势地位。若根据相对优势地位理论,则就可以认定其具有市场支配地位;除非它们能够证明所采取的措施具有正当理由,否则就会构成反垄断法所禁止的超高定价。但是对于《反垄断法》是否包容性地采纳了相对优势地位理论,我国很多竞争法专家对此持有强烈的质疑与反对态度。[③] 但是单纯从法律条文上来看,立法似乎又并未对此作出明确的禁止。

(二)立法问题的完善路径

若要科学解决前面出现的立法问题,则首先需要科学回答反垄断法是否应当引入相对优势地位理论这个问题。不言而喻,如果反垄断法对滥用市场支配地位的立法引入相对优势地位理论,那么滥用市场支配地位的法律适用门槛就

---

① 需要指出的是,《反垄断法》对此所用的立法表述“其他经营者对该经营者在交易上的依赖程度”不应仅仅限于“其他经营者”,而应当包括所有潜在的交易相对人。所以,我们在此就忽视小区居民的身份属性。事实上,小区居民与提供物业服务的经营者在车位租金上发生的纠纷也越来越多地发生在很多商户与物业公司之间,即经营者对经营者。

② 李剑:《相对优势地位理论质疑》,载《现代法学》2005 年第 3 期。

③ 参见陈丹舟:《相对优势地位理论基础研究》,载《竞争政策研究》2016 年第 3 期。

会大大降低。在这种情况下,无论是作为交易相对人的消费者还是经营者的维权难度也会因此大幅降低。即便没有其他更为利好的安排变化,针对滥用市场支配地位的反垄断民事诉讼对于私人而言在诉讼效益上也将随之有所提高,而这将会有效促进反垄断法的私人实施。“从实施主体的性质和实施程序来说,反垄断法的实施有两个基本的实施途径和机制,即反垄断法的公共实施和私人实施。前者是指专门的反垄断执法机构依法调查处理垄断行为所进行的行政执法,后者是指有关主体(经营者、消费者等)就垄断行为追究民事责任而依法向法院提起的民事诉讼。它们相互配合、相互补充,共同维护市场竞争秩序,缺少其中任何一个方面都不利于反垄断法的全面和有效的实施。”①但是,如果反垄断法对滥用市场支配地位的立法引入相对优势地位理论,那么恐怕将会直接严重影响到保护市场公平竞争这个基本立法宗旨的有效实现。首先,所有经营者相对任何主体而言都会不同程度地拥有某些方面的相对优势。无论企业的规模大小,经济资本、商业技术、管理团队、政策待遇等诸多方面固有的个体差异所叠加产生的作用使每个经营者相对交易相对人来讲总会存有某些相对优势,它们只是因人而异、因时而异或者程度不同而已。其次,市场竞争的动态化需要每个经营者充分发挥各自相对优势参与博弈。一方面,只有经营者能够不断扬长避短,才能使它们不会被市场所迅速淘汰出局;另一方面,只有经营者不断扬长避短,才能有效促使其他企业特别是竞争对手不断进行技术创新。最后,法律根本无法对这种相对优势的使用界限作出一个合理而又明确的规定。因为相对优势源于不同主体之间的微观关系,所以相对优势的发挥在根本上只是涉及具体利益的分配问题,而历史经验已经充分证明,除非存在市场失灵情形,否则政府很难对此作出一个完全令所有人都信服的均衡安排。

因此,反垄断法不应当引入相对优势地位理论。若从实质来看,我国应当曾经对此作出过较为间接的回答。回顾反垄断法的制定历程,就相对优势地位理论的引入问题并不是至今才被提出来的。早在 2007 年之前,社会各界就围绕反垄断法草案对此展开过激烈的争论。而无论是从过去对外公布的反垄断法草案来看还是根据《反垄断法》的规定,相关条文表述确实并没有出现过相对优势地位此类字样。事实上,这并不是相对优势地位理论迄今唯一一次在我国的一部立法中被实质性地否定。众所周知,国务院法制办曾经在《反不正当竞

---

① 王先林:《我国反垄断法实施的基本机制及其效果——兼论以垄断行业作为我国反垄断法实施的突破口》,载《法学评论》2012 年第 5 期。

争法(修订草案送审稿)》第6条中明确规定,经营者不得利用相对优势地位,实施下列不公平交易行为:(1)没有正当理由,限定交易相对方的交易对象;(2)没有正当理由,限定交易相对方购买其指定的商品;(3)没有正当理由,限定交易相对方与其他经营者的交易条件;(4)滥收费用或者不合理地要求交易相对方提供其他经济利益;(5)附加其他不合理的交易条件。本法所称的相对优势地位,是指在具体交易过程中,交易一方在资金、技术、市场准入、销售渠道、原材料采购等方面处于优势地位,交易相对方对该经营者具有依赖性,难以转向其他经营者。而略微比较一下就可以看出,修订后的《反不正当竞争法》并没有这类条款。

但是不可否认的是,《反垄断法》在此确实比较模糊,必须从形式和实质上进行全面加以完善。若我们在针对市场支配地位的认定标准所存在的立法问题上采取前面所提的解决方法,则这个问题就附带被解决了。以市场结构标准为基础,加上明确具体的有限修正,这就可以有效确保反垄断法在滥用市场支配地位的立法上不会再存有此类问题。假如立法机关最终并不认为《反垄断法》在市场支配地位的认定标准上存在什么严重的立法问题,或者所采取的解决方法并不包含将《反垄断法》第18条的内容从形式上进行全部删除,特别是没有剔除该条第4项有关依赖性的权衡因素,那么立法则有必要直接对此项权衡因素的使用作出限制性指引。就核心内容而言,反垄断法必须明确对此的考察不是仅仅基于两个特定主体之间的具体关系,而必须基于目标对象与不特定的主体之间在整体上的关系。在此规则约束下,即便依据这项权衡因素认定一个经营者是否具有市场支配地位,它在实质上也不会出现相对优势地位理论的实践结果。如果相关市场的大部分主体对目标对象的依赖程度都比较高,那么这应当可以表明其在相关市场上确实具有很强的支配地位,而不是只相对于个别或者少数主体具有相对的优势地位。

四、抗辩事由立法表述的立法问题及其完善路径

《反垄断法》就滥用市场支配地位的行为规范所作的规定在抗辩事由的立法表述上存在明显的多元问题,它在一定程度上影响了这些规范的科学性。

(一)当前存在的立法问题

虽然反垄断法对具有市场支配地位的经营者设立了特殊的法律义务,但是这些法律义务的承担并不是无条件的。只有它们不能就自己所实施的经营行为提出合理的抗辩事由时,其所作所为才会被认定构成滥用市场支配地位。合

理原则的基本要义即并不是只要经营者实施了某种行为就必然构成垄断行为，还需要根据行为动机、社会效果等多个因素进行综合评估后才能作出定论。[①]从第 17 条第 1 款的具体条文来看，《反垄断法》对滥用市场支配地位的立法也是采用了合理原则。但是在抗辩事由的具体表述上，立法目前采取的做法并非完全一致。如表 3－2 所示，这在整体上有 3 种用词方式。

表 3－2　抗辩事由的立法表述情况

所用的词语	针对的经营行为
“不公平的”	以高价销售商品
	以低价购买商品
“没有正当理由”	以低于成本的价格销售商品
	拒绝与交易相对人进行交易
	限定交易相对人只能与其进行交易或者只能与其指定的经营者进行交易
	搭售商品
	对条件相同的交易相对人在交易价格等交易条件上实行差别待遇
“不合理的”	在交易时附加其他交易条件

毋庸置疑，它们各自都能够有效支持合理原则在此的实际应用。就形式而言，这些限定措辞的使用使得它们所对应的经营行为在受到的竞争规制态度上，明显与美国在反托拉斯法的司法实践中发展起来的本身违法原则存在根本差别。所谓本身违法原则，即只要经营者实施了某种行为，无论其系基于何种动机还是可能会产生什么效果，都将被直接认定构成垄断行为。[②] 应当说，《反垄断法》针对横向垄断协议的第 13 条第 1 款规定和针对纵向垄断协议的第 14 条规定就是采用了本身违法原则。而第 17 条第 1 款规定与此明显有着差别，最起码所涉的经营行为不像前面规定中所列的分割销售市场或者原材料采购市场、限定向第三人转售商品的最低价格等那样直接被法律所禁止。就内容而言，这些限定措辞的使用使它们所对应的经营行为在性质认定上必须与合理性

① 参见[美]基斯·N. 希尔顿：《反垄断法——经济学原理与普通法演进》，赵玲译，北京大学出版社 2009 年版，第 83 页。

② 参见李胜利：《美国联邦反托拉斯法百年：历史经验与世界性影响》，法律出版社 2015 年版，第 49 页。

分析挂钩。以“不公平的”为限意味着只要具有市场支配地位的经营者能够证明其所实施的以高价销售商品或者以低价购买商品是公平的,则不会被认定为超高定价或者超低定价。以“没有正当理由”为限意味着只要具有市场支配地位的经营者能够证明,其所实施的以低于成本的价格销售商品,拒绝与交易相对人进行交易,限定交易相对人只能与其进行交易或者只能与其指定的经营者进行交易,搭售商品,对条件相同的交易相对人在交易价格等交易条件上实行差别待遇是有着正当理由的,则不会被认定为掠夺性定价、拒绝交易、限定交易、搭售、差别待遇。以“不合理的”为限意味着只要具有市场支配地位的经营者能够证明其所实施的在交易时附加其他交易条件是合理的,则不会被认定为附加不合理的交易条件。

但是,它们各自包含的抗辩内容都存在不同程度的差异。就“不公平的”与“没有正当理由”而言,后者的范围明显要比前者的范围宽泛得多。从性质上来讲,前者只涉及公平价值的判断,而后者则可以涉及很多价值的判断,除了公平以外,还包括诸如效率、自由、秩序等。[①] 就“没有正当理由”与“不合理的”而言,虽然两者在范围上基本相同,但是它们还是存在少许区别。从实践来看,前者可以直接包含一部法律所作的具体规定,尽管这些规定可能因社会的发展而在合理性上大打折扣甚至完全丧失,而后者在要求上似乎很难容纳这些。就“不公平的”与“不合理的”而言,尽管后者在理论上应当也可以包含前者,然后两者在更多情况下似乎是完全平行的。以针对标准必要专利的 FRAND 原则为例,它要求专利持有者在其专利被纳入一个标准之后必须按照公平、合理、无歧视的方式向所有主体进行许可。具有市场支配地位的经营者所实施的不同经营行为,在合理性抗辩的具体事由上可能甚至应当不尽相同。例如,就以低于成本的价格销售商品而言,它在此就可以表现为降价处理鲜活商品、季节性商品、有效期限即将到期的商品和积压商品的或者因清偿债务、转产、歇业降价销售商品;就拒绝与交易相对人进行交易而言,它在此则可以表现为交易相对人有严重的不良信用记录或者出现经营状况持续恶化等情况,可能会给交易安全造成较大风险的。但是反垄断法对此所用的立法表述不能在它们可以涵盖的范围上存在差异。否则,姑且不论形式客观存在的不统一问题,会在实质上使滥用市场支配地位的合理性抗辩在内在标准上存在不统一问题,从而导致不同行为之间出现竞争规制不公现象,不同程度地影响立法的科学性。

---

① 参见叶卫平:《反垄断法价值问题研究》,北京大学出版社 2012 年版,第 55 ~ 106 页。

（二）立法问题的完善路径

根据以往的经验来看，针对多元化事项导致内容不统一问题的解决方法在基本思路上还是比较简单的，通常将此进行单一化即可满足需求。具体就“不公平的”“没有正当理由”“不合理的”在实质上使滥用市场支配地位的合理性抗辩在内在标准上存在不统一问题而言，立法只要统一使用它们三者当中的任何一个就可以解决目前所存在的问题。而对此，我们需要考虑的关键问题是究竟择用何者更为科学。前面对“不公平的”“没有正当理由”“不合理的”的组合比较能够表明，“没有正当理由”应当是最为合适的立法表述。以限定交易相对人只能与其进行交易或者只能与其指定的经营者进行交易为例，它在合理性抗辩上至少应当包括以下 4 个事由：第一，为了保证产品质量和安全的；第二，为了维护品牌形象或者提高服务水平的；第三，代工协议履行；第四，涉及知识产权保护。从范畴涵盖的视角来看，“不公平的”应当无法有效包含诸如为了保证产品质量和安全之类的事项；而就代工协议履行和涉及知识产权保护两个事项而言，虽然它们在形式上都是直接基于其他法律的制度性规定，在通常情况下确实是属于较为合理的社会安排，但是这并不意味着“不合理的”就能够完全有效地涵盖它们。以涉及知识产权保护为例，人们对仿制价格非常昂贵的进口抗癌药物的评价就存在很大的差异，其中就包括合理性与合法性在此的不同程度分野。而“没有正当理由”则可以对这些事项进行有效涵盖，它能够在最大限度上满足合理原则在此的实际应用。

如果我们前面在对立法宗旨的体现方式不太协调这个问题上采取通过非系统化的法律理解来进行局部化的应对，那么立法结合抗辩事由的完善需求则应当作出如下“修改方案一”的内容安排。

修改方案一

第　条　禁止具有市场支配地位的经营者从事下列滥用市场支配地位的行为：

（一）没有正当理由，以高价销售商品或者以低价购买商品；

（二）没有正当理由，以低于成本的价格销售商品；

（三）没有正当理由，拒绝与交易相对人进行交易；

（四）没有正当理由，限定交易相对人只能与其进行交易或者只能与其指定的经营者进行交易；

（五）没有正当理由，搭售商品或者在交易时附加其他交易条件；

（六）没有正当理由，对条件相同的交易相对人在交易价格等交易条件上实行差别待遇；

（七）国务院反垄断执法机构认定的其他滥用市场支配地位的行为。

如果我们前面在对立法宗旨的体现方式不太协调这个问题上采取通过系统化的法律修订来进行彻底性的解决，那么立法结合抗辩事由的完善需求则应当作出如下“修改方案二”的内容安排。

修改方案二

第　条　禁止具有市场支配地位的经营者从事下列滥用市场支配地位的行为：

（一）没有正当理由，以低于成本的价格销售商品；

（二）没有正当理由，搭售商品；

（三）没有正当理由，拒绝与经营者进行交易；

（四）没有正当理由，限定经营者只能与其进行交易或者只能与其指定的经营者进行交易；

（五）没有正当理由，在与经营者交易时附加其他交易条件；

（六）没有正当理由，对条件相同的经营者在交易价格等交易条件上实行差别待遇；

（七）国务院反垄断执法机构认定的其他滥用市场支配地位的行为。

第四章　经营者集中行为规范的立法完善

《反垄断法》第四章对经营者集中的行为规范作了基本规定,我国十余年的反垄断施法实践充分表明,这些内容在客观上还存在一些立法问题,需要我们尽快采取科学措施加以完善。

一、经营者集中法定范畴的立法问题及其完善路径

经营者集中的法定范畴,即哪些商业行为属于经营者集中,《反垄断法》第 20 条对此作了规定。

(一)当前存在的立法问题①

"反垄断法中的'集中'或者'并购'与公司法中的'集中'或者'并购'相比,有着比较广泛的含义,这是因为公司法只是关注企业组织结构的变化,而反垄断法关注的却是企业间联合对市场竞争的影响。"②根据实践来看,除了《反垄断法》第 20 条规定的经营者合并、经营者通过取得股权或者资产的方式取得对其他经营者

---

① 针对经营者集中的法定范畴,有些专家认为当前这个条款还存在"控制权"和"决定性影响"的指引性比较差、没有合理考虑财务投资和实业投资的差异性等两个问题。鉴于现有立法在形式上都能有效涵盖这些问题,并且这些问题的具体处理十分复杂;因此,我们认为将它们置于执法层面进行完善更为合适,所以只对刚性问题的经营者联合设立企业进行探讨。

② 王晓晔:《反垄断法》,法律出版社 2011 年版,第 263 页。

的控制权、经营者通过合同等方式取得对其他经营者的控制权或者能够对其他经营者施加决定性影响这三种情形可以导致企业间形成不同程度的联合以外,[①]还有经营者联合设立企业也可以同样产生这种效果。首先,从形式上来讲,它可以使两个或者两个以上的经营者趋于集中,最为基本的就是控股的投资企业与新设的合资企业之间的联合,更深层次的是联合设立企业的投资各方之间的联合。其次,从实质上来讲,它可以使两股或者两股以上的经济力量趋于集中,无论是采用何种财务会计报表处理方式,联合设立企业的投资主体总有一方至少因此能够控制更多的资本。所以,很多国家和地区在原则上明确将经营者联合设立企业列为经营者集中的法定情形。例如,芬兰《竞争法》第 11 条第 1 款、荷兰《竞争法》第 27 条、欧盟《欧共体合并条例》第 3 条第 4 款等均对此作了直接的规定。

显而易见,“在中国,《反垄断法》中并未就企业联营的反垄断规制问题作出专门的规定”。[②] 而根据全国人大常委会法制工作委员会经济法室所作的解释,立法原意似乎倾向将经营者联合设立企业归于合同控制这个范畴之内。“一家企业可以通过委托经营、联营等合同方式与另一家或几家企业之间形成控制被控制关系或者可以施加决定性影响。”[③]但是正如图 4 - 1 所示,经营者联合设立企业在基本机理上应当更为接近股权控制这种情形。而后者的立法原意以及人们的常规理解又使其根本无法完全涵盖前者的复杂情形。若实质性地直接把合同控制这种情形当作兜底条款来进行使用,这毫无疑问又将会进一步增大经营者集中控制制度甚至整个《反垄断法》的不确定性。当前在此存在的不足导致反垄断执法机构在执法中对此只好被迫进行模糊化处理,即只是强调符合规定的经营者联合设立企业必须依法进行经营者集中申报接受竞争审查。这不仅反映在之前具体承担反垄断执法职能的商务部反垄断局发布的相关指引文件上,还反映在它向经营者提供的申报表的示范文本上。事实上,目前具体承担该职能的国家市场监督管理总局反垄断局对此基本还是采取这种做法。虽然这种做法基本能够满足实践的应用需求,但是它只是一个权宜之计。

---

① 为了方便后面的行文,以下将把这三种情形分别简称为合并、股权控制、合同控制。

② 江山、黄勇:《论中国企业联营的经营者集中控制》,载《法学杂志》2012 年第 10 期。

③ 全国人大常委会法制工作委员会经济法室编:《中华人民共和国反垄断法条文说明、立法理由及相关规定》,北京大学出版社 2007 年版,第 117 页。

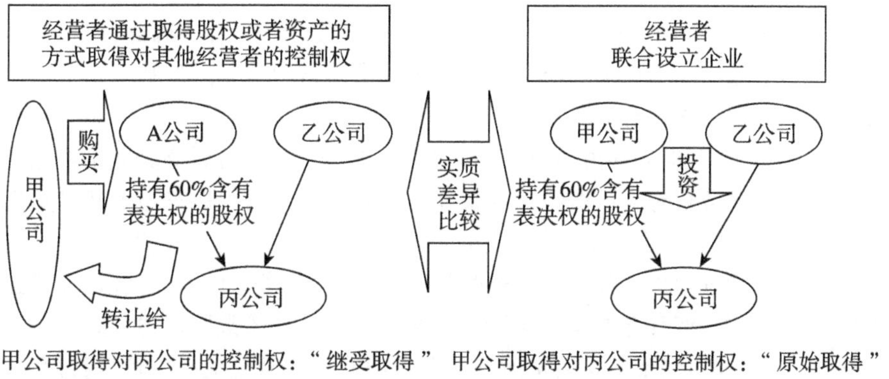

图 4-1　经营者联合设立企业与股权控制的比较

(二)立法问题的完善路径

立法应当首先在形式上必须以独立的款项对经营者联合设立企业构成经营者集中作出明确规定。虽然垄断协议和滥用市场支配地位的立法在行为规范的核心要点上都使用了兜底条款以防存在疏漏,但是此举完全不适宜用于对经营者集中的法定范畴进行表述。经营者集中并不是我们所要进行普遍禁止或者特别禁止的基本行为,它只是政府在极少数情况下才会采取措施进行适度限制的对象。尽管经营者集中的申报在大多数情况下只是一种流程性的事务,但它会给经营者带来一些负担性影响,最为基本的就是共性化的等待时间。根据《反垄断法》第 25 条和第 26 条的规定,对此的竞争审查最快在自国务院反垄断执法机构收到经营者提交符合规定的材料之日起 30 日内完成,但是一般需要超过 30 日至 120 日的时间,最慢则可能长达 180 日才能最终审查完毕。由于经营者在此期间不得实施集中,因此它们必须处于等待状态。略有选择的就是差异化的经济投入。根据《反垄断法》第 23 条的规定,经营者必须向国务院反垄断执法机构提交所规定的材料。这些文件的制作基本都需要具有较高专业素质的人员才能很好地完成,而为此需要支出的经济费用目前在几十万元到数百万元之间不等。若经营者无论因何缘由而未依法进行经营者集中申报的,则还面临行政处罚。即便在时效范围内没有被国务院反垄断执法机构所追查,过程的不可补救性导致一直存在的潜在风险也会使经营者在很长时间内因此面临着一些发展障碍,包括信贷借款、上市融资等。① 而这所有的一切都建立在一个前提基础之上,即经营者实施的行为属于经营者集中。如果经营者实施的行为不构成经营者集中,那么这所有的一切都没有发生的可能。因此,何种情形构成经营者集中至少在形式上必须具体予以明确,否则,立法的基本指引不明必然会引起执法与守法的混乱。

另外,立法还应当在内容上以完全功能型对经营者联合设立企业构成经营者集中作出区分规定。虽然经营者联合设立的企业在组织形态上看起来是完全相同的,但是它们在组织功能上却可能是完全不同的。有些经营者联合设立的企业并不像其他大多数企业那样正常地参与市场竞争,而只是单纯地完成控股主体布置的生产任务或者经营计划。这类情形就是通常所谓的非完全功能型合营企业,相对情形则是通常所谓的完全功能型合营企业。相较后者而言,前者在实质上并不会根本性地导致经济力量趋于集中,它在本质上也只是一种临时化的商业合作。因此,这类情形应当不属于经营者集中的基本范畴。但是这并不意味着我们对此就完全没有后顾之忧了,因为这类情形还很有可能构成垄断协议特别是核心卡特尔,所以仍然需要反垄断执法机构根据实际情况进行深度的风险摸排。当经营者联合设立的企业是完全功能型的,则均应当构成经营者集中。之前具体承担反垄断执法职能的商务部反垄断局 2014 年发布的《关于经营者集中申报的指导意见》第 4 条规定:对于新设合营企业,如果至少有两个经营者共同控制该合营企业,则构成经营者集中;如果仅有一个经营者单独控制该合营企业,其他的经营者没有控制权,则不构成经营者集中。2018 年,国家市场监督管理总局反垄断局对该指导意见进行了修订,但是所涉条款内容没有任何变化。"目前的规制方法更似囫囵吞枣,要么未将企业联营与核心卡特尔明确区分,要么无视企业联营与单一实体的差别。"②事实上,即使仅有一个经营者单独控制合营企业,这种情形也会实质性地导致经济力量趋于集中。因此,立法可以将所有联合设立完全功能型的合营企业列为经营者集中的法定情形。除了使经营者集中的法定范畴更为完善以外,这还使对此的法律指引性更为明确。

---

① 因为无论是商业主体所进行的经营性的合规审查还是审批部门进行的行政性的合规审查,在正常情况下都会将没有依法进行经营者集中申报作为一种重大的风险,所以经营者提出的融资申请往往将会被它们否决。

② 江山:《论协议型企业联营的反垄断规制》,载《环球法律评论》2017 年第 6 期。

二、经营者集中审查范围的立法问题及其完善路径

经营者集中的审查范围，即哪些经营者集中将会被反垄断执法机构进行竞争审查，《反垄断法》第21条对此作了规定。

（一）当前存在的立法问题

根据目前的实践来看，任何一个经济体量稍微大些的国家或者地区，特别是融入全球化经济程度较深的国家和地区都很难对所有的经营者集中进行竞争审查。一方面，普遍性的竞争审查必然会严重影响各类经营者的商业运作效率，这除了可以直接影响到企业间的并购交易进展及潜在的意愿以外，还会直接影响股票市场的不少交易特别是纯粹性的财务投资在二级市场的进出速度以及企业间的联合研发等诸多合作事项，从而可能导致整个经济运行效率的下降；另一方面，普遍性的竞争审查必然需要投入大量的执法资源，包括人力、物力、财力、时间等，而这往往可能超出公共财政所允许的比例范围甚至超出承受的能力范围。① 因此，无论是采用事前审查模式还是事后审查模式，包括我国在内的绝大多数国家和地区的经营者集中的竞争审查都是有一定范围的。在这种情形下，审查范围的法律明确就显得非常重要。如果立法在此存在模糊性，则不仅会严重影响企业对并购交易可能面临政府干预的合理预期，而且会不同程度地影响反垄断执法机构的具体执法。一方面，从当前的并购交易实践来看，无论是买方还是卖方在事实上都不希望拟实施的集中项目面临反垄断执法机构的竞争审查，是否可能会被反垄断执法机构进行竞争审查在很多情况下成为当事人决定是否实施交易的一个重要考虑因素；另一方面，只要法律存在某种程度的不确定性，无论是基于主观原因还是客观原因，执法部门都可能进行选择性执法。而对于经营者集中的审查范围，《反垄断法》通过第21条规定的经营者集中申报制度作了基本指引，即达到国务院规定的申报标准的经营者集中将会被反垄断执法机构进行竞争审查。虽然这个标准在具体操作上还存在一些不确定性，但在客观上还是能够起到较为明显的指引作用。另外，《反垄断法》还通过第22条的规定对此作了进一步指引，即哪些达到国务院规定的申报标准的经营者集中可以不被反垄断执法机构进行竞争审查。

既然立法对此采用的并非完全的非此即彼逻辑，那么立法对此应当还有一

① 参见郝伟明：《经济全球化下中国反垄断执法专题研究》，法律出版社2010年版，第40～41页。

个内容需要予以明确,即没有达到国务院规定的申报标准的经营者集中是否一定不会被反垄断执法机构进行竞争审查。显而易见,《反垄断法》并没有对此作出明确指引,而国务院《关于经营者集中申报标准的规定》第4条对此作了明确规定。① 首先,这可以说明除了达到国务院规定的申报标准的经营者集中以外应当还存在需要反垄断执法机构进行竞争审查的经营者集中。其次,这客观反映出《反垄断法》在经营者集中的审查范围上所存在的模糊性。虽然前面的第4条是在国务院就经营者集中的申报标准所出台的文件中出现的,但是它应当不是依据《反垄断法》第21条的规定所作出的,因为这明显超出该条款可以容纳的权限范围。从条文的内容来看,它应当是依据《反垄断法》第28条的规定所作出的。由于《反垄断法》并没有明确第28条是以第21条为适用基础的,因此至少国务院所作的上述第4条规定在形式上是合法的。② 但是,这就使《反垄断法》所存在的经营者集中的审查范围并非具有完全的确定性问题暴露出来了。

(二)立法问题的完善路径

立法应当首先作出如下规定:经营者集中未达到国务院规定的申报标准,但按照规定程序收集的事实和证据表明该未完成的经营者集中具有或者可能具有实质性排除、限制竞争效果的,反垄断执法机构应当依法进行调查。国务院在《国务院关于经营者集中申报标准的规定》中所作的第4条规定并不是偶然的,它是有着非常重要的基本道理。社会运行总体成本还不低的经营者集中控制制度的核心使命是有效地规制存在或者可能存在反竞争问题的经营者集中,而为此所开展的竞争审查应当以此为据来进行筛选潜在的目标对象。尽管经营者集中申报制度基本可以将这些潜在的目标初步筛选出来,但仅凭此必然会造成一定程度的遗漏。因为申报标准所能采用的衡量指标只能经验化地反

---

① 因《反垄断法》第28条采用的是具有或者可能具有排除、限制竞争效果,所以国务院在《关于经营者集中申报标准的规定》第4条中也采用这种表述,而这种立法表述是不妥的,我们将在经营者集中的审查标准完善部分加以详述,在此就不对完善建议的内容作解释。为了方便后面行文,以下将把具有或者可能具有(实质性)排除、限制竞争效果简称为存在或者可能存在反竞争问题,并根据需要进行混同使用。

② 假如国务院《关于经营者集中申报标准的规定》第4条规定是违反《反垄断法》的,那么又会导致那些除了达到国务院规定的申报标准的经营者集中以外,应当还存在需要反垄断执法机构进行竞争审查的经营者集中游离在《反垄断法》的框架之外问题,而这同样需要对立法本身加以改进。

映常规的潜在威胁,[①]而无法对初创市场、采取免费策略的服务市场、个别小众市场等部分特殊情形作出有效反映。[②] 但是毫无疑问的是,虽然国务院规定的申报标准在具体掌握上还存在一些模糊性,但是具有或者可能具有实质性排除、限制竞争效果的具体判断明显要比它不确定数以倍计。因此,经营者很难直接对此特殊情形作出合理的预计。所以,政府对此特殊情形的干预应当严格进行限制,最为合理的做法就是将范围限于未完成的经营者集中;如果经营者集中已经完成,即便存在或者可能存在反竞争问题,反垄断执法机构也不宜再进行调查。[③] 若经营者在实施集中的过程中没有受到反垄断执法机构的调查,即使这项经营者集中最终被证明存在反竞争问题,则这种后果也应当因立法的指引性较差和执法的反应滞后而由整个社会作为政府干预失灵来进行承担更为公平些;若经营者在实施集中的过程中受到了反垄断执法机构的调查,即使这项经营者集中因存在或者可能存在反竞争问题而被禁止,则这种后果也应当因立法的现存规定和执法的及时演绎而由交易个体作为市场外部风险来进行承担更为公平些。除此之外:第一,维护市场竞争的手段并非完全唯一。当市场自身无法在合理的期限内打破相关领域出现的独占或者寡头时,政府可以通过采取不对称扶持的方式进行引入竞争,从而推动市场竞争机制的有效作用。第二,对已经完成集中的经营者实施的调查特别是最终采取恢复原状的惩罚措施,可能因辐射性地影响到诸多个体经营效率而渗透性地累及社会整体经济效率。例如,由此可能引发债务的连环违约。这些也客观决定了我们不宜在这种情形下将规制范围放大到已经完成的经营者集中。

在前面的基础上,立法还应当作必要的衔接规定。例如,第一,自反垄断执法机构作出立案调查通知之日起,经营者集中尚未实施的,经营者不得开始实施集中,正在实施的,经营者必须暂停实施集中。虽然这些经营者集中同样可能不会存在反竞争问题,但是如果它们最终确实存在反竞争问题,倘若允许经营者在审查期间开始实施集中或者继续实施集中,则必然会直接影响反垄断执

---

① 虽然之前具体承担反垄断执法职能的商务部反垄断局在《关于经营者集中简易案件适用标准的暂行规定》中采用了能够一定程度反映出相关市场竞争状况的权衡指标,但是这种做法是无法用于经营者集中的申报标准,因为经营者集中的申报标准不是适用流程的选择,简易案件的适用标准本身只是选择何种审查流程,而不影响是否接受竞争审查。

② 参见徐瑞阳:《论经营者集中申报标准实施机制的完善》,载《法学家》2016 年第 6 期。

③ 即便政府为了研究如何采取补救措施以弥补市场缺陷,也只能进行内部评估,而不宜采用执法模式。

法机构所采取救济措施的实施效果。第二,经营者应当在反垄断执法机构规定的期限内向其提交规定的文件、资料等。反垄断执法机构要对具体的经营者集中进行竞争审查必然需要相关的信息,而其中不少只有当事人才能够进行有效提供,所以必须明确它们在此的配合义务;由于这类情形的竞争审查应当只是少数性的特例,因此比较适宜将限定的期限和所需提交的内容授权给反垄断执法机构来具体作出。第三,审查期限、起算时间等事项参照适用达到申报标准情形的经营者集中的竞争审查规定。所有情形的竞争审查都必须有时间限制,而这个期限的起算时间应当明确,从而给经营者提供必要的权益保障。若要对此作出进一步的科学设计,则应当限制适用后面提到的立法建立的快速审查机制。既然反垄断执法机构决定对这些例外性的情形进行竞争审查,那么相应开展的工作就不能非常草率地完成。所以,需要给予相对足够的时间,而快速审查机制可能难以有效满足这种需求。另外,这种安排也可以在一定程度上制约反垄断执法机构草率地决定对这些例外性的情形进行竞争审查。

三、经营者集中审查流程的立法问题及其完善路径

经营者集中的审查流程,即反垄断执法机构将会按照何种步骤推进竞争审查,《反垄断法》第 25 条对此作了规定。

(一)当前存在的立法问题

第一,立法因未充分考虑到执法资源的紧张性而导致内含的风险警示设计基本起不到应有的作用。梳理一下《反垄断法》第 25 条的规定不难发现,当前采取的经营者集中的审查流程分 3 个阶段,即通常所谓的初步审查、实质审查和延期审查。① 分段设计的一个重要目的就是通过审查进程来向经营者传递反垄断执法机构对该项集中的担忧程度,即进入阶段越多通常意味着越有可能被认为存在反竞争问题,从而促进经营者主动采取积极措施解决问题。但是这种作用的有效发挥在机理上是以一个前提条件为基础的,即反垄断执法机构对每项经营者集中的竞争审查在各个阶段的资源投入必须是充足的。而无论是就过去的 10 年还是可以预期的未来数年,我国对此都是没有满足的。受公务员体制的约束,之前具体承担反垄断执法职能的商务部反垄断局在人员编制上只有几十个,目前具体承担该职能的国家市场监督管理总局反垄断局在此并无多

---

① 也有不少专家将这称为两个阶段,即初步审查和实质审查,认为延期审查属于实质审查的组成部分。

少增加,而仅每年新增的经营者集中申报数量就在300多起以上,况且还有附加限制性条件的履行监督、未依法进行申报的执法调查、配套指引文件的制定更新等很多其他事务需要齐头并进。执法资源的严重不足使得即便在之前具体承担反垄断执法职能的商务部反垄断局和目前具体承担该职能的国家市场监督管理总局反垄断局积极采取了各种优化措施和加班加点工作的情况下仍然还有不少案件因此被无谓地拖入实质审查阶段甚至延期审查阶段。① 可以合理预计的是,即使在统一反垄断执法机构之后的相当一段时间内,这种局面应当也是难以得到根本性改变的。这就容易导致经营者产生误判。

第二,立法因无法进一步采取实质性的监督措施而使明示的权益保障设计只有底线看护的价值。非常明显,当前采取的经营者集中的审查流程无论是对初步审查还是实质审查或者延期审查都设立了一个制衡措施,即若反垄断执法机构在法定的期限内没有积极作为的话,则自动采取有利于经营者的推定处理。这类规则设计很有必要,它对于合理保护经营者的合法权益是不可缺少的。无论是主观原因还是客观原因,或者无论是个人原因还是组织原因,导致反垄断执法机构对某项经营者集中的竞争审查久拖不决,都会直接影响企业的经营开展特别是重组战略的及时推进。② 因此,必须对反垄断执法机构在此方面作出合理的时间限制。但是我们必须承认的是,这对经营者的权益保护其实是比较有限的,它只有在延期审查阶段才能起到实质的有效保护作用。即便反垄断执法机构在初步审查阶段或者实质审查阶段并没有实际采取任何措施对某项经营者集中及时开展竞争审查,只要其在规定的期限内通过书面方式通知经营者进入下一个审查阶段即可,而经营者即使对此"心知肚明"也是基本束手无策的。除非法律能够将过程性的工作节点要求逐项具体化,否则根本无法排除这类潜在风险的发生,但这无论是从技术上还是从操作上都是不可能做到的。

第三,立法因没有合理预计潜在的审查大量后移而使隐藏的工作减负设计并无太大实质的意义。可以看出,当前采取的经营者集中的审查流程在事实上还存在一个客观能够帮助反垄断执法机构适度减轻工作量的附带机制,即可以对应当不会存在反竞争问题的经营者集中以逾期未作决定的方式来统一替代

---

① 参见王晓晔:《我国反垄断法中的经营者集中控制:成就与挑战》,载《法学评论》2017年第2期。

② 参见张理化:《经营者集中审查程序存在的问题及完善对策》,载《人民论坛》2012年第11期。

逐个具体的书面通知。根据法律规定,如果反垄断执法机构因工作太忙或者其他缘由而不想对某项已经实质审查完毕并且确认不会存在反竞争问题的经营者集中再进行增量的书面通知工作,那么它可以选择以逾期未作任何通知的方式来向经营者作出相同效果的执法表态。虽然这在理论上确实不同程度地有助于减轻反垄断执法机构的负担,但是它在实际上只是对能够普遍性的在各个阶段按时完成竞争审查的情形有着一定程度的价值。而正如前面所示,我国在最为基础的初步审查阶段就存在不少积压问题,这就从根本上直接弱化了这种潜在价值的现实意义。而且,即便完全排除潜在的"懒政"或者"庸政",无论是否是立法本身有意为之,这个可以被反垄断执法机构用来进行"讨巧"的附带机制,在整体上也是与现代的依法行政特别是行政信息公开制度的发展趋势相背离的。①

(二)立法问题的完善路径

立法应当直接建立一个独立的快速审查机制。它要求反垄断执法机构对符合适用标准的经营者集中简易案件必须在规定的期限内审查完毕,并书面通知经营者。此举能够给经营者提供比较稳定的可预期性:一方面,凡是经过反垄断执法机构确认属于经营者集中简易案件的,基本不会存在反竞争问题,所以被禁止或者附加限制性条件的可能性微乎其微,对此的竞争审查基本只是一个流程性事项;另一方面,单一期限的完全锁定有效排除了任何潜在的执法拖延,即便偶尔出现个别"庸政"裁决,经营者还可以根据其他法律规定及时采取措施寻求权利救济。对于经营者集中简易案件的适用标准,立法可以在条文中直接作出具体规定。虽然这种做法相较授权给反垄断执法机构进行具体规定在灵活性上差些,但是它在权威性上更强。而且,目前世界对此的经验及其总结已经比较成熟。以欧盟为例,之前具体承担反垄断执法职能的商务部反垄断局发布的《关于经营者集中简易案件适用标准的暂行规定》已经对此作了较为系统规定。它首先以限定的市场份额和不在我国境内从事经营活动以及合营企业类同《反垄断法》第22条规定的企业内部整合为基准划定视为简易案件的基本情形,在此基础上,该规定修正性地指出不会被视为简易案件的潜在情形和可以撤销认定的情形。目前,具体承担该职能的国家市场监督管理总局反垄断局对此所作的修订也基本沿袭了之前的规定,只是有些作了进一步完善。譬

① 参见莫于川:《行政公开法制与服务型政府建设——略论〈政府信息公开条例〉确立的服务宗旨和便民原则》,载《法学杂志》2009年第4期。

如,对不视为简易案件的合营企业集中情形增加了“市场份额之和大于百分之十五的”限缩条件。可以说,无论是在内容上还是在体例上,这些均已比较完善。除了有必要将文件中商务部抽象化为国务院反垄断执法机构以外,其他实体性内容完全可以直接搬进立法。对于审查期限,立法应当在条文中直接作出具体规定,这可以合理考虑采用当前审查流程的初步审查阶段时长。但是需要指出的是,立法在审查期限的时间计算单位上应当尽量避免《反垄断法》的相关规定客观存在的“日”是以自然天还是工作日来进行理解的问题,最佳的处理方式就是直接采用工作日作为时间计量单位。

在此基础上,立法应当直接将审查流程变成一个不分阶段的普通审查机制。它要求反垄断执法机构对除了简易案件以外的经营者集中只在一个笼统规定的期限内审查完毕,并书面通知经营者。此举有着非常重要的社会缘由:一方面,可以有效地减少对经营者可能产生的潜在误导,直接以审查机制的类型适用统一向所有对象进行原则性的风险警示,即这些经营者集中案件都有可能存在反竞争问题,以此促进经营者在这个过程中主动采取积极措施与反垄断执法机构密切互动,使潜在的反竞争问题得以尽快被发现和加以解决;另一方面,可以有效地减少反垄断执法机构无谓的时段规避和阶段赶工,使反垄断执法机构能够在最大限度上将有限的执法资源投入具体案件的竞争审查中去,从而以更为高效、更为高质的方式来实质性地增进经营者的合法权益。[①] 对于审查期限,立法应当在条文中直接作出具体规定,可以合理考虑采用当前审查流程的 3 个审查阶段时长。需要特别指出的是,立法必须对快速审查机制在少数情况下可以转入普通审查机制作出相应规定,其核心构成应当以经营者的意愿为基础,主要目的是能够给部分特殊情形下的经营者寻求采取附加限制性条件提供一个合理的补救渠道。无论是从理论上还是实践来讲,我们客观无法排除有些经营者集中的简易案件可能存在反竞争问题。一旦出现这种情况,如果当事人尝试提议进行附加限制性条件,那么对于当事人和反垄断执法机构而言,都是缺乏足够的时间来进行磋商的。所以,除非当事人明确放弃,否则制度设计就应当对此作出一个适当的安排,以促进整个系统有序运转。

---

① 参见游钰:《论反垄断执法相对人的利益保护》,载《厦门大学学报(哲学社会科学版)》2012 年第 2 期。

四、经营者集中审查标准的立法问题及其完善路径

经营者集中的审查标准，即反垄断执法机构所进行的竞争审查依据何种标尺作出裁决，《反垄断法》第28条对此作了规定。

（一）当前存在的立法问题

第一，基本控制标准缺乏足够的指引性。根据《反垄断法》第28条前部分的基本控制标准规定，如果某项经营者集中具有或者可能具有排除、限制竞争效果的，那么国务院反垄断执法机构原则上将会作出禁止经营者集中的决定。虽然市场竞争的强度未必总是随着独立参与市场竞争的经营者的数量减少而走弱，但是独立参与市场竞争的经营者的数量减少通常会影响到市场竞争的强度。无论是合并还是股权控制或者合同控制，它们至少在形式上都会导致独立参与市场竞争的经营者的数量减少。因此，可以说所有经营者集中都有可能具有排除、限制竞争效果的。按照基本控制标准的文本表述，它们均有可能被国务院反垄断执法机构所禁止。但是《反垄断法》第5条又规定，经营者可以通过公平竞争、自愿联合，依法实施集中，扩大经营规模，提高市场竞争能力。否定性裁决与政府基本秉持的鼓励态度之间形成的某种程度的潜在冲突给经营者的守法带来了巨大的困惑，这在《反垄断法》颁布之初表现得非常明显。①

第二，修正控制标准涉嫌背离立法宗旨。根据《反垄断法》第28条后部分的修正控制标准规定，如果经营者能够证明所实施的集中对竞争产生的有利影响明显大于不利影响或者符合社会公共利益的，那么国务院反垄断执法机构可以考虑不对该项经营者集中作出禁止的决定。"在我国反垄断法的四个目标中，保护市场公平竞争属于功能性目标，它既是反垄断法的目标之一，更是反垄断法所内在具有的基本功能；提高经济运行效率、维护消费者利益与社会公共利益属于结果目标，它们是反垄断法通过对市场竞争机制的维护期望取得的结果。"②所以，当经营者能够证明所实施的集中有助于提高经济运行效率或者有助于维护消费者利益或者符合社会公共利益的，则国务院反垄断执法机构应当允许这项经营者集中。除此之外，修正控制标准所使用的对竞争产生的有利影

---

① 虽然经过反垄断执法机构的多维解释，目前人们对此已经比较清楚，即立法所要禁止的是那些具有或者可能具有实质性排除、限制竞争效果的经营者集中。但是立法本身在形式上存在的问题还是有必要进行消除的，基本思路就是目前人们所接受的解释，这点我们将在解决的方案部分进行阐述。

② 王晓晔主编：《反垄断法实施中的重大问题》，社会科学文献出版社2010年版，第57页。

响明显大于不利影响在范畴上可能超出保护市场公平竞争、提高经济运行效率与维护消费者利益所能涵盖的内容,无法排除它在实际操作过程中可能实质性地将诸如经济民主等其他价值目标圈进来。

第三,整个控制标准难以满足所有需求。根据《反垄断法》第 28 条的规定,如果一项经营者集中不会存在反竞争问题的,那么它就不在这条的控制范围之内。以往大量的实践充分表明,非横向类型的经营者集中特别是混合类型的经营者集中往往不会存在反竞争问题。因此,即使是公用企业所实施的这些类型的经营者集中,反垄断执法机构通常也不会加以限制。但是我们知道,公用企业有着诸多的特殊性。除了其所提供的产品或者服务一般为人们日常所需以外,其所在领域基本都存在政府管制,尤其是进入管制。无论参与具体运营的主体是国有企业还是私营企业,若它们在这种情况下没有投入充足的资源进行生产,则就必然会不同程度地影响人们的日常生活。① 所以,公用企业的对外投资应当被合理限制。除了进行同质性或者支持性的并购扩张以外,凡是尚未有效满足服务范围之内的公共产品需求的,即便所实施的经营者集中不会存在反竞争问题,它们的这类经营行为也应当被及时禁止。而非横向类型的经营者集中特别是混合类型的经营者集中在大多数情况下既不是对本职服务所进行的基数投入,也难以得到反垄断执法机构的必要规制。

(二)立法问题的完善路径

除非完全直接转为采用德国的市场支配地位的做法,②否则就基本控制标准当前所存在的问题应当合理借鉴实质性减少竞争的做法进行完善。美国《克莱顿法》第 7 条第 1 款规定,只有当一项并购交易会实质性地减少市场竞争时,联邦贸易委员会才会对此作出禁止。虽然它只是在核心内容上比当前的基本控制标准多了一个实质性的限定词,而且同样只有经过反垄断执法机构审查后才能确认,但是这在指引效果上有着根本性的差别。相较后者而言,前者能够向所有经营者传递一个非常明确而又清晰的信息,即并不是所有的经营者集中

① 参见张占江:《反垄断法与行业监管制度关系的建构——以自然垄断行业内限制竞争问题的规制为中心》,载《当代法学》2010 年第 1 期。

② 德国在经营者集中的审查标准上采用的是市场支配地位做法,它的《反对限制竞争法》规定:如可预见,合并将产生或加强市场支配地位,联邦卡特尔局应禁止合并,但参与合并的企业证明合并也能改善竞争条件,且这种改善超过支配市场的弊端的,不在此限。根据目前的情况来看,可以肯定的是,我国至少在一个较长时间内不会完全直接转为采用德国的做法,或者像芬兰等那样采用兼用德国和美国的做法。

都可能会被反垄断执法机构所禁止。在反垄断法的制度往往都会存在不确定性的情况下,这种做法基本起到了法律应有的指引作用。所以,加拿大、日本、韩国等很多国家在经营者集中的审查标准上都采取了这种做法。

以此为基础,就修正控制标准当前所存在的问题应当采取以下两个方面的措施进行完善:首先,立法直接将自由裁量模式改为法定支持模式。当经营者能够证明所实施的集中对竞争产生的有利影响明显大于不利影响或者符合社会公共利益的,则法律应当明确要求国务院反垄断执法机构给予支持。虽然竞争是市场的灵魂,但是它在本质上仍然只是一种资源配置的手段。而我们推崇竞争的目的并不只是纯粹为了优胜劣汰,而是为了更长远的整体利益。如果一项经营者集中能够带来更为长远的整体利益,那么它就应当明确得到社会的尊重及法律的认可。[①] 况且,“我们说政府有时可以改善市场结果并不意味着它总能这样”。[②] 其次,立法直接将经营者能够证明该集中对竞争产生的有利影响明显大于不利影响改为经营者能够证明该集中有助于提高经济运行效率或者维护消费者利益的。根据各国的实践来看,反垄断法的立法宗旨是多元化的;而且,我国在《反垄断法》的制定过程中对此也出现过激烈的争论;并且,无论是形式化还是实质化的不同选择都将直接影响反垄断法的实施。在这种情况下,立法完全有必要将带有很大弹性空间并且可能或者可以发生实际偏离现有立法宗旨的,对竞争产生的有利影响明显大于不利影响直接具体到除了符合社会公共利益以外的其他两个人本目标上,即提高经济运行效率与维护消费者利益。

俄罗斯 1995 年颁布的《联邦自然垄断法》对被授予特许经营资格的垄断企业对外投资或者交易作了严格的限制,凡是与被批准的经营业务无关的投资或者交易,只要金额超过资产平衡表上可用流动资金的 10%,那么这项投资或者交易就必须得到自然垄断调控机构的批准方可进行。[③] 即便在我国《反垄断法》修订完成之前已有其他法律对公用企业的对外投资作出限制规定,我们也有必要在相关条款中对此作出平行适用的规定。一方面,这可以有效防止竞争规制条款被行业监管条款架空;另一方面,也有助于提升对经营者合规的指引

① 参见刘桂清:《反竞争经营者集中的公共利益辩护:路径选择与制度建构》,载《政法论坛》2016 年第 5 期。

② [美]曼昆:《经济学原理》(原书第 3 版),梁小民译,机械工业出版社 2003 年版,第 10 页。

③ 参见张建文:《俄罗斯联邦自然垄断法》,载漆多俊主编:《经济法论丛》(第 10 卷),中国方正出版社 2005 年版,第 385 ~386 页。

性。若在此之前情况没有发生实际变化,则我们必须以平行条款的方式直接对此作出具体的实体规定,并将之交由反垄断执法机构进行合并审查。除比较符合降低立法成本要求外,这种安排还有助于降低经营者的办事成本。当同一个事项存在多头行政管理时,除非完全实现集中化办公,否则就必然会不同程度地增加行政相对人的办事成本,至少表现在时间成本和交通成本上。所以,对经营者集中所实施的审查包括竞争审查、国家安全审查以及其他类型的审查,在原则上应当尽量由一个部门负责。

五、经营者集中附加条件的立法问题及其完善路径

经营者集中的附加条件,即反垄断执法机构应当如何对部分存在轻微反竞争问题的经营者集中采取附加限制性条件,《反垄断法》第 29 条对此作了规定。

(一)当前存在的立法问题

第一,条款的文本表述不够明确。[①] 对于经营者而言,《反垄断法》第 29 条在客观上比较容易导致它们误认为附加限制性条件的动议率先由国务院反垄断执法机构所提起的。如果发生这种误导,那么将直接导致经营者错失对自身所实施的存在或者可能存在反竞争问题集中采取适当救济措施的一次机会。从应然的制度设计来讲,附加限制性条件的动议只适宜由存在或者可能存在反竞争问题的经营者集中的当事人率先提出。一方面,市场经济的基本原理要求问题的制造与问题的解决在主体上应当尽量实现高度的统一。既然经营者是这些反竞争问题的制造者,那么它们就应当是这些问题的解决者。另一方面,市场经济的基本原理要求风险的承担与经营的决策在主体上必须保持有机的统一。因为附加限制性条件的具体落实,特别是结构型的,在有些情况下可能会严重影响企业的发展甚至不排除出现破产情形,所以这类带有协商解决问题但是又有不小风险的措施择用应当由经营者自行决定是否予以考虑。对于国务院反垄断执法机构而言,《反垄断法》第 29 条在客观上比较容易导致它们误认为自己可以甚至应当率先提起附加限制性条件的动议。如果这种误导最终得以发生,那么将直接导致国务院反垄断执法机构出现干预错位。从应然的制度设计来讲,国务院反垄断执法机构只适宜作为附加限制性条

---

① 虽然反垄断执法机构对此已经有着科学的认识,并且经过反垄断执法机构的多维解释,目前人们对此也是有着正确的认识,但是立法本身在形式上还是存在这个问题的,所以仍然需要从根本上进行解决。

件的动议接洽方。[①] 除前面的原因外，还有就是需要避免潜在的选择性执法和潜在的赔偿风险。若国务院反垄断执法机构不能对所有存在或者可能存在反竞争问题的集中及时提起附加限制性条件的动议，则就会造成不同程度的选择性执法；而若国务院反垄断执法机构率先对任何一项存在或者可能存在反竞争问题的集中提起附加限制性条件的动议，则在经营者因履行所被附加的限制性条件而导致出现破产等严重问题时，有可能被诉至法院要求进行巨额赔偿。

第二，条款的文本表述缺乏必要的系统性。虽然附加限制性条件只是对经营者集中存在或者可能存在反竞争问题所可以采用的一种救济措施，但是它在机理构造上具有非常复杂的系统性。然而，《反垄断法》第 29 条只是简单地指明国务院反垄断执法机构在经营者集中的竞争审查过程中有权考虑使用这一潜在的救济措施，并没有对附加限制性条件的其他基本内容作出更多的必要指引。其中，最为突出的就是经营者可以提起附加限制性条件的动议时间。由于附加限制性条件的适用评估及其反馈性磋商通常都需要一定的时间，因此它越早被提到解决问题的议程在效果上是越好的。但是因为附加限制性条件的使用在客观上都会不同程度地影响经营者的后续商业活动，所以它们往往不乐意主动进行提议。[②] 这就使得在实质上难免出现潜在的博弈，即经营者为了潜在的利益最大化而最大限度地试探反垄断执法机构对其所实施的经营者集中的态度，以及被动提出附加限制性条件的动议最低限度。而这除了会给经营者带来正常的市场风险以外，还可能给社会带来负面的外部效应。一方面，因附加限制性条件的动议较晚而导致反垄断执法机构基本没有合理的时间进行评估，可能使原本可以实现公私利益兼顾的做法最终化为泡影甚至演变成为两败俱伤的格局；另一方面，反垄断执法机构无论因何种缘由在这种情形下都可以进行不同程度的选择性执法。因此，立法应当直接对经营者可以提起附加限制性条件的动议时间作出明确的规定。除此之外，立法还应当对经营者提起附加限制性条件的动议形式作出必要的说明，这直接关系到经营者在此方面的基本权益能否得到基础性保障，也有助于促进反垄断执法机构与经营者在此的互动效率。

---

① 在经营者率先提起附加限制性条件的动议之后，国务院反垄断执法机构就可以对所提出的方案进行反馈提出自己的意见，至于经营者是否接受则自行决定，国务院反垄断执法机构据此最终作出相应裁决。

② 参见韩伟：《经营者集中附条件法律问题研究》，法律出版社 2013 年版，第 76～77 页。

（二）立法问题的完善路径

立法应当直接明确规定附加限制性条件的动议主体只能是经营者，国务院反垄断执法机构在经营者按照要求提出附加限制性条件的建议之后，应当根据解决竞争问题的需要进行意见反馈并最终根据反复磋商的结果作出裁决。这样既使经营者与国务院反垄断执法机构各自处于合理的位置，又使经营者的权利与国务院反垄断执法机构的权力两者实现科学的平衡。虽然之前具体承担反垄断执法职能的商务部反垄断局2014年发布的《关于经营者集中附加限制性条件的规定（试行）》将附加限制性条件的动议主体进一步具体化到申报方的做法更具有指引性，但是不宜直接照搬至《反垄断法》层面上来。除立法不可能在已经通篇采用经营者概念的情况下，专门在经营者集中的章节部分另行规定一个申报方之类的下位概念外，申报方之类的概念在立法完善经营者集中的审查范围以后也无法完全有效涵盖所有的潜在行为主体。所以，最佳做法是将附加限制性条件的动议主体笼统地限定在经营者范围。正因如此，国家市场监督管理总局在2020年出台的《经营者集中审查暂行规定》第32条中规定：为减少集中具有或者可能具有的排除、限制竞争的效果，参与集中的经营者可以向市场监管总局提出附加限制性条件承诺方案；市场监管总局应当对承诺方案的有效性、可行性和及时性进行评估，并及时将评估结果通知申报人；市场监管总局认为承诺方案不足以减少集中对竞争的不利影响的，可以与参与集中的经营者就限制性条件进行磋商，要求其在合理期限内提出其他承诺方案。

对于经营者可以提起附加限制性条件的动议时间，立法应当作出如下规定：附加限制性条件的动议只适用于普通审查机制；在国务院反垄断执法机构提出集中存在或者可能存在反竞争问题之前，经营者可以提出附加限制性条件建议；在国务院反垄断执法机构提出集中存在或者可能存在反竞争问题之后，经营者提出附加限制性条件建议的，应当在国务院反垄断执法机构规定的期限内提交最终方案。附加限制性条件的具体运行需要合适的时间进行支持，而快速审查机制难以满足这个要求。并且，一方面，符合简易案件适用标准的经营者集中在通常情况下基本不会存在反竞争问题；另一方面，立法还存在为了应对特殊情形而设立的快速审查机制转入普通审查机制的融通渠道。所以，附加限制性条件的动议应当只适用于普通审查机制。根据实践来看，经营者在大多数情况下对自己所实施的集中是否存在或者可能存在反竞争问题在事实上往往比较清楚；为最大限度避免因潜在的博弈而导致社会福利或者执法效率的减损，有必要鼓励经营者就某项集中是否存在反竞争问题及其可用的解决措施尽早与反垄断执法机构进行有效的合作。[①] 所以,立法应当支持经营者在国务院反垄断执法机构提出集中存在或者可能存在反竞争问题之前提出附加限制性条件建议,包括经营者集中的申报阶段。由于判断不同案件是否存在或者可能存在反竞争问题所需的时间不同,在同一个笼统规定的期限内所剩余的时长也各异,因此无法"一刀切"地直接设定一个统一的时间。所以,只能授权给反垄断执法机构根据个案的具体情况进行决定。虽然这在客观上难免可能出现选择性执法,但是这应当是经营者在前面存有选择的情况下必须为己所进行的博弈承担的风险。

除了要求经营者提起附加限制性条件的动议必须采取书面方式以外,立法还应当要求经营者在向国务院反垄断执法机构提交的方案中必须对以下 4 个方面的事项作出具体说明:一是认为该项集中所存在的竞争问题,二是拟采取的措施可以解决竞争问题的路径表现,三是计划落实的可行性以及所需时间,四是潜在的备用方案及其条件更为严格的缘由。书面方式符合信息传递的准确性要求,并且有利于证据的固定化。所有附加限制性条件的设计都必须以存在的竞争问题为基础,竞争问题的不同就必然导致对附加限制性条件的要求不同。因此,无论是在国务院反垄断执法机构提出集中存在或者可能存在反竞争问题之前还是之后提起附加限制性条件的动议,经营者都必须对此进行确定以确保与反垄断执法机构的对话在问题上具有同一性。[②] 如果双方在存在或者可能存在反竞争问题的认识上存在差异时,反垄断执法机构非常有必要考虑对方所提出的方案能否有效解决所有潜在的问题,并据此要求对方作出相应的调整。为了便于反垄断执法机构的评估工作,经营者有必要对自身所提议方案的有效性、可行性、及时性等作出详细解释,特别是提议附件的限制性条件是采取资产剥离这类结构性条件或者含有这类内容的综合性条件。根据以往的经验来看,单一方案在客观上可能存在难以落实的风险,所以经营者应当准备另外一套备用方案,并且确保其能够万无一失地实施。[③]

六、经营者集中执法公开的立法问题及其完善路径

经营者集中的执法公开,即哪些类型的裁决结果需要向社会及时进行公布,《反垄断法》第 30 条对此作了规定。

---

① 参见袁日新:《经营者集中救济类型位阶性的理论反思》,载《法律科学(西北政法大学学报)》2016 年第 2 期。

② 参见史建三:《完善我国经营者集中实质审查抗辩制度的思考》,载《法学》2009 年第 12 期。

③ 参见叶军:《经营者集中反垄断审查之皇冠宝石规则研究》,载《中外法学》2016 年第 4 期。

(一)当前存在的立法问题

我们以前可以登录商务部反垄断局的网站获取无条件批准的经营者集中的案件名称、参与集中的经营者、审结时间等信息,目前国家市场监督管理总局反垄断局也会在官网定期向社会公布类似信息,但是这些完全系基于它的职业素养而自我所实施的信息公开。显而易见,《反垄断法》第30条并没有要求国务院反垄断执法机构必须及时向社会公布无条件批准的经营者集中。如果之前的商务部反垄断局和目前的国家市场监督管理总局反垄断局不向外界公布其无条件批准的经营者集中,那么社会公众对此基本也是无可奈何的。但是从应然的角度看,无条件批准的经营者集中也应当像被禁止或者被附加限制性条件的经营者集中那样被及时向社会公布。

首先,消极失误的最大限度消减需要反垄断执法机构公布无条件批准的经营者集中。1984年,著名反垄断法专家伊斯特布鲁克(Frank H. Easterbrook)大法官在发表的经典论文《反垄断的局限性》中指出,反垄断执法机构对垄断行为的认定不可能百分之百的准确,失误是无法避免的;这些失误可以分为两类:一是积极失误(又称第Ⅰ类失误、假阳性失误),即有效的竞争性行为被误认为是反竞争的,从而被反垄断执法机构禁止;二是消极失误(又称第Ⅱ类失误、假阴性失误),即垄断行为被反垄断执法机构认定为正常的商业行为。[①] 无论是积极失误还是消极失误,经营者集中的竞争审查都可能出现这些问题。由于在此的积极失误都会存在直接的受害者,因此比较可能因利益主体的维权行为而得到潜在的纠正。但是在此的消极失误不同,它们一般不会存在直接的受害者,反而会存在直接的受益者。这就使此种情形下的消极失误的潜在纠正必须高度依赖于外界的力量,[②]而外界力量能够对此产生有效纠偏作用的基础前提之一就是最起码的信息对称。

其次,对行政权力的有效监督也需要反垄断执法机构公布无条件批准的经营者集中。任何权力的运用都应当得到有效的监督,否则就随时随地可能发生权力的异化问题,[③]这也包括经营者集中的竞争审查。众所周知,一项达到国务院规定的申报标准的经营者集中或者根据其他法律规定应当被进行竞争审查

---

① See Frank H. Easterbrook, *The Limits of Antitrust*, Texas Law Review, No. 63, 1984, p. 1 – 40.

② 参见丁茂中:《反垄断法实施中的"积极失误"与"消极失误"比较研究》,载《法学评论》2017年第3期。

③ 参见胡税根、翁列恩:《构建政府权力规制的公共治理模式》,载《中国社会科学》2017年第11期。

的经营者集中,能否顺利获得反垄断执法机构的批准在通常情况下都会直接牵涉巨大的利益。从实践来看,这一般主要包括卖方股权或者资产的溢价变现、买方经营战略的阶段布局、财务投资者所投项目的获利程度及其离场机会等。在这种情形下,当某项经营者集中存在或者可能存在反竞争问题,但是经营者又无法或者可能无法证明该集中有助于提高经济运行效率或者有助于维护消费者利益或者符合社会公共利益的,则就有可能出现当事人或者其他利害关系人采取一些措施对反垄断执法机构进行各式公关问题。如果系统性地存在部分经营者集中的竞争审查得不到合理的社会监督,那么这就非常容易发生权力寻租和选择性执法问题,即能够影响或者掌控审查结果的执法人员,接受他人给予的各种好处而实质性地违法作出批准的决定或者没有顶住各种不当的压力而违背职业操守作出批准的决定。除这些潜在的被动情形外,我们还无法排除潜在的主动情形,即能够影响或者掌控审查结果的执法人员积极利用职权进行设租索贿。但是无论何种情形,它们都会给社会的发展带来不同程度的负面影响。除会直接损害反垄断执法的权威性外,还将可能严重损害市场竞争机制的有效发挥。因此,所有经营者集中的竞争审查结果都应当及时向社会公布,包括无条件批准的、附加限制性条件批准的和予以禁止的。只有这样才能使反垄断执法机构对经营者集中所开展的竞争审查得到社会公众的合理监督,从而在最大限度上防止和减少权力滥用问题的发生。

(二)立法问题的完善路径

立法应当要求国务院反垄断执法机构及时向社会公布所有经营者集中的竞争审查结果,但是无条件批准的信息公开在要求上应当低于附加限制性条件批准的信息公开或者予以禁止的信息公开。虽然附加限制性条件批准的信息公开和予以禁止的信息公开在早期阶段都比较粗浅,但是目前这些无论是在内容上还是在篇幅上都已经逐步开始不断深化。根据之前商务部反垄断局和目前的国家市场监督管理总局反垄断局公布的附加限制性条件案件和予以禁止案件,它们信息公开的内容通常包括以下 6 个方面,即立案和审查程序、案件基本情况、相关市场、竞争分析、附加限制性条件的商谈、审查决定。尽管无条件批准的信息公开最为理想的做法就是如此,然而这至少在较长一段时间内是难以实现的。从之前商务部反垄断局公布的审结案件来看,无条件批准的经营者集中占整个比例近 90%,附加限制性条件批准的经营者集中和予以禁止的经营者集中加起来仅占整个比例10%左右。从目前国家市场监督管理总局反垄断局公布的审结案件来看,情况基本差不多。如果要求国务院反垄断执法机构对前者的信息公开与后者基本一样,那么就意味着将给它增加不少的工作量。正如前面所言,无论是现在还是未来一段时间,我国在此的执法资源都是非常紧张的,应当比较难以再有效进行额外负重。另外,无论是为了最大限度消减消极失误还是为了对行政权力进行合理监督,所需信息未必完全需要达到如此量级。根据历史经验来看,基本事实的有效提供基本可以满足这个需求。而且,潜在的消极失误或者潜在的权力滥用在无条件批准的经营者集中案件中应当是极少数的例外问题,在现有或者未来一段时间内的执法资源非常紧张的情况下,过高的信息公开要求可能导致实质性的执法效率低下或者无谓的执法工作。

附条件批准的信息公开应当在商务部反垄断局自愿公开的信息基础上增加对基本事实的合理披露。首先,竞争评估需要这些基本信息。判断一项经营者集中是否存在反竞争问题通常需要进行两个环节工作,即相关市场界定和竞争分析。[①] 根据《国务院反垄断委员会关于相关市场界定的指南》的规定,相关市场的界定通常至少需要从商品和地域两个维度进行,而这必须根据当事人实施的经营行为所涉的产品及其销售范围才能合理确定。根据《反垄断法》第27条的规定,竞争分析通常需要根据参与集中的经营者的多个等权衡因素进行,而这些指标必须根据个案所涉的具体事项才能量化定性。其次,这些信息基本可以满足所需。只要依据内容基本可以进行竞争评估的,就可以对反垄断执法机构是否存在消极失误或者权力滥用作出起码的判断。需要特别指出的是,由于相关市场的界定和竞争分析总是在不同程度上存在一些弹性,因此不同主体对一项经营者集中的竞争评估在结果上未必都是完全一致的;只要在合理的逻辑范围内可以得出反垄断执法机构认定不会存在或者可能存在反竞争问题的结论的,那么就应当充分尊重反垄断执法机构的行政裁决。[②] 若特定的利害关系主体对反垄断执法机构的竞争评估存在较大疑问的,则可以根据我国《政府信息公开条例》的相关规定进行申请个案信息公开,要求反垄断执法机构对特定案件的竞争评估作出具体说明。再者,它不会实质性地增加反垄断执法机构的工作量。从操作性角度来看,就一项经营者集中的基本事实的精确描述,反

① 参见孙晋:《论经营者集中审查制度在国有企业并购中的适用》,载《华东政法大学学报》2015年第4期。

② 参见金善明:《中国反垄断法研究进路的反思与转型》,载《法商研究》2017年第4期。

垄断执法机构完全可以要求经营者在申报时或者被通知进行竞争审查时提交所需的版本。一方面,这种做法确实可以有效减少反垄断执法机构在此的潜在工作量;另一方面,这种做法也有助于在最大限度上避免或者减少泄露经营者商业秘密的可能性。从目前的实践来看,之前商务部反垄断局在事实上就是采取这种做法来进行兼顾的。

第五章　行政性垄断行为规范的立法完善

《反垄断法》第五章对行政性垄断的行为规范作了基本规定，①我国十余年的反垄断施法实践充分表明，这些内容在客观上还存在一些立法问题，需要我们尽快采取科学措施加以完善。

一、规制视野的立法问题及其完善路径

《反垄断法》第五章对行政机关和法律、法规授权的具有管理公共事务职能的组织不得实施的行政性垄断作了具体规定。②

---

① 就《反垄断法》规定的滥用行政权力排除、限制竞争，理论界有的将之简称为行政性垄断，有的将之简称为行政垄断，它们的基本要义是一致的，在此就不再刻意加以区分。

② 为了方便在此的行文，以下简称行政机关和法律、法规授权的具有管理公共事务职能的组织为行政主体，并根据需要进行混同使用。在此需要特别指出的，实践中对"法律、法规授权"的范围还存在一些理解问题。根据文义解释，法律法规授权不包括规章授权。从法律适用的风险控制角度来看，反垄断执法可以采取保守的做法，根据文义解释将规章授权排除在法律法规授权范围之外。但是，这将使规章授权之下的滥用行政权力排除限制竞争基本脱离反垄断执法的规制范围。在我国新修订后的《行政诉讼法》明确承认规章授权效力的情况下，若反垄断执法采取通过将规章授权按照行政委托来进行查处相关的滥用行政权力排除限制竞争，一旦被视为需要承担责任的委托人对此提起行政诉讼，除非所涉的规章授权明确违反了上位法，否则，法院必然会以适用主体错误为由裁定反垄断执法违法。相较而言，除

(一)当前存在的立法问题

仔细梳理一下当前规定不难发现,如图 5 - 1 所示,《反垄断法》在行政性垄断的行为规范上采取了两种不同的表述体例,即列举式和概括式。前者针对行政主体以具体行政行为的方式实施的行政性垄断,后者针对行政主体以抽象行政行为的方式实施的行政性垄断。

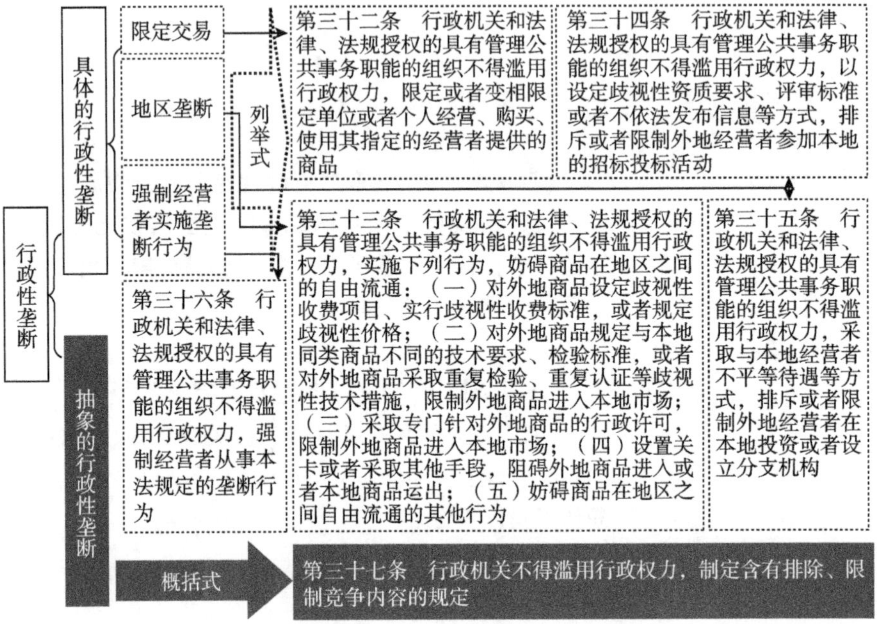

图 5 - 1　行政性垄断的具体立法规定

了规章授权明确违反了上位法情形以外,反垄断执法目前适宜将规章授权纳入法律法规授权范畴进行处理。一方面,依据我国新修订后的《行政诉讼法》,目前确实也可以将没有违反上位法的规章授权理解为法律法规授权当中的间接授权;另一方面,依据新修订后的《行政诉讼法》,法院推翻此类反垄断执法的概率应当也是非常低的。而且,规章授权之下的滥用行政权力排除限制竞争也能够得到有效规制。从立法的惯例来看,“行政机关和法律、法规授权的具有管理公共事务职能的组织”确实是我们常用的表述方式。但是正如前面所示,目前使用的“行政机关和法律、法规授权的具有管理公共事务职能的组织”在具体认定上客观比较复杂,而且有些情形还存在一些模糊的空间。对此,可以考虑删去“法律、法规授权”,即只是规定“行政机关和具有管理公共事务职能的组织不得滥用行政权力排除、限制竞争”。一方面,这保持了禁止滥用行政权力排除限制竞争立法的初始定位;另一方面,有效避开了法律法规授权的适用认定问题。只要存在法律授权、法规授权、规章授权或者行政委托,并且内容涉及管理公共事务内容的,被授权或者被委托对象就是适格主体。这样相较之前就非常简捷,能够有效满足实践需求。

根据以往的经验来看，因采取列举式通常难以穷尽潜在的所有情形而往往可能出现不同程度的遗漏。客观而言，就行政主体以具体行政行为的方式实施的行政性垄断所进行的规制立法在此应当也是无法出其左右的。事实上，除了前面5条法律规定的情形以外，我国社会实践中确实还有很多以具体行政行为的方式实施的其他行政性垄断。例如，地方政府违规对部分经营者进行税收优惠。① 当地方政府对特定的企业进行税收减免尤其是采取的力度又是因人而异时，就会在很大程度上直接影响经营者之间的市场公平竞争。税负是所有企业都会面临的经营成本，任何非普惠性的税收减免都会使部分经营者在提供的产品或者服务的价格上获得一些额外的竞争优势。正因如此，国务院在2014年专门发布了《国务院关于清理规范税收等优惠政策的通知》，明确要求：坚持税收法定原则，除依据专门税收法律法规和《中华人民共和国民族区域自治法》规定的税政管理权限外，各地区一律不得自行制定税收优惠政策；未经国务院批准，各部门起草其他法律、法规、规章、发展规划和区域政策都不得规定具体税收优惠政策。再如，地方政府违规对合法的进口商品采取歧视性措施。除了针对外地商品以外，目前仍然有些地方政府有时会对合法的进口商品采用与本地同类商品不同的技术要求、检验标准或者采取重复检验、重复认证等歧视性技术措施。虽然《反垄断法》第33条存在一个兜底条款，但是它在适用上仅限于外地商品。因为只有在一个国家的主权范围内，不同地区的商品才天然地具有可以自由流通的特性；而主权的属性及其所需的防控客观决定了不同国家的商品不可能先天性地具有能够自由流通的资质，这必须依赖双边或者多边的国际贸易协定方可在某种程度上才能实现。

显而易见，《反垄断法》所规制的垄断行为有4大类，即垄断协议、滥用市场支配地位、具有或者可能具有排除限制竞争效果的经营者集中与滥用行政权力排除、限制竞争。而第3条只是规定，本法规定的垄断行为包括：(1)经营者达成垄断协议；(2)经营者滥用市场支配地位；(3)具有或者可能具有排除、限制竞争效果的经营者集中。因此，第8条的性质或者地位按照正常的逻辑理解和整体化的系统解释应当与第3条相同或者相仿。除了非原则性禁止的经营者集中以外，无论是垄断协议还是滥用市场支配地位的行为规范在具体规定上都存在一个典型的兜底条款，即国务院反垄断执法机构认定的其他垄断协议或者国务院反垄断执法机构认定的其他滥用市场支配地位的行为。因此，第3条不

① 熊伟：《法治视野下清理规范税收优惠政策研究》，载《中国法学》2014年第6期。

再可能是一般条款或者再被当作一般条款,第 8 条至少在理论上应当也是如此。否则,这除了会导致法律解释出现矛盾以外,还会导致立法体系出现混乱。[①] 因为无论是具体的行政性垄断的规制条款还是抽象的行政性垄断的规制条款,在实际上都不同程度地存在兜底条款,而兜底条款和一般条款的同质性使它们在法理上不宜发生交集性共存。

(二)立法问题的完善路径

立法应当直接在阐明这部法律所规定的垄断行为包括的类型条款中将行政性垄断作为法定情形之一进行具体列明。从应然的角度来讲,第 8 条在性质或者地位上与第 3 条一样,都是指明垄断行为的类型条款。若用应然的理解来表达第 8 条应当所要表达的意思,即除了第 3 条所规定的垄断行为类型以外,这部法律所规定的垄断行为类型还包括行政机关和法律、法规授权的具有管理公共事务职能的组织滥用行政权力排除、限制竞争。要论第 3 条所规定的垄断行为与第 8 条所规定的行政性垄断之间的关系:就形式而言,它们客观存在不同程度的差异,前者针对的行为主体是经营者,指向的影响力量是私权力,后者针对的行为主体是行政主体,指向的影响力量是公权力;就实质而言,它们并无根本性的差异,都会严重影响市场公平竞争。[②] 在先前行政性垄断是否应当纳入反垄断法的规制范围还存在巨大分歧的情况下,立法依据形式的差异在技术处理上采用分开规定的做法是完全可以理解的。但是不可否认的是,这不仅容易导致人们对行政性垄断的单列条款产生各种误解和争议,而且客观上导致《反垄断法》在垄断行为的类型规定上存在一定的逻辑问题。在目前行政性垄断是否应当纳入反垄断法的规制范围已无多大争议的情况下,立法的最佳做法应当是根据实质的相同将行政性垄断和第 3 条所规定的经济性垄断在同一个法律条款中进行集中阐述。这除了可以有效地消除前面存在的问题以外,还能够及时为完善行政性垄断的规制行为提供必要的框架基础。

以此为基础,立法应当在行为规范的具体章节中对行政性垄断设立一个兜

---

① 事实上,《反垄断法》在其他内容上已经存在这个问题,它突出表现在有关滥用市场支配地位规定的第 3 条、第 6 条和第 17 条之间的逻辑关系。除了第 17 条第 1 款外,就《反垄断法》针对滥用市场支配地位的规制所作的基础规定而言,还有第 17 条第 2 款、第 18 条、第 19 条和第 6 条。非常明显,作为市场支配地位定义条款的第 17 条第 2 款和作为市场支配地位认定权衡因素条款的第 18 条以及作为市场支配地位可以推定情形条款的第 19 条在性质上都是第 17 条第 1 款的细化延伸,前者均为后者有关市场支配地位内容的深化指引。但是,第 6 条和第 17 条第 1 款的关系应当就没有这么简单清晰。有人认为,它们是平行条款关系,也有人认为后者是前者的细化条款。

② 参见王晓晔:《反垄断法》,法律出版社 2011 年版,第 287 页。

底性质的规制条款。一方面,为了最大限度地实现法律规范的指引性,对行政性垄断行为规范的表述应当进行合理的列举;另一方面,为了重点突出打击对象的目的性,对行政性垄断行为规范的表述需要进行合理的列举。除非能够通过列举的方式穷尽所有潜在的目标行为,否则就必然要使用一个条款进行兜底以避免出现不同程度的遗漏。根据以往的经验来看,这通常有两种技术路径可以进行选择,即在总则部分设立一般条款或者在分则部分设立兜底条款。虽然从局部角度来看,我们可以采取在总则部分对行政性垄断设立一般条款的做法,但是从整体角度来看,此举应当不是较为理想的做法。从《反垄断法》可以看出,滥用市场支配地位的立法在总则部分额外作了一个原则性的禁止规定,其他经济性垄断除了非原则性禁止的经营者集中外,都是在分则部分采用了兜底条款。究其原因,核心在于这种安排更为科学。首先,集中进行规定便于人们更为直观地理解法律所规制的行为及其范围;其次,集中进行规定能够在最大限度上避免相关条款之间因位置的不同而可能出现的各种冲突;最后,集中进行规定更为符合立法后面对行为认定所必须进行适度指引的展开逻辑。需要特别指出的是,在已经存在兜底条款的情况下,滥用市场支配地位的立法还在总则部分作了第 6 条的规定是非常值得商榷的。除导致出现无谓的条款外,这还在很大程度上导致了立法体系出现局部的混乱。

就在行为规范的具体章节中对行政性垄断设立一个兜底性质的规制条款在模式上的选择而言,不宜完全采用除了非原则性禁止的经营者集中以外的其他经济性垄断目前所采取的做法。从《反垄断法》第 13 条第 1 款、第 14 条、第 17 条第 1 款的规定来看,无论是横向垄断协议还是纵向垄断协议或者滥用市场支配地位的兜底条款,立法都采用了以非程序前置性质的方式将其授权给国务院反垄断执法机构来进行处理。虽然这种做法对于经济性垄断是完全可行的,但是对于行政性垄断可能存在很多问题。显而易见,尽管《反垄断法》将行政性垄断纳入了规制范围,但立法并没有将执法权完全交给反垄断执法机构。根据《反垄断法》第 51 条的规定,反垄断执法机构对此只有提出处理的建议权,而具体负责查处的却是由法律所规定的上级机关。

对此,作为当年这部立法的核心推动者原国务院法制办主任曹康泰先生作了说明。“从行政体制上看,对于包括地方各级政府及其相关部门在内的行政机关和公共组织的行为,由同样作为行政机关的反垄断执法机构去处理,是不顺的,不符合行政权力运行的基本轨道,很可能将反垄断执法机构置于和各级地方政府及其有关部门对立的地位,引发行政架构内部的矛盾。"①若对行政性垄断的兜底条款同样采取经济性垄断的立法模式,则上述顾虑在这种情形下可能被激化为现实问题。极限的授权必然会在很大程度上弱化评定标准的法定性,这本身就很容易使反垄断执法机构对行政性垄断所开展的执法工作在权威性上得不到相对人的有效认同,而其中又必将牵扯公私利益,非常容易导致其他行政主体对此产生不同程度的抵触情绪。

较为稳妥的做法就是作出如下安排:删除《反垄断法》第 8 条、第 33 条的兜底条款与第 37 条,尽量列明所禁止的以具体行政行为的方式实施的行政性垄断,另外采用一个单独的条款对行政主体以其他方式实施行政性垄断作出兜底性禁止。此举的合理之处突出表现在以下 3 个方面:第一,它可以在最大限度上降低被调查对象对反垄断执法机构的抵触情绪。法律对主体行为的直接要求应当有效地弱化当事人可能产生的,如认为反垄断执法机构的举动是专门对人的或者是主要对人的某种偏见,从而将可能发生的潜在对抗控制在可以理解的常规博弈范围之内。第二,它可以在最大限度上降低反垄断执法机构对被调查对象的畏难情绪。除非常容易导致其他行政主体对此产生不同程度的抵触情绪以外,极限的授权还容易导致反垄断执法机构因在拥有很大的自由裁量空间下存在较多的选择余地而想方设法尽量不去得罪人;而进一步的具体化规定使职责法定化在客观上大幅挤压了对此的选择余地,促使反垄断执法机构在心态上不断健康化。第三,它可以完全兼容对行政性垄断的各种执法权限配置模式。极限的授权必然要求《反垄断法》改变对行政性垄断的执法权限配置模式,而我们所建议的做法无论是立法对此继续采取当前的做法还是将执法权限统一交给反垄断执法机构都是可以无条件适用的。

二、规制能力的立法问题及其完善路径

《反垄断法》对行政性垄断的核心描述是行政机关和法律、法规授权的具有管理公共事务职能的组织滥用行政权力排除、限制竞争。

(一)当前存在的立法问题

对于滥用行政权力排除、限制竞争的理解,在形式上确实可以存在一种潜在的逻辑演绎,即只要行政主体所实施的行政行为排除或者限制竞争就构成行

① 曹康泰:《中华人民共和国反垄断法解读——理念、制度、机制、措施》,中国法制出版社 2007 年版,第 226 页。

政性垄断。但是,市场不是万能的,市场机制也固有许多自身不可克服的缺陷,以致在资源配置上失灵和失效。① 这就客观决定了政府干预的必要性,包括对竞争机制的不同程度抑制。虽然竞争是市场的灵魂,但是它未必总是符合人们对结果的现实需求。所以,不同时空的政府基本都会以社会公共利益为导向或多或少地采取些措施对市场竞争进行抑制。例如,为了实现合理的规模经济效应,政府对供水、供电、供暖等基础设施建设具有典型网状结构的领域采用自然垄断的方式进行管理,严格限制进入者的数量,甚至有些领域只允许独家经营。再如,为了能够在最大限度上保障国民的身体健康,政府对烟草行业采用专营专卖的方式进行管理,不允许超出范畴以外的任何竞争。但是对此问题的揭示过程不仅具有重要的形式意义,而且具有重要的实质价值。既然对竞争机制的不同程度抑制成为政府干预弥补市场失灵的必要组成部分,那么无论一个国家或者地区在社会资源配置上究竟采取的是政府主导模式还是市场主导模式,它们都应当通过某种方式对此加以有效确认和外化。显而易见,这在法治环境下都是通过规范性的法律文件所规定的法定权限和法定程序来完成的。故而,对于滥用行政权力排除、限制竞争的理解,原则上通常应当限于超出法定权限或者法定程序对市场竞争实施的各种抑制举措。根据全国人大常委会法制工作委员会经济法室所作的说明,《反垄断法》对此应当就是秉持这种态度。"这两类机构行使行政权力,都有法律、法规依据,其应当依法办事,如果其超越法律、法规规定的行政权力处理公共事务,就有可能导致滥用行政权力的行为发生。"②

但是,如果将滥用行政权力排除、限制竞争原则限于行政主体超出法定权限或者法定程序对市场竞争实施的各种抑制举措,那么这就意味着《反垄断法》在行政性垄断上的规制范围变得更窄。从当前的实践来看,我国在经济领域还存在不少形式合法但是实质不合理的明显影响市场公平竞争的行政行为,最为典型的就是各个地方政府在招商引资过程中经常使用的大额定向补贴。根据地方政府组织法律体系及其治理规则,不同层级的地方政府都有权依照既有的决策机制在招商引资过程中对符合条件的特定企业通过财政转移支付的方式给予数额不等的经济补贴。无论受补贴的主体是内资企业还是外资企业,国有

① 参见王全兴:《经济法基础理论专题研究》,中国检察出版社2002年版,第80页。

② 全国人大常委会法制工作委员会经济法室编:《中华人民共和国反垄断法条文说明、立法理由及相关规定》,北京大学出版社2007年版,第212页。

企业还是民营企业，都会因此不同程度地获得额外的竞争优势，这就必然严重影响经营者在相关市场上的公平竞争；当这类非普惠性政策之下的补贴数额的差异性越大，带来的负面效果就越为明显。所以，《中国企业发展环境报告2013》就非常明确地提出，“创造公平的市场环境比政府补贴更重要”。①

除此之外，在理论上还存在一个问题，即以滥用行政权力作为否定性评价的前提，可能使规定具有潜在的静态性而在逻辑上无法有效地适用于行政性垄断的传承情形。根据行为发生时的属性差异，当前一个时间节点所存在的行政性垄断在类型上可以分为两种，即原始类和质变类。所谓原始类，即行政主体所实施的排除、限制竞争的举措从开始就是超出法定权限或者违反法定程序的情形。所谓质变类，即行政主体所实施的排除、限制竞争的举措开始是符合法律规定的，只是随着法律或者环境的变迁而逐渐变成不合法或者不合理的情形。即便是原始类，受利益牵制及纠错的程序性等多种因素的影响，它们在存续上也往往具有一定的时间跨度，而质变类的时间跨度通常更长。这就意味着行政性垄断可能会出现传承情形，包括同一主体的内部传承和不同主体的外部传承。前者如同一个地方政府的不同任期内的不同领导集体在此形成的关系，后者如同一个职能在隶属划转前后涉及的不同组织部门在此形成的关系。按照常规的逻辑思维，滥用行政权力排除、限制竞争应当主要指向的是行政主体的行政作为，《反垄断法》第五章对行政性垄断的具体规定基本也是如此，并且这些行政主体所实施的行政行为对行政性垄断的发生应当起到直接的作用。无论是对于同一主体内部传承的行政性垄断还是对于不同主体外部传承的行政性垄断而言，权力使用不当之处的核心在于行政不作为，即后任没有及时采取措施对前任的做法进行清理或者加以矫正，并且它们对于这些存量的行政性垄断的发生并不起着直接的作用。应当比较明显，两者无论是在操作方向上还是在作用路径上都存在很大的差异，这就使规定对此类情形的规制在适用逻辑上出现了很大程度的不顺畅。从实践来看，无论是原始类的行政性垄断还是质变类的行政性垄断，一旦由初始的增量变成后来的存量，针对它们实施的竞争规制就很有可能面临这种潜在的问题。虽然同一主体内部传承这种情形在此的问题特质可能相对弱一些，但是不同主体外部传承这种情形在此的问题特质应当是非常突出的。

① 唐福勇：《公平的市场环境比政府补贴更重要》，载《中国经济时报》2013年8月27日，第3版。

(二)立法问题的完善路径

立法应当将行政性垄断的法律要义表述成为行政机关和法律、法规授权的具有管理公共事务职能的组织使用行政权力不合理排除、限制竞争。显而易见,这种安排对政府干预市场竞争作了非常科学的均衡规制。一方面,它充分肯定了政府为弥补市场失灵而对竞争机制进行干预的必要性。尽管政府在干预市场竞争的过程中,客观上也会出现不同程度的失灵问题,然而市场失灵的存在特别是竞争内生垄断的固有缺陷也客观决定了政府对此干预的社会基础。① 以使用行政权力不合理排除、限制竞争来厘定行政性垄断则明确地表明了法律对政府干预的允许,包括针对市场竞争的各种潜在抑制举措。另一方面,它为政府干预市场竞争划定了更严格的界限。行政主体不仅需要确保其对市场竞争所采取的抑制举措具有合法性,而且需要确保其对市场竞争所采取的抑制举措具有合理性。这就有效解决了将滥用行政权力排除、限制竞争原则限于行政主体超出法定权限或者法定程序对市场竞争实施的各种抑制举措使《反垄断法》在行政性垄断上的规制范围变得更窄问题,以使用行政权力不合理排除、限制竞争来厘定行政性垄断则能够将我国当前在经济领域还存在的,虽然形式合法但是实质不合理的明显影响市场公平竞争的行政行为纳入竞争规制范畴。

而且,这种安排可以有效地排除法律在适用过程中可能发生的潜在争议。正如前面所示,《反垄断法》就行政性垄断所作的规定无论是在理论上还是在实践中都存在多种解释的可能性。除前面已经提及的两种潜在理解方式以外,还有些专家主张只要行政主体所实施的行政行为不合理排除、限制竞争就构成行政性垄断。“我国对于行政性垄断正当性的判断基本上是纳入行政法的思路,这就导致行政机关很容易借助‘程序合理性’否定‘实质合理性’,将形式上符合要求的垄断行为排除在法律规制之外。只要行政行为具有合法依据,哪怕造成限制竞争的效果,也具有正当抗辩理由。但依据反垄断法的市场竞争效果标准,导致排除、限制竞争效果的政府行为都可能被认定为具有违法性。因此,若要评判政府行为的正当性,应当调整评判标准,以市场机制是否受到损害为基本标准,突破合法性审查的框架,凸显合理性审查要求。”②而以使用行政权力

① 参见张占江:《政府与市场和谐互动关系之经济法构建研究——以社会中间层主体为路径》,载《法律科学(西北政法学院学报)》2007 年第 3 期。

② 徐士英:《竞争政策视野下行政性垄断行为规制路径新探》,载《华东政法大学学报》2015 年第 4 期。

不合理排除、限制竞争来厘定行政性垄断在此则不会出现这类问题，它的解释应当是唯一的。相较滥用行政权力而言，使用行政权力明显具有中性特质。只要行政主体通过此不合理排除、限制竞争，就构成行政性垄断，它的核心价值应当在于区别行政性垄断与经济性垄断中的滥用市场支配地位行为。

此外，这种安排不会冲击行政权力在行政法框架下的有序运转。虽然行政法是基于社会管理的需求对行政主体进行基础性授权，但是行政法出于依法行政的制约也对行政主体行使权力作了原则性限制。根据整个制度的设计来看，这种原则性限制并不是独立封闭的。无论是在程序性内容上还是在实体性内容上，行政法制度对此都是采取了在自身直接作出基本限制的基础上开放性地接入其他法律所间接作出的延伸限制。尽管《反垄断法》就行政性垄断所作的规定在性质上也是这类的延伸限制，但是因它在理解适用上确实存有方向性的分歧而在客观上直接影响行政主体的潜在履职。虽然以使用行政权力不合理排除、限制竞争来厘定行政性垄断在具体操作过程中也会因合理性的分析而可能不同程度地出现不确定性，但是它对行政主体提出的要求却是非常明确的。因此，这不会影响行政主体依法行政的秩序基础。事实上，这种安排只是将我国在经济领域所推行的相关改革政策及其精神要义进一步以法律的形式进行具体化而已。众所周知，党的十八届三中全会审议通过的《中共中央关于全面深化改革若干重大问题的决定》明确提出：经济体制改革是全面深化改革的重点，核心问题是处理好政府和市场的关系，使市场在资源配置中起决定性作用和更好发挥政府作用。“这一表述不仅明确了未来全面深化改革的重点所在，更对市场的地位和作用进行了重新定位，是市场与政府关系认识上的一次重大理论突破。”①而“市场机制能够有效配置资源、形成兼容的激励机制的根本原因在于，通过市场竞争形成的价格能够反映供求即资源的稀缺程度，只有通过市场的自由竞争才能形成这一价格信号，才能实现市场所有有效的机制”。②因此，要想使市场在资源配置中起决定性作用就必须充分保护竞争机制。所以，除非为弥补市场失灵，原则上政府不应当干预市场竞争。换言之，即禁止行政主体使用行政权力不合理排除、限制竞争。

因此，按照常规的逻辑思维，它也是主要指向行政主体的行政作为，并且对

① 王天义：《发挥市场在资源配置中的决定性作用》，载《学习时报》2013 年 11 月 18 日，第 4 版。

② 吴敬琏：《市场的灵魂在于竞争》，载《华夏酒报》2013 年 3 月 12 日，A02 版。

行政性垄断的发生应当起到直接的作用。而正如前面所言,无论是对于同一主体内部传承的行政性垄断还是对于不同主体外部传承的行政性垄断而言,权力使用的不当之处的核心在于行政不作为,即后任没有及时采取措施对前任的做法进行清理或者加以矫正,并且它们对于这些存量的行政性垄断的发生并不起着直接的作用。所以,即便以使用行政权力不合理排除、限制竞争来厘定行政性垄断也会存在同样的潜在问题。但是这并非此举在方案设计上考虑不周全,而是这类潜在问题的合理解决最为科学的做法需要另辟蹊径。就行政不作为的治理问题而言,它应当需要遵循行政法的基本原理,包括职责与能力的匹配性、责任以职责的明确性为基础等。如果我们忽视这点对上述传承情形直接追究行政性垄断的法律责任,那么在客观上极有可能出现前人犯错、后人受罚的问题,而且有些情形的及时解决也可能超出它们的能力甚至职责的范畴,显然是非常不公平的。除进一步强化行政法体系对行政不作为的治理能力以外,针对行政性垄断的竞争立法应当另行明确,行政主体在自身职责范围内对于消减存量行政性垄断的具体义务,并以此为据对应设置法律责任。

三、规制方法的立法问题及其完善路径

《反垄断法》对行政机关和法律、法规授权的具有管理公共事务职能的组织强加的法律义务只是禁止滥用行政权力排除、限制竞争。

(一)当前存在的立法问题

只是要求行政主体不得实施行政性垄断意味着当前的规定具有竞争规制典型的事后性特质,立法并未对行政主体为能够在最大限度上避免出现这类问题而事前必须采取的措施作出特别要求。虽然经济性垄断的立法均是如此,但是这并不等于行政性垄断的立法也可以如此。在通常情况下,法律只是对行为主体规定相应的义务,至于义务主体是否采取措施尽量确保自身行为合乎规定一般由其自行定夺;如果当事人因没有及时采取有效措施而导致自身违反禁止性规定,那么法律只需追究责任即可。但是这在实质上是有一个前提性条件的,即法律所规定的责任必须具有足够的威慑力。只有法律责任具有必要的威慑力才能迫使义务人在绝大多数情况下采取措施进行有效的合规,从而促进既有的规定能够普遍性地得到有效遵守。考察《反垄断法》的法律责任可以看出,除非原则性禁止的经营者集中的法律责任之外,其他经济性垄断的法律责任在整体上都具有较强的威慑力。虽然无论是垄断协议的法律责任还是滥用市场支配地位的法律责任,在内容上都缺少针对个人的罚款制度,而且都没有设置

任何形式的刑事责任，但是它们均存在行政处罚制度，即“没收违法所得，并处上一年度销售额百分之一以上百分之十以下的罚款”。没收违法所得的最基本作用就是清缴垄断行为实施者所获得的违法收益，在有些情形下还会实质性地起到惩罚作用，特别是当反垄断执法机构对此采取连本带利一起计算时尤为明显。“并处上一年度销售额百分之一以上百分之十以下的罚款”的固有作用就是强加违法成本，使垄断行为实施者在无利可图基础上进一步承受一定限额的经济折损。根据我国目前的执法实践来看，这类罚款在数额上通常在数百万元以上，而达到千万上亿的情况也基本属于常态。因此，它们的合力对于垄断行为实施者而言是具有非常大的“杀伤力”。对此，甚至有些专家担忧的指出：“由于在反垄断案件中违法所得往往数额巨大，而《反垄断法》在罚款问题上又设定了上一年度销售额1%的最低限制，这些对于部分企业来说，可能构成一个难以承受的过大的数额。”①

但是反观行政性垄断的法律责任不难发现，它的威慑力在整体上还较弱。《反垄断法》第51条第1款规定：行政机关和法律、法规授权的具有管理公共事务职能的组织滥用行政权力，实施排除、限制竞争行为的，由上级机关责令改正；对直接负责的主管人员和其他直接责任人员依法给予处分。“‘责令改正’一般适用于行政不当和行政程序违法的救济。从理论上看，改正虽然可适用于对违法行为的处理，但是并非对所有的违法行为都适用。行政垄断属于严重的行政违法行为，不属于行政不当行为，也不是行政程序违法行为，故对行政垄断适用‘责令改正’于法无据，于理不通。从法律上讲，行政垄断行为显然是严重地违反法律法规，应属于无效行政行为。有权机关应当宣告行政主体行政垄断行为无效，而不是责令行政主体改正行政垄断行为。”②“行政垄断属于滥用行政权力，应受到相应的行政处分，但在责任追究上，仅靠行政处分难以最大力度限制行政垄断行为。这类处罚可以忽略不计，较少的违法成本也促使行政垄断事件不断发生，有关行政垄断的法律法规根本起不到威慑违法人员、规制行政垄断的作用。”③虽然不可否认的是，行政性垄断的法律责任相较经济性垄断的法律责任而言在制度设置上确实存在很多难点。以最为常用的行政罚款手段

---

① 张昕：《垄断行为没收违法所得的美国经验及对我国的启示》，载《价格理论与实践》2013年第11期。

② 丁国峰：《我国〈反垄断法〉规制行政性垄断之不足及完善建议》，载《江淮论坛》2010年第2期。

③ 李淑娟：《行政垄断法律责任制度审视》，载《人民论坛》2016年第26期。

为例,"对于实施行政垄断的行政机关不宜规定行政罚款,这是因为罚款的直接承担者如果是行政机关,其经费是国家财政拨款,而罚款最终又是上交国家财政,这种流转过程既不能体现对违法者的制裁作用,也没有多大的实质意义"。[①] 但是毫无疑问的是,行政性垄断的社会危害相较经济性垄断的社会危害而言有过之而无不及。

在这种情况下,行政性垄断的立法就不能只是要求行政机关和法律、法规授权的具有管理公共事务职能的组织不得滥用行政权力排除、限制竞争,[②]还应当对行政主体为确保其在最大限度上避免出现这类问题而事前必须采取的措施作出具体要求。虽然此类新增的行为规范同样因立法无法对行政主体施加行政罚款这类常规化的行政责任而可能不同程度地得不到有效遵守,但是它无论是在形式上还是在实质上均有非常重要的社会价值。就形式意义而言,此举使行政性垄断的竞争规制突破了传统的事后性,对行政性垄断的治理阵线进行了大幅度的前移。就实质意义而言:首先,此举在客观上应当能够有助于减少行政性垄断的发生。虽然法律已经对行政性垄断作了明令禁止,但是还有不少行政主体因没有充分意识到潜在的风险而未积极采取措施开展合规工作,从而过失性地导致行政性垄断的发生。以法定性替代自愿性使合规工作成为行政管理机制的固有组成部分,根据经营领域的合规经验来看,至少在一定程度上可以帮助各类行政主体有效地排除一部分非故意而为之的行政性垄断。其次,此举为引入更多形式的法律责任打开了空间。相较不得滥用行政权力排除、限制竞争的结果性而言,为此进行的合规工作在性质上更多具有流程性。尽管这类流程在运行结果上存在很大的弹性,然而在运行过程上却具有高度的可判别性。这就使直接责任人的职责履行情形至少在形式上是比较清楚的,从而为除了行政处分以外的行政责任,特别是行政处罚中的罚款在针对个人惩罚上的适用提供了可能性。最后,此举是解决以滥用行政权力作为否定性评价的前提,可能使规定具有潜在的静态性而在逻辑上无法有效地适用于行政性垄断的传承情形之类问题的最佳方案。虽然直接对这类传承情形追究行政性垄断的法律责任是不公平的,但是直接对行政主体在职责与权限范围内没有及时采取措施纠正问题进行追究法律责任应当是顺理成章的。行政主体开展的合规工作

① 王健:《行政垄断法律责任追究的困境与解决思路》,载《法治论丛》2010年第1期。

② 即便在以使用行政权力不合理排除、限制竞争来厘定行政性垄断之后也应当采取这类措施进行完善。

不仅应当基础性地指向行政性垄断的潜在增量,而且应当全面性地指向行政性垄断的现有存量。如果行政主体对此没有作出合理的应对,那么以此为由对其进行惩罚在逻辑上就非常顺畅了。

(二)立法问题的完善路径

立法应当直接引入公平竞争审查制度。公平竞争审查制度的基本要义,是指特定的权力主体依照法定的权限和程序对在其职责管辖范围之内的包含自身在内的所有公权力主体,在利用职权进行社会管理过程中所采取的各类干预举措,是否可能影响经营者在相关市场上公平竞争进行系统评估并据此采取相应调整措施的工作机制。可以说,引入公平竞争审查制度非常契合完善行政性垄断的法律治理需求。① 首先,公平竞争审查制度与行政性垄断的高水平规制是高度一致的。正如前面所言,我国在经济领域还存在不少虽然形式合法但是实质不合理的明显影响市场公平竞争的行政行为,《反垄断法》有关行政机关和法律、法规授权的具有管理公共事务职能的组织不得滥用行政权力排除、限制竞争的规定是无法对此进行有效规制的,我们应当以使用行政权力不合理排除、限制竞争来厘定行政性垄断,从而能够将所有情形进行全面覆盖。而顾名思义,公平竞争审查制度就是审查特定公权力行为是否可能影响市场公平竞争。虽然合法性必然是公平竞争审查考虑的一个重要权衡因素,但是它绝不可能是决定性因素。根据制度设计的基本原理,公平竞争审查的核心应当在于政府干预的合理性。其次,公平竞争审查制度与行政性垄断的前沿化规制是非常相投的。正如前面所言,特殊性使行政性垄断的立法不能只是要求行政机关和法律、法规授权的具有管理公共事务职能的组织不得滥用行政权力排除、限制竞争,而且应当对行政主体为了确保其在最大限度上避免出现这类问题而事前必须采取的措施作出具体要求。而除相对于历史遗留的问题而言以外,公平竞争审查制度在性质上具有典型的事前性特质,即公平竞争审查必须在权力主体正式作出决定之前操作完成。凡是所有相关事项没有依照规定流程进行公平竞争审查的,原则上不得进行颁布或者施行。此外,公平竞争审查制度的适用并不仅仅局限于潜在的增量问题,它还包括现有的存量问题,只是整个工作的推进重点在具体的实施过程中略有轻重缓急和顺序先后之分。

事实上,公平竞争审查制度本身也存在走向"法律化"的社会需求。为了贯

① 参见张穹:《实施公平竞争审查制度有力维护市场公平竞争》,载《人民日报》2016年6月21日。

彻落实党的十八届三中全会在《中共中央关于全面深化改革若干重大问题的决定》中所作出的“使市场在资源配置中起决定性作用和更好发挥政府作用”的战略性决议，国务院在 2016 年 6 月向各省、自治区、直辖市人民政府与国务院各部委、各直属机构印发了《国务院关于在市场体系建设中建立公平竞争审查制度的意见》，要求政策制定机关、行政法规和国务院制定的其他政策措施以及地方性法规的起草部门在各自的工作过程中严格按照标准进行自我公平竞争审查。虽然此举对于我国建立统一、开放、竞争、有效的市场体系而言有着非常深远的意义，但在客观上也还存在很多带有机制性特质的不足之处。[①] 例如，它无法构建一个完整的公平竞争审查的责任主体体系。除国务院在上述文件中点名的政策制定机关和特定文件的起草部门以外，还有很多其他的公权力主体应当在各自的职责范围内对相应的政府干预是否可能影响市场公平竞争进行不同程度的审查，最为明显的就是各级权力组织。根据我国《宪法》和《地方各级人民代表大会和地方各级人民政府组织法》的规定，各级权力组织依法监督行政部门的社会管理活动。而我国围绕市场经济的法制建设在宪法、法律、法规等诸多层面上，给各类主体特别是行政机关包括其授权的组织设立了维护市场公平竞争秩序的法律责任。因此，包括全国人大及其常委会和地方各级人大及其常委会等在内的所有权力组织都应当依据法定的职责对此进行有效监督，积极通过职权工作机制检查各类义务主体特别是行政机关是否遵守了这些规定内容。但是，国家治理结构的权力安排客观决定了国务院不可能对此进行系统规划。除此之外，不足之处还有：它只是简单规定了自我公平竞争审查这一种方式，并没有对其他方式的公平竞争审查作出合理规定；没有对公平竞争审查的约束机制作出较为清晰的规定，而且也没有对公平竞争审查的激励机制作出合理的说明。若要全面解决公平竞争审查制度当前存在的问题，则必须上升到法律层面才能为此提供所需的制度设计空间。

因此，公平竞争审查制度的直接引入应当在总则部分以涵盖的方式实施，即负有公平竞争审查义务的主体包括行政机关和法律、法规授权的具有管理公共事务职能的组织，但是并不限于此。至于其他义务主体的范围，立法应当特别对地方各级人大及其常委会的责任作出明确规定。深度检视我国当前存在的不同地区垄断问题，除地方各级人民政府及其职能部门在有些情况下的胡作

---

① 参见丁茂中：《论我国公平竞争审查制度的建立与健全》，载《竞争政策研究》2017 年第 2 期。

非为是其中最为重要的成因以外,地方各级人大及其常委会在制定地方性法规过程中所掺杂进来的地方保护举措对此也有非常突出的“贡献”。① 而根据我国目前的体制改革发展趋势来看,整体将会赋予更多地方更大的立法权限。在这个社会背景下,防止地方保护主义通过地方立法进行深度合法化成为我国改革必须解决的另一个社会治理问题。② 从制度完善视角来讲,《反垄断法》本身也应当对此作出必要的回应,而直接引入的公平竞争审查制度则是较为理想的规范支点。对于全国人大及其常委会在此的职责,立法可以采用宣誓性的模式进行表述,譬如全国人大及其常委会根据工作需要依法对相关内容进行公平竞争审查。一方面,这可以起到良好的表率作用;另一方面,全国人大及其常委会以及国务院在利益上的超脱性使前者对后者以及前者对自身的公平竞争审查没有太多的实质需求,整个工作重点应当在于针对地方人大及其常委会在此方面的立法监督。

---

① 参见熊英:《地方立法中的地方保护主义》,载《中国改革》2005 年第 11 期。

② 参见秦前红:《谨防地方保护主义法律化》,载《党政视野》2015 年第 2 期。

第六章　经营者承诺制度的立法完善

我国《反垄断法》第 45 条规定：对反垄断执法机构调查的涉嫌垄断行为，被调查的经营者承诺在反垄断执法机构认可的期限内采取具体措施消除该行为后果的，反垄断执法机构可以决定中止调查。中止调查的决定应当载明被调查的经营者承诺的具体内容。反垄断执法机构决定中止调查的，应当对经营者履行承诺的情况进行监督。经营者履行承诺的，反垄断执法机构可以决定终止调查。有下列情形之一的，反垄断执法机构应当恢复调查：(1)经营者未履行承诺的；(2)作出中止调查决定所依据的事实发生重大变化的；(3)中止调查的决定是基于经营者提供的不完整或者不真实的信息作出的。[①] 我国十余年的反垄断施法实践表明，这在客观上还存在一些立法问题，需要我们尽快采取科学措施加以完善。

一、适用情形的立法问题及其完善路径

根据我国当前的经营者承诺制度，只要被调查的经营者承诺整改的，反垄断执法机构就有权决定对其进行中止调查。

---

① 为了方便行文，以下将《反垄断法》第 45 条简称为"我国当前的经营者承诺制度"，将被调查的经营者"承诺在反垄断执法机构认可的期限内采取具体措施消除该行为后果的"简称为"承诺整改"，并根据需要进行使用；对于调查的状态，我们在原则上只用基本的"中止调查"，根据特定需要会使用"终止调查"。

(一)当前存在的立法问题

就案件的客观事实、调查难度、罪证掌握等情况的差异而言,如图 6-1 所示,被调查的经营者承诺整改在大体上可能会有四种情景,即 A 情形、B 情形、C 情形和 D 情形。

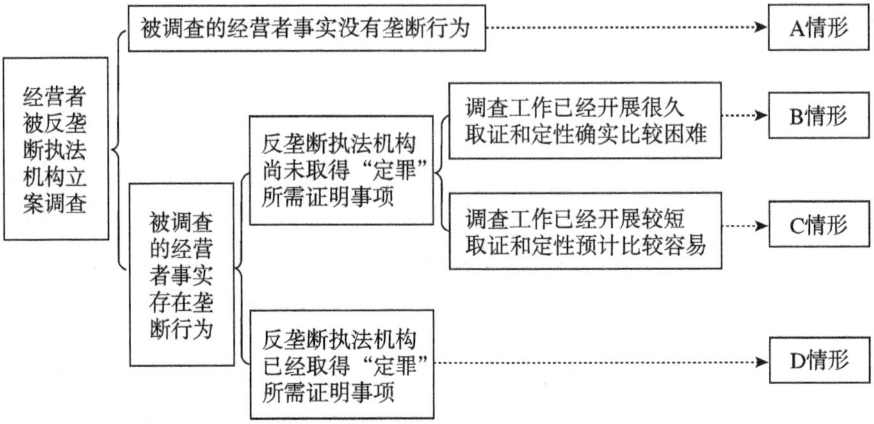

图 6-1　经营者作出承诺整改的潜在情形

如果反垄断执法机构在 D 情形下接受被调查的经营者所作的整改承诺决定中止调查,那么将是非常值得商榷的。垄断行为不仅会直接影响市场公平竞争,而且会直接影响经济运行效率与消费者总福利以及社会公共利益。所以,反垄断法对其始终持有十分严厉的规制态度。而反垄断执法机构的基本职责就是积极采取措施打击垄断行为,从而确保市场竞争机制的有效运行。除非法律另有明确规定,反垄断执法机构不应当放任任何一个经过调查取证已被合理证实的垄断行为。否则,这无论在形式上还是实质上都存在失职问题,在客观上也不同程度地浪费了极其有限的反垄断执法资源。尽管反垄断法执法机构在 C 情形下同样采取前面的做法在问题性质上可能要相对轻些,然而仍然存在不同程度的失职问题以及潜在的权力寻租问题。当反垄断执法机构在 A 情形下,接受被调查的经营者所作的整改承诺决定中止调查时,虽然并没有直接导致反垄断执法出现“假阳性失误”,①但是在客观上导致出现这种实际效果,因此也就不同程度地存在失职问题和浪费反垄断执法资源问题,只是性质在整体

① 假阳性失误,即反垄断执法机构将有效的竞争行为误认为是反竞争行为而加以禁止。See Frank H. Easterbrook, *The Limits of Antitrust*, Texas Law Review, No. 63, 1984, p. 1-40.

上通常要比前面两种情形轻很多。

若反垄断执法机构在B情形下,接受被调查的经营者所作的整改承诺决定中止调查,则应当是比较科学的做法。必须承认的是,虽然有些经营者确实实施了垄断行为,但是我们未必都能够在很短的时间内对此加以查证。尽管积极采取措施打击垄断行为是反垄断执法机构的基本职责,然而并非意味着所有反垄断调查都应当锲而不舍。反垄断执法的根本目的是保护市场竞争机制,而不只是对实施垄断行为的经营者进行惩罚。当一项反垄断调查持续的时间越长,涉嫌垄断行为对市场竞争机制的伤害往往也就越大。即便反垄断执法机构最终成功地查处此案,也无法排除可能出现市场竞争机制永久性难以恢复或者需要较长时间才能基本恢复的情形。在这种情况下,及时消除当前存在的涉嫌垄断行为应当要比继续开展反垄断调查更为重要。而我国当前的经营者承诺制度并没有对此作出特别要求。这就导致该制度在使用上具有较大的随意性,即便在D情形下亦可以援引。根据实践来看,这种情形在我国反垄断执法中已经开始变成现实,最为典型的示例就是之前承担反垄断执法职能的国家工商行政管理总局对滥用市场支配地位实施搭售行为的北京盛开体育发展有限公司决定终止调查。①

(二)立法问题的完善路径

我们应当在立法上作出如下规定,即只有在同时具备下列条件的情况下,被调查的经营者承诺整改的,反垄断执法机构才可以决定中止调查:第一,反垄断调查工作已经开展了较长时间。即便在反垄断执法资源非常充足的情况下,所有垄断行为的查证也都需要一定时间。只有在投入足够的时间后,反垄断执法机构才有可能对被调查的经营者所作的经营行为作出基本判断。如果允许反垄断执法机构在启动调查后的很短时间内就可以决定适用承诺制度,那么必然为各种不作为、乱作为以及潜在的权力寻租提供了坚实的基础。若方案具有可行性,则立法可以对这个时间限制进行具体规定,譬如在启动反垄断调查后的90个工作日内。第二,现况能够表明调查可能还需要很长时间或者难以取得实质性进展。如果在经过较长时间调查后已经可以确定被调查的经营者是否存在垄断行为,那么不应当再允许反垄断执法机构对此适用承诺制度。只有在经过较长时间调查后还无法对被调查的经营者是否存在垄断行为作出合理

---

① 根据国家工商行政管理总局竞争执法公告2015年第1号的内容来看,国家工商行政管理总局应当已经掌握了能够对北京盛开体育发展有限公司进行垄断行为认定所需的各项内容。

判断时,才有可能允许反垄断执法机构对此适用承诺制度。为防止出现因各种不当动机而故意拖延调查时间,立法还应当要求反垄断执法机构必须合理证明相关调查工作无法在此后的很短时间内得以完成,否则仍然不允许反垄断执法机构对此适用承诺制度。第三,僵持局面可能会造成市场竞争机制受到永久性损伤或者需要较长时间才能恢复。如果被调查的经营者所实施的行为对市场竞争机制的持久运行并没有产生多大的实质性威胁,那么所进行的反垄断调查就没有必须尽快完毕的紧迫性,反垄断执法机构也就应当耐心查证到底。一方面,这有必要给被调查的经营者一个清楚的交代;另一方面,这能够对经营者实施垄断行为起到威慑作用。只有在前面不得不作出次优选择的情况下,立法才适宜允许反垄断执法机构对此适用承诺制度。

通过这类规定,这对于确保竞争规制的有效性而言具有至关重要的意义。根据垄断行为的法律责任规定,如果经营者实施了垄断行为,那么它将会面临严厉的惩罚。即便最轻类型的罚款,最高也可能达50万元人民币;若是适用较重类型的行政处罚,除没收违法所得以外,还会按照上一年度销售额的1%到10%的比例进行罚款,仅此一项的数额就可能高达数十亿元甚至数百亿元人民币。[①] 若一个客观实施了垄断行为的经营者能够通过整改承诺获得反垄断执法机构的决定中止调查,则不仅可以避免遭受巨额的罚款,而且可以使之前获得的垄断利润变成合法的收入。因此,这类经营者在被反垄断执法机构立案调查后往往有很强的动机去俘获执法者。虽然"从实施主体的性质和实施程序来说,反垄断法的实施有两个基本的实施途径和机制,即反垄断法的公共实施和私人实施",[②]但是由于受到诉讼文化较弱与诉讼效益较低两大决定性因素的影响,我国至今尚未出现严格意义上的反垄断法私人实施机制。换言之,我国当前的反垄断法实施基本依赖于反垄断执法机构的竞争执法。如果无法有效保证运行上的稳定性,那么必然会直接影响对垄断行为的打击力度。事实上,即便不是基于权力寻租的实质性不作为,也都会导致这类后果,而前面的规定也对此作了非常大的空间挤压。但是必须承认的是,尽管如此,反垄断执法机构还是有一定的游离余地,特别是在对僵持局面可能造成市场竞争机制受到永久性损伤或者需要较长时间才能恢复上的要件判断。

---

① 参见张昕:《垄断行为没收违法所得的美国经验及对我国的启示》,载《价格理论与实践》2013年第11期。

② 王先林:《我国反垄断法实施的基本机制及其效果——兼论以垄断行业作为我国反垄断法实施的突破口》,载《法学评论》2012年第5期。

二、适用行为的立法问题及其完善路径

根据我国当前的经营者承诺制度，只要涉嫌垄断行为，反垄断执法机构就有权接受被调查的经营者整改承诺决定中止调查。

（一）当前存在的立法问题

按照理论通常的讲法，我国反垄断法规制的垄断行为有4类，即垄断协议、滥用市场支配地位、经营者集中和行政性垄断。虽然行政机关和法律、法规授权的具有管理公共事务职能的组织也可能构成经营者，但是以公权力的不当使用为核心特质使行政性垄断在制度上就被排除在经营者承诺制度的适用范围之外。而从我国目前的反垄断执法实践来看，经营者承诺制度的使用只是集中在垄断协议和滥用市场支配地位两类垄断行为上，①并没有涵盖经营者集中。应然讲，经营者集中也不应当在经营者承诺制度的适用范围之内。与垄断协议、滥用市场支配地位不同，反垄断法在原则上并不禁止经营者集中，只是通过建立经营者集中控制制度来防止因过度集中而影响到市场竞争。为此，它对经营者设立了两类义务：第一类是申报义务，即参与达到申报标准的经营者集中的经营者必须向反垄断执法机构进行申报接受竞争审查；第二类是强制性裁定结果的遵守义务，包括对附加限制性条件的履行义务和对禁止实施经营者集中决定的执行义务。就申报义务而言，由于国务院已经对经营者集中申报标准作了明确规定，并且国务院反垄断执法机构也陆续对此作了细化指引，因此对参与集中的经营者是否依法履行了申报义务应当是比较容易查证的。就强制性裁定结果的遵守义务而言，即便是对附加限制性条件的义务履行进行查证，无论附加的限制性条件是结构性条件还是行为性条件或者综合类条件，由于反垄断执法机构对此通常都会要求义务人按照其规定要求引入外部监督机制，并要求义务人承担自证义务履行符合条件成就所需事项的责任，因此这即便是在较为复杂的资产剥离案件中也应当能够较快完成，更不用说外在表现形式一般都是非常直观地对禁止实施经营者集中决定的义务执行。仅据查证难度这点，经营者承诺制度就不应当适用于经营者集中。

虽然对垄断协议的查证因经营者采取的方式越来越隐蔽而在整体上变得越来越困难，但是并不意味着对垄断协议就必然可以适用经营者承诺制度。撇开横向垄断协议与纵向垄断协议的查证难度存在很大差异不谈，即便是仅针对

---

① 涉及垄断协议的此类情形如国家市场监督管理总局竞争执法公告2018年第8号。

可以采取十分隐蔽方式实施的核心卡特尔,情况亦应如此。“核心卡特尔是国际社会公认的危害最大的反竞争行为,每年造成的损害超过数十亿美元。”①但反垄断法并没有对经营者实施核心卡特尔一律采取“格杀勿论”,而是普遍性地设置了多个“手下留情”机制。如表6－1所示,仅为此专设就有两个。

表6－1　反垄断法对垄断协议设立的应变机制

机制名称	条文体现	功能设计	备注
豁免制度	《反垄断法》第15条	例外肯定	均能够促使核心卡特尔现形
宽恕制度	《反垄断法》第46条第2款	帮助取证	

从功能设计来看,它们都是必要的,即便是核心卡特尔也确实在有些情况下是利大于弊的,反垄断执法机构也确实需要一些辅助手段来帮助其获取核心卡特尔的存在证据。但若在此基础上再允许适用经营者承诺制度,则就会过犹不及。客观而言,极易导致变相激励经营者采取更为隐蔽的方式去实施完全恶性的核心卡特尔。如果实施的核心卡特尔是可以豁免的类型,那么经营者就没有理由蓄谋隐藏。只有当所实施的核心卡特尔完全没有豁免理由时,它们才会极力地采取更为隐蔽的方式进行。一方面,更为隐蔽的方式确实可以在最大限度上使所实施的核心卡特尔不会被反垄断执法机构轻易发现;另一方面,此举确实还可以为日后全体成员借助经营者承诺制度实现全身而退奠定必要的前提基础,而这必然会不同程度地直接影响宽恕制度的功能作用。

(二)立法问题的完善路径

我们应当在立法对经营者承诺制度作出初步限制的基础上进一步明确规定,经营者承诺制度只适用于被调查的经营者涉嫌的垄断行为是滥用市场支配地位。比较而言,滥用市场支配地位应当是所有垄断行为当中在法律认定上最为复杂的对象。② 根据实践来看,滥用市场支配地位的法律认定通常涉及4个方面的基本内容,即行为模式厘定、相关市场界定、市场支配地位确定、合理性程度判定。就行为模式厘定而言,虽然对拒绝交易和限定交易的行为本体认定比较容易,但是对超高定价、掠夺性定价、搭售、差别待遇的行为本体认定就没有这么简单了,它们有些到目前为止尚未形成一个比较成熟的做法。就相关市

① 金美蓉:《核心卡特尔规制制度研究》,对外经济贸易大学出版社2009年版,第28页。

② 参见刘贵祥:《滥用市场支配地位理论的司法考量》,载《中国法学》2016年第5期。

场界定而言，尽管理论已经总结出一套较为系统的方法论，包括替代性原理、产品与地理以及时间或者技术维度、传统的定性分析工具以及诸如假定垄断者测试法之类的新的定量分析工具、特定维度项下的应然权衡因素等，然而这在具体案件中的应用操作仍然具有很高的专业性，特别是涉及双边市场或者多边市场问题。就市场支配地位确定而言，除可以适用立法所确立的推定规则的情形相对简单外，其他情形则都必须综合考虑市场份额、市场竞争状况、控制能力、技术条件、财务水平、市场进入壁垒、他人依赖性等各种相关因素才能作出。就合理性程度判定而言，即便是将合理性分析依据严格限制在维护市场公平竞争、提高经济运行效率、维护消费者利益与社会公共利益这些立法宗旨范围之内，任何一个针对特定类型行为的合理性评价都存在不同程度的不确定性。因此，涉及滥用市场支配地位的案件调查通常耗时很长，而且在不少情况下还难以精确定性，并且有时会出现当前的格局明显对相关市场的竞争产生不同程度的抑制性影响的情况。所以，它在客观上适合立法允许反垄断执法机构因时制宜地适用经营者承诺制度。

当我们对经营者承诺制度的适用范围作出上述进一步限制后，它在反垄断立法的体例中就显得有点突兀。非常明显，当前《反垄断法》第六章的其他法律条文均非针对某个特定垄断行为的反垄断调查，而修改后的经营者承诺制度则是仅针对滥用市场支配地位的。若仍然在原来位置对此进行条文表述，则至少在形式上使该篇章的逻辑存在不协调问题。虽然与垄断协议的宽恕制度同为反垄断执法的促进机制，但是经营者承诺制度应当不能像它那样可以放在对应垄断行为的法律责任部位。一方面，针对垄断协议的宽恕制度无论是对主动向反垄断执法机构报告达成垄断协议的有关情况并提供重要证据的经营者给予免除处罚还是减轻处罚，它的前提条件是经营者确实都参与了垄断协议，并且因无法得到豁免而应当承担法律责任；另一方面，“需要注意的是，经营者的承诺，虽然是由于经营者从事了被调查的涉嫌垄断行为，但是，该行为是否真的构成垄断，此时并无定论，因为该问题已被承诺双方搁置起来”。[①] 比较来看，最为合适的重置部位应当是在滥用市场支配地位的行为规范里。尽管经营者承诺制度在性质上并不是对滥用市场支配地位的构成要件作出细化表述，但它在客观上为涉嫌滥用市场支配地位的问题解决提供了一个间接方法。就效果而

① 全国人大常委会法制工作委员会经济法室编：《中华人民共和国反垄断法条文说明、立法理由及相关规定》，北京大学出版社 2007 年版，第 271 页。

言，除与反垄断法的私人实施机制可能存在不同程度的摩擦阻力外，它和当前立法对如何认定经营者具有市场支配地位作出最大限度的法律指引有着基本相同的作用。因此，将其置于此处在逻辑上应当是可以接纳的，或者说相较其他安排在逻辑上应当是问题最轻的。当然，如果仅从实用主义角度出发，除在垄断协议的行为规范、经营者集中的行为规范与行政性垄断的行为规范这些部分不可以对经营者承诺制度作出条款表述外，其他位置都可以对此进行安置。

三、适用主体的立法问题及其完善路径

根据我国当前的经营者承诺制度，只要是被调查的经营者，反垄断执法机构就有权决定是否接受其整改承诺决定中止调查。

（一）当前存在的立法问题

即便是针对滥用市场支配地位的某项具体行为表现，譬如以低于成本的价格销售商品，就被立案调查历史以及最终结果的差异而言，如图 6－2 所示，被调查的经营者在整体上也可以分为 4 类，即甲类、乙类、丙类、丁类。

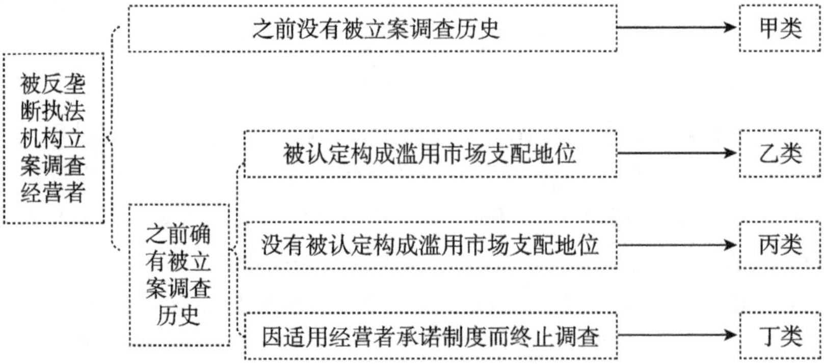

图 6－2　被反垄断执法机构立案调查的经营者潜在类型

以保护市场竞争机制的作用导向为基础，我们可以对经营者承诺制度在合适的情况下赋予合理的教育作用，即借此对被调查的经营者只是给予风险警示以促进其主动采取措施加以改进。虽然确保自身的经营行为合乎反垄断法的规定是经营者的固有义务，但是并不意味着反垄断执法机构就可以冷眼旁观地进行竞争规制。除因为反垄断执法的根本目的是保护市场竞争机制而非追求

对实施垄断行为的经营者进行惩罚外,[①]还有一个非常重要的缘由就是反垄断法特别是有关滥用市场支配地位的规定在客观上存在较大的不确定性。“除与生就具有市场支配地位(法定垄断)等少数特殊情形外,企业在没有触犯禁止滥用市场支配地位制度之前通常无法对自身是否具有市场支配地位作出准确的判断。”[②]如果反垄断执法对此只是一味采取严厉的态度,那么极有可能影响大企业的一些创新活动。而无论是根据经济学理论研究还是社会实践来看,大企业确实是所有国家或者地区经济发展的核心动力主体。在这个背景下,若面对的主体属于甲类或者丙类,则反垄断执法机构在其他条件都具备的基础上,可以出于只是给予教育考虑而接受它们的整改承诺决定中止调查,从而在较大程度上有效兼顾了多方面的合理利益。

如果面对的主体是乙类和丁类,即便在其他条件都具备的情况下,反垄断执法机构也不应当出于只是给予教育考虑而接受它们的整改承诺决定中止调查。就乙类而言,虽然被调查的经营者最新实施的与之前被反垄断执法机构认定构成滥用市场支配地位的做法相同的行为,可能因行为主体的市场地位发生变化而未必就会仍然属于滥用市场支配地位,但它存在这种可能性的程度应当是比较高的。这种情形理应成为反垄断执法机构的关注重点,否则就容易导致不少实质性存在的滥用市场支配地位被放过,从而不同程度地形成恶性的纵容效果。就丁类而言,虽然不能因之前对其适用过经营者承诺制度而就可以对被调查的经营者形成一个先入为主的不良印象,但是被调查的经营者在客观上应当需要给予更多的竞争合规注意。既然这类被调查的经营者自信再次实施相同的行为,则反垄断执法机构就非常有必要对此作出一个比较清楚的认定。一方面,这有助于对之前的整改承诺是否有效履行进行再次确认;另一方面,也有助于彻底消除潜在的“假阳性失误”以及此种实际效果,给予被调查的经营者一个确定性的法律结果。但是非常明显,立法并没有对经营者承诺制度在被调查的经营者上潜在的适用作出任何的区分限制。

(二)立法问题的完善路径

我们应当在立法对经营者承诺制度作出进一步限制的基础上再进一步明确规定,经营者承诺制度不适用于之前曾因实施相同的具体行为而被反垄断执法机构立案调查,但因适用经营者承诺制度而终止调查,或者之前曾因实施相

---

① 参见王晓晔:《反垄断法》,法律出版社 2011 年版,第 26 页。

② 丁茂中:《竞争维护的路径及其实施问题》,中国法制出版社 2017 年版,第 127 页。

同的具体行为而被反垄断执法机构认定构成滥用市场支配地位的被调查的经营者。虽然超高定价、掠夺性定价、拒绝交易、限定交易、搭售和差别待遇等都是同属滥用市场支配地位,但是它们彼此却有着很强的个性特质。从立法及实践来看,这突出表现在两个方面,即行为模式和合理性标准。对于前者,仅以掠夺性定价和搭售的差异为例,掠夺性定价需要处理成本与销售价格的比较,问题的难点在于成本的样本选择,究竟是掠夺方的边际成本还是掠夺方的平均成本或者是行业平均成本等,而且需要确定成本核算的考察时长;搭售需要处理两个或者两个以上商品之间的关系,核心在于从物理属性、功能设计、消费习惯等视角确定它们是否属于一个商品还是多个商品。对于后者,仍以掠夺性定价和搭售的差异为例,掠夺性定价的正当理由通常有降价处理鲜活商品、季节性商品、有效期限即将到期的商品和积压商品,因清偿债务、转产、歇业降价销售商品或者为了推销新产品等;搭售的正当理由通常有为保证产品使用的安全性、提高产品的性价比或者基于知识产权的正当行使等。① 因此,即使被调查的经营者因实施了上述某个经营行为而受到风险警示或者直接教训,也无法使其能够因此对上述其他经营行为作出稳妥掌控。所以,对被调查的经营者再进一步限制经营者承诺制度的适用应当以相同的具体行为为准,不宜抽象到整个滥用市场支配地位上,否则在立法本身存在较大不确定性且反垄断执法机构为此所作的配套规定在指引性缺乏有效性的情况下,就客观容易存在过于苛刻问题。

根据以往经验来看,对于之前曾因实施相同的具体行为而被反垄断执法机构立案调查,但因适用经营者承诺制度而终止调查,或者之前曾因实施相同的具体行为而被反垄断执法机构认定构成滥用市场支配地位的事实认定,应当还需要明确一些内容。例如,事实认定的时间性。只要是行政机关作出的行政裁决,通常都会有一个生效等待期。如果被调查的经营者承诺整改恰恰发生在这段时间内,那么反垄断执法机构就会面临此类问题。又如,事实认定的辖区性。无论是被反垄断执法机构立案调查但因适用经营者承诺制度而终止调查,还是被反垄断执法机构认定构成滥用市场支配地位,都可能有两种情形,即在境内发生的和在境外发生的。虽然前者毫无疑问应当属于这类情形,但是至于后者是否属于这类情形,则需要反垄断执法机构进行明确。对此,较为合适的做法

① 参见肖江平:《滥用市场支配地位行为认定中的"正当理由"》,载《法商研究》2009 年第 5 期。

应当是原则性授权给反垄断执法机构进行自由裁量。尽管就事实认定的时间性而言是相对简单的，然而就事实认定的辖区性而言则比较复杂。如果我们直接将此限制在境内情形，那么必然会为有着滥用市场支配地位前科的跨国公司提供诸多的试错机会。诸如谷歌公司、微软公司、英特尔公司等这类经营者因滥用市场支配地位已经被多个国家和地区的竞争执法机构所处罚，并且各自实施的具体行为在很多情况下具有高度的一致性或者重叠性。若我们一律将此涵盖到在境外情形，那么所涉法律制度以及执法机制之间存在的差异在客观上可能使有些情形是不合理的，特别是那些事后已经被充分证明存在“假阳性失误”的滥用市场支配地位案件。

四、适用程序的立法问题及其完善路径

根据我国当前的经营者承诺制度，只要在实体权限内，反垄断执法机构就完全可以对被调查的经营者整改承诺自由地作出各种决定。

（一）当前存在的立法问题

“在承诺制度适用上，不论是《反垄断法》还是各执法机关颁布的执法程序规定，均过于注重赋予执法机关一项全新职权，以致确立了执法机关程序适用上的绝对主导地位，而鲜有控制执法机关自由裁量权的相关规定。”[①]根据实践来看，仅就程序性内容而言，我们至少没有对以下 3 个环节作出必要的规定：第一，动议的接收。虽然同为被调查的经营者作出整改承诺，但是它们在提出时间、表达方式、方案预备等方面都可能存在不同程度的差异。无论是出于效率性还是严肃性的基本考虑，反垄断执法机构都不能对此不加以区分而通通接受。既然如此，这就应当存在一个较为明确的遴选标准。只有在形式上符合该标准，被调查的经营者作出的整改承诺才可以被反垄断执法机构接收加以考虑。第二，方案的评估。一方面，对被调查的经营者作出的整改承诺是否具有可行性应当有一个统一的衡量标准；另一方面，对此作出判断的过程必须有合适的时间限度。除此之外，还应当为举报人提供一个有效的异议反馈机制。根据规定，任何单位和个人都有权对涉嫌垄断行为向反垄断执法机构举报，而一旦反垄断执法机构接受被调查的经营者作出的整改承诺，就意味着此项反垄断调查就很有可能最终被搁置。如果这个过程没有允许举报人以及除被调查的经营者以外的其他利害关系人的有效参与，那么这种做法明显是不合理的。第

---

① 焦海涛：《反垄断法承诺制度适用的程序控制》，载《法学家》2013 年第 1 期。

三,履行的监督。尽管反垄断执法机构的中止调查决定必须载明被调查的经营者承诺的具体内容,然而社会公众往往无法了解被调查的经营者此后的具体举动。而且,若反垄断执法机构不通过合适的方式对被调查的经营者此后的具体举动进行及时反映,则社会公众也通常无法知晓其是否依法履行了职责。所以,除应当采取有效的措施来监督被调查的经营者履行承诺外,反垄断执法机构还有必要对此进行深度的信息公开。

这在客观上会导致发生很多问题,从而影响经营者承诺制度的科学运用。首先是反垄断执法的透明性问题。虽然社会公众可以通过反垄断执法机构公开的终止调查决定书来知悉被调查的经营者作出的整改承诺,但它们在当前情况下很难知晓反垄断执法机构在接受被调查的经营者作出的整改承诺过程中所考虑的具体缘由,也无法确定被调查的经营者是否最终履行了承诺以及反垄断执法机构只是因此而终止调查。即便在法律对权钱交易设立非常严厉的刑事责任情形下,我们也无法排除反垄断执法机构特别是个别执法人员在这种环境下永远不会出现权力寻租行为。其次是反垄断执法的权威性问题。当社会公众无法确定反垄断执法机构接受被调查的经营者作出的整改承诺是基于专业判断作出时,无论反垄断执法机构实际采取的做法究竟如何,都会引来各种质疑与猜测。以涉嫌价格垄断的中国联通、中国电信案件为例,这应当是我国第一起适用经营者承诺制度的反垄断调查,但是它的社会效果似乎不理想。最后是反垄断执法的中立性问题。姑且不论是否被没收违法所得并处上一年度销售额1%以上10%以下的罚款,即便仅是被反垄断执法机构调查的时间长短,都会不同程度地影响经营者在市场上的公平竞争。非常明显,经营者承诺制度的适用不仅直接影响前者,而且直接影响后者。即使完全排除潜在的权力寻租现象,衔接性操作规则的严重缺失也无法保证反垄断执法机构在经营者承诺制度的适用过程中不会出现任何实质性的差别待遇,而这将会导致反垄断执法机构在客观上有悖于必须保持中立性原则。

(二)立法问题的完善路径

我们应当在立法对经营者承诺制度的实体性内容进行完善的基础上,对经营者承诺制度的程序性内容作出必要的健全。就动议的接受这个环节的程序性内容而言,立法应当对被调查的经营者作出整改承诺的提出时间、表达方式、方案预备直接作出规定。对于提出时间,立法应当只是基础性地将此限制在反垄断执法机构开始调查后,至于具体时间节点则应当由当事人自主决定。但是,立法有必要对反垄断执法机构作出回应的时间节点作出明确限制,应当以适用经营者承诺制度需要的前提条件所涉的时间限制为准,反垄断执法机构在此期限之前不能作出任何实质性的回应。对于表达方式,立法应当明确要求以书面形式呈现。书面方式符合意思表达的精确传播,能够起到最为基本的证据固定作用。虽然被调查的经营者可以通过口头的方式向反垄断执法机构表达希望进行整改的意愿,但是只有通过书面方式向反垄断执法机构进行传递时才应当得到法律的形式认可。对于方案预备,立法应当要求被调查的经营者必须作出较为详尽的说明,包括整改内容的问题针对性和实施保障性。只有被调查的经营者提出的整改动议在形式上符合这些要求时,反垄断执法机构才可以考虑是否愿意接收该动议进行评估以决定是否作出中止调查决定。

就方案的评估这个环节的程序性内容而言,立法应当对以下 3 点内容直接作出规定:一是衡量标准,即反垄断执法机构将按照什么标准统一对被调查的经营者作出的整改承诺进行评价。对此,我们可以在强调解决潜在的反竞争问题基础上细化在此过程中所将考虑的基本权衡因素,如方案设计是否针对所涉垄断行为、拟用举措的解释是否符合商业规律、实施效果是否对市场环境具有很高的依赖程度、对利害关系人的异议所作的回复是否到位等。二是时间限度,即反垄断执法机构必须在多长时间内对被调查的经营者提出的整改动议给予明确接受与否。除直接明确期限外,立法还必须对与此相关的细节事项进行明确,包括计算期限的单位和可以扣除的时间。前者主要涉及自然天还是工作日问题,后者主要涉及准予扣除的具体情形。三是异议机制,即反垄断执法机构必须在此过程中建立一个合适的渠道充分听取相关主体特别是利害关系人的不同意见。虽然听证制度是最为理想的方式,但是立法不宜将此作为唯一选项。举行听证通常所需时间较长,不太符合经营者承诺制度适用的背景。立法应当赋予反垄断执法机构在此的选择空间,可以根据需要采取听证会方式,也可以根据需要通过非公开的信息反馈机制进行。

就履行监督的程序性内容而言,立法应当对反垄断执法机构的信息披露作出直接规定。当经过评估接受被调查的经营者作出的整改承诺决定中止调查的,反垄断执法机构应当按照规定定期向社会公布被调查的经营者作出的整改进展以及对其的阶段性评价。对于信息披露的详细程度,立法可以原则性作出要求,如事实清楚、数据翔实、解释合理等。在此基础上,立法可以合理借鉴经营者集中附加限制性条件的监督受托人制度,为反垄断执法机构对被调查的经营者的履行监督直接从制度上提供一个有益的选择。所谓监督受托人制度,"是指经反垄断执法机构认可的私人(具有所需知识、经验及技能的非官方人员或组织),与集中当事方订立委托合同,以受托人的身份对经营者执行救济措施的情况进行监督,乃至介入、干预或替代经营者执行救济措施的过程,以及各相关主体在此过程中的交互关系模式”。[1] 这种做法完全可以应用到经营者承诺制度中去,从而能够在最大限度上切实督促被调查的经营者有效履行作出的整改承诺。客观而言,无论是从专业性角度来看还是从执法资源非常紧张角度来看,这在我国当前都有非常重要的现实价值。为使反垄断执法机构采取这种做法更具有权威性,立法适宜直接对此作出必要的规定。

① 李俊峰:《经营者集中救济措施的委托实施机制研究》,载《上海财经大学学报》2015 年第 5 期。

第七章　垄断协议宽恕制度的立法完善

《反垄断法》第46条第2款规定：经营者主动向反垄断执法机构报告达成垄断协议的有关情况并提供重要证据的，反垄断执法机构可以酌情减轻或者免除对该经营者的处罚。[①] 我国十余年的反垄断施法实践充分表明，这在客观上还存在一些立法问题，需要我们尽快采取科学措施加以完善。

一、获得宽恕的确定性的立法问题及其完善路径

我国垄断协议宽恕制度在获得宽恕的确定性方面存在不明问题，这在一定程度上直接影响该制度的有效运行。

（一）当前存在的立法问题

虽然我国没有对垄断行为引入刑事责任，但是对垄断行为强加了比较严厉的行政责任。就垄断协议而言，这突出表现在行政处罚上。如果经营者仅是达成了垄断协议，那么反垄断执法机构就可以对它们处以最高50万元的罚款。如果经营者不仅达成了垄断协议，而且实施了垄断协议，即便开始时间很短，那么反垄断法

① 为了方便行文，以下将《反垄断法》第46条第2款简称为"我国垄断协议宽恕制度"，将经营者主动向反垄断执法机构报告达成垄断协议的有关情况并提供重要证据的行为简称为"告密"，将这类行为主体简称为"告密者"，并根据需要进行使用。

机构也应当没收它们的违法所得,并对它们处以上一年度销售额1%以上10%以下的罚款。尽管前者情形的行政处罚并不能对所有的经营者都形成很强的威慑力,但是后者情形的行政处罚应当对所有的经营者都有着非常大的威慑力。即使因刚刚开始实施垄断协议而尚未发生违法所得,或者反垄断执法机构将违法所得定位在"成本+正常利润+超额利润""正常利润+超额利润""超额利润"三者中最轻的"超额利润"上,按照上述并处罚款得出的总数通常也是比较大的。即便在将上一年度的销售额常规性地限于案件所涉的相关市场范围内的情况下,这类数额达到千万元,甚至上亿元级别也是非常普遍的,至于将其放大到经营者的所有业务就不言而喻了。因此,当前对垄断协议所设的行政责任应当为垄断协议的宽恕制度的有效运行奠定了坚实的前提基础。

但仅此而已是远远不够的,垄断协议宽恕制度的有效运行在前提基础上还必须具有获得宽恕的确定性。对经营者达成、实施垄断协议的行为设立严厉的法律责任,只是满足垄断协议宽恕制度所需的压力条件。若在被查证之后所面临的法律处罚很轻甚至可以忽略不计,则经营者就没有主动向反垄断执法机构进行告密的压力。只有面临的法律后果非常严重,经营者才会在达成或者实施垄断协议的情景下产生不同程度的诚惶诚恐。而要使这种压力能够稳定性地催生经营者出现告密动机并付诸行动,则还需要在制度上对此发出明确的接纳信号。一方面,制度必须明确允许告密者进行告密。如果反垄断法在制度设计上根本没有垄断协议的宽恕这一说法,那么经营者在达成或者实施垄断协议后也就没有寻求与反垄断执法机构进行合作的选择余地。此种情形下的法律责任只是纯粹地服务于威慑目的,而根本无意去减轻反垄断执法的取证难度。另一方面,制度必须明确对告密者告密后能够获得的权益保障作出承诺。如果达成或者实施垄断协议的经营者无法确定自身能够从中获得某种优待,那么它们在正常情况下必然会极为慎重地作出此类举动。

而对照我国垄断协议宽恕制度的当前规定不难看出,虽然立法对制度必须明确允许告密者进行告密这点作了非常清晰的指引,但立法并没有对制度必须明确对告密者告密后能够获得的权益保障作出承诺这点进行完全响应。这就意味着所有告密者在告密后都未必能够保证其一定可以获得某种优待,而在很大程度上要取决于反垄断执法机构的个案态度。这就使我国垄断协议宽恕制度在经营者能够获得宽恕的确定性上存在不确定性问题。非常明显,它们在这种情况下对自己所参与的垄断协议进行检举演变成为另外一个冒险行为,并且因法律对垄断协议强加的行政处罚是非常严厉的而使这个冒险行为的潜在风险巨大。

(二)立法问题的完善路径

要使我国垄断协议宽恕制度在经营者能够获得宽恕上具有较强的确定性，立法除明确允许告密者进行告密这点继续作出非常清晰的指引外，还必须明确对告密者告密后能够获得的权益保障作出承诺这点进行完全响应。为此，我们有必要将当前采取的反垄断执法机构自由裁量模式改为法定模式。即只要告密者告密，除法律另有明确的规定外，它们就能够获得不同程度的宽恕，而不再由反垄断执法机构对此进行酌情作出决定。在这种情况下，达成或者实施垄断协议的经营者对自己所参与的垄断协议进行检举不仅不会演变成为冒险行为，而且在客观上可以使它们能够从因参与垄断协议而将会遭到严厉处罚的风险中解脱出来。严厉的行政处罚在这种情形下应当能够稳定性地催生经营者出现告密动机并付诸行动，甚至可能出现激烈的竞相告密局面，而这正是包括我国在内的绝大多数国家和地区的反垄断法对垄断协议设立宽恕制度所要达到的实际效果。

根据实践来看，确实并不是只要告密者告密就应当给予减轻处罚或者免除处罚。[①] 虽然当前采取的反垄断执法机构自由裁量模式在客观上有助于灵活处理这些潜在的特殊情形，但是它并不是最佳的选择。正如前面所言，这种做法在很大程度上牺牲了我国垄断协议宽恕制度在经营者能够获得宽恕上的确定性，而这会直接影响该制度的有效运行。事实上，即便告密者告密也不应当给予减轻处罚或者免除处罚的特殊情形是完全可以具体列举出来的，并且可以通过法定模式加以反映。法定模式不仅能够有效处理潜在的特殊情形，而且能够有效解决我国垄断协议宽恕制度在经营者能够获得宽恕的确定性上所存在的不确定性问题。另外，从之前承担反垄断执法职责的国务院机构在此的实践来看，当前采取的反垄断执法机构自由裁量模式在客观上给予反垄断执法机构的权限太大，导致我国垄断协议的宽恕制度在实际应用上确实出现了一些较为突出的问题，如给予宽恕的对象范围太大等。

值得特别指出的是，虽然将当前采取的反垄断执法机构自由裁量模式改为法定模式，但是这并不意味着就彻底排除了反垄断执法机构在此方面的潜在自由裁量空间。即使立法对达成或者实施垄断协议的经营者所要提交的基本事

---

① 参见毕金平：《反垄断法宽恕制度适用行为对象研究——兼评我国奶粉价格垄断案》，载《安徽大学学报(哲学社会科学版)》2015 年第 5 期。

实和重要证据在标准上作出细化规定,反垄断执法机构对此也总会存在一定程度的自由裁量空间。由于立法在前提基础上已经对垄断协议的宽恕制度进行了法定化,因此这不会影响获得宽恕的确定性。除非反垄断执法机构在此认定过程中滥用职权,否则这应当反而可以促进我国垄断协议宽恕制度的有效运行。根据以往的经验来看,经营者在达成特别是实施垄断协议后,尤其是在获得不少利润的情况下,往往总会或早或晚地出现急于摆脱当前不良状态的心理。在法律明确规定提交基本事实和重要证据原则上就能够获得减轻处罚或者免除处罚的情况下,为了使自己的告密能够成功得到反垄断执法机构的充分认可,有此意向的告密者在正常情况下就会在基本事实与重要证据的提交上下足功夫。而这极为有助于反垄断执法机构的破案工作,特别是对那些隐蔽性很强的核心卡特尔。

二、获得宽恕的程度性的立法问题及其完善路径

我国垄断协议宽恕制度在获得宽恕的程度性方面存在不清问题,这在一定程度上直接影响该制度的有效运行。

(一)当前存在的立法问题

虽然随着反垄断执法的不断推进,经营者的竞争合规意识随之逐步有所提高,但是不可否认的是,经营者在实施垄断协议的方式上反调查经验也随之越来越丰富。比较明显的是,除还存在较大争议的维持转售价格和行业协会组织实施垄断协议外,在我国境内具有竞争关系的经营者就定价、产量、投入等直接达成和实施垄断协议的,它们所采取的做法在整体上越来越趋于隐蔽,其中不乏出现诸多协同行为的身影。若这些实施方式非常隐蔽的垄断协议没有被反垄断执法机构所及时查证,则参与其中的经营者不仅可以避免被处以巨额的经济惩罚,而且能够获得较为丰厚的超额利润。尽管所有垄断协议都有被反垄断执法机构发现的可能,但如果告密者进行告密,那么这种可能在通常情况下就变成了一个确定的现实。在这种情景下,告密者告密在基础上就存在很高的经济成本及其风险。除此之外,它们为此通常还面临声誉成本。无论是在何种环境下,人们对于背叛行为特别是为了一己之私而背叛他人的做法总是秉持着不同程度的负面评价。“就卡特尔成员的告密行为而言,一方面‘告密’是对卡特尔的背叛,作为卡特尔的成员应该遵守该组织的行为规范,客观上告密会影响到卡特尔及其成员和一些第三方对行为人的评价,进而减少与其合作的机会,

其甚至会被逐出该行业。"①

在参与市场资源的争夺过程中,经营者所作的每项举措在通常情况下都会进行成本与收益的比较。即便法律明确告密者可以进行告密以换取不同程度的宽恕,它们也不会因此竞相告密。只有这些主体在经过比较之后确定从反垄断执法机构那里可以获得的宽恕是非常合算的情况下,它们才会竞相告密,垄断协议的宽恕制度才能有效运行。如果因对自己所参与的垄断协议进行检举而能够从反垄断执法机构那里获得的宽恕是比较少的,那么这些主体也就不会非常积极地进行提供基本事实和重要证据。如果连能够获得宽恕的程度都是无法预测或者进行比较,那么必然会极大地影响达成或者实施垄断协议的经营者在此方面的潜在作为。所以,不少国家和地区的反垄断法都对告密者告密后能够获得宽恕的程度作了明确的规定。虽然我国目前就垄断协议的宽恕制度所作的规定在形式上也对此进行了部分明确,即免除处罚,但是在实质上还存在很多的模糊性。首先,是否是所有告密者告密都可能获得免除处罚;其次,是否是第一个告密者在法律没有明确除外规定的情况下就必定能够获得免除处罚。至于目前规定中的酌情减轻处罚,无论是在形式上还是在实质上都存在很大的模糊性。毫无疑问,这必然会直接影响参与垄断协议的经营者在已有他人进行告密后进行相继告密的做法。毕竟万一即便是第二个或者第三个进行告密的人,也只是获得了个位数比例的宽恕程度,对于不少经营者而言,这可能还远远不及潜在的声誉成本。

(二)立法问题的完善路径

虽然之前承担反垄断执法职能的国务院机构对我国垄断协议宽恕制度在获得宽恕的程度性上所存在的问题已经有了充分的认识,如表 7 - 1 所示,通过发布部门规章的方式对此进行了细化指引,但这应当不是最为理想的做法。就形式而言,它们在获得宽恕的程度性上明显存在不一致问题;就内容而言,它们在获得宽恕的程度性上都还不同程度地存在较大的模糊性问题。除此之外,在获得宽恕的程度性上所形成的权威性和稳定性都远远不及以法律方式对此直接作出的规定。即便是国务院反垄断委员会以指南的形式对此进行一些细化,②效果也基本如此。

---

① 喻玲:《运用声誉激励机制破解卡特尔的稳定性——完善宽恕制度的一条路径》,载《法商研究》2010 年第 1 期。

② 2019 年,国务院反垄断委员会发布了《国务院反垄断委员会横向垄断协议案件宽大制度适用指南》。

表 7－1　国务院反垄断执法机构对垄断协议宽恕制度曾经所作的指引比较

<table>
<tr><th>机构</th><th>名称</th><th colspan="3">内容</th></tr>
<tr><td rowspan="3">国家发展和改革委员会</td><td rowspan="3">《反价格垄断行政执法程序规定》</td><td rowspan="3">报告达成价格垄断协议的有关情况并提供重要证据的</td><td>第一个</td><td>可以免除处罚</td></tr>
<tr><td>第二个</td><td>可以按照不低于 50% 的幅度减轻处罚</td></tr>
<tr><td>其他</td><td>可以按照不高于 50% 的幅度减轻处理</td></tr>
<tr><td rowspan="2">原国家工商行政管理总局</td><td rowspan="2">《工商行政管理机关禁止垄断协议行为的规定》</td><td>报告所达成垄断协议的有关情况、提供重要证据并全面主动配合调查</td><td>第一个</td><td>免除处罚</td></tr>
<tr><td>报告所达成垄断协议的有关情况并提供重要证据</td><td>其他</td><td>酌情减轻处罚</td></tr>
</table>

我们应当在反垄断法中明确作出如下类似规定：除法律另有规定外，告密者告密，第一个免除处罚，第二个减轻 50% 处罚，第三个减轻 30% 处罚。“宽恕制度是否有效主要在于其能否引发竞赛机制。一个有效的宽恕制度可以诱发违法行为人之间展开激烈的自我揭发竞赛（race）。而之所以行为人会争分夺秒、竞相与执法机关合作，其原因就在于第一个符合条件的申请者将获取巨大的回报。”[①]所以，绝大多数国家和地区的垄断协议宽恕制度在原则上都是给予第一个告密者免除处罚。我国可以借鉴这点成熟的做法，对潜在被罚风险的原则性整体消除能够使它对参与垄断协议的经营者产生巨大的诱惑力。对于第一个以外的告密者，所有国家和地区的垄断协议宽恕制度都是采取较大差距的递减模式。究其原因：一方面，确实需要更多的事实和证据来帮助反垄断执法机构在最大限度上查处案件；另一方面，确实需要拉开较大的距离以刺激参与垄断协议的经营者率先进行检举。从我国目前的实践来看，反垄断执法机构在此似乎有点过于随意，有些案件给予第二个的宽恕程度多达 90%。[②] 这不符合垄断协议宽恕制度的基本规律，立法应当将此直接限定在 50% 上。对于可以获

① 洪莹莹：《反垄断法宽恕制度的中国实践及理论反思》，载《政治与法律》2015 年第 5 期。

② 例如，国家发展和改革委员会在 2013 年查处的浙江保险行业协会就车险组织 20 多家保险企业实施的价格卡特尔案件中，给予中国人寿财产保险浙江分公司 90% 的减轻处罚。

得宽恕的经营者数量,多数国家和地区的垄断协议宽恕制度在此都有严格的上限,通常不超过 5 个。如果给予减轻处罚或者免除处罚的人数范围很广,不仅非常容易影响对潜在告密者的压迫感,而且在客观上极易使垄断协议的宽恕制度普遍成为经营者在实施垄断协议后能够全身而退的合法手段。我国可以先采取较为保守的做法,立法直接将可以获得宽恕的经营者数量限定在 3 个范围内,从而避免出现当前反垄断执法中客观存在的给予宽恕对象数量过多问题。

三、道德风险的防控性的立法问题及其完善路径

我国垄断协议宽恕制度在道德风险的防控性不完善,这在一定程度上直接影响该制度的有效运行。

(一)当前存在的立法问题

根据实践来看,横向垄断协议的形成方式在整体上基本有两类:第一类是行业协会组织本行业经营者实施的;第二类是具有竞争关系的经营者自己直接组织实施的。在以上述第二类方式形成的横向垄断协议中,根据当事人在这个过程中的作用差异,它们在整体上可以分为两类,即组织者和参与者。前者是指在横向垄断协议的达成、实施上起着号召、推进、参加作用的经营者,后者是指在横向垄断协议的达成、实施上只是起着响应、参加作用的经营者。虽然具有竞争关系的经营者之间也会开展各式各样的合作,但是它们在根本上是彼此具有排他性关系的竞争者。即便是在一起冒着被反垄断执法机构处以非常严厉的经济惩罚共同实施横向垄断协议的情况下,亦是如此。众所周知,商场如同战场,有些企业为了取胜而无所不用。在以不断优化产品或者服务为核心内容的基础上,经营者在正常情况下还会采取很多其他措施进行竞争,其中就包括法律制度。除充分运用各种法律规定来保护自己的正当权益外,客观上还存在部分企业利用法律制度的漏洞或者不足来进行骚扰、阻碍甚至坑杀竞争对手。①

如果我们不对告密者到底是组织者还是参与者进行区分,而一律按照告密的顺序给予免除处罚或者减轻处罚,那么垄断协议的宽恕制度在这种情况下就极有可能被别有用心的经营者利用成为“借刀杀人”的工具。应当可以说,没收违法所得并处上述巨大罚款对于绝大多数的经营者而言都有非常大的杀伤力。若能使竞争对手遭受此类打击,则在客观上可以变相地增加自己的相对优势。

① 参见聂鑫:《专利恶意诉讼的认定及其法律规制》,载《知识产权》2015 年第 5 期。

而从可选择性角度来看,不区分组织者和参与者的垄断协议宽恕制度就是最为理想的手段。即故意与计划对其设套的竞争对手达成和实施横向垄断协议,在此之后抢先告密,从而使自己被免除处罚,而让竞争对手遭到不同程度的处罚。尽管此举对于谋划者来讲也是存在一定风险的,但这应当不会完全妨碍它被利用的可能性。一旦出现这种局面,谋划者不仅成功地借助垄断协议宽恕制度的漏洞打击了竞争对手,而且有可能直接从中获得了数额不等的垄断利润。显然,这不是反垄断法对垄断协议设立宽恕制度的目的。所以,很多国家和地区的垄断协议宽恕制度直接明确规定对横向垄断协议的组织者不适用免除处罚。而比较一下不难发现,我国当前就垄断协议的宽恕制度所作的规定并没有对此作出明确的指引,这就为潜在的道德风险发生提供了制度漏洞。

(二)立法问题的完善路径

虽然之前承担反垄断执法职能的国务院机构在前面发布的文件中没有对垄断协议的组织者不适用免除处罚或者减轻处罚作出明确规定,但是这并不意味着我国对此就完全没有认识。在国家发展和改革委员会价格监督检查与反垄断局 2016 年 2 月 2 日发布的《横向垄断协议案件宽大制度适用指南》征求意见稿中,政府部门就已经开始着手对这个问题进行明确。该指南的草案在经营者获得宽大需要满足的其他条件部分明确规定:经营者胁迫或者组织其他经营者参与达成、实施垄断协议或者妨碍其他经营者停止该违法行为的,执法机构一般不对其免除处罚,但可以相应给予减轻处罚。一方面,就形式而言,尽管这种应对方式可以适用于我国目前就垄断协议宽恕制度所作的规定,但无法适用于将当前采取的反垄断执法机构自由裁量模式改为法定模式之后情形。一旦反垄断法明确规定,只要告密者告密,它们在原则上就能够获得不同程度的减轻处罚或者免除处罚,而不再由反垄断执法机构对此进行酌情作出决定,那么除法律另外直接作出规定外,作为下位法的部门规章是不能对此作出限制的。另一方面,就内容而言,这样设计仍然存在很多问题,其中最为突出的就是赋予反垄断执法机构的自由裁量权限过大。如果不能使横向垄断协议的组织者必然受到不同程度的处罚,那么垄断协议的宽恕制度在运行上就可能发生前面所示的道德风险。因此,可以赋予反垄断执法机构对横向垄断协议的组织者进行适度减轻处罚的权限,但是绝不应当赋予反垄断法执法机构可以对横向垄断协议的组织者进行免除处罚的权限。显而易见,《国务院反垄断委员会横向垄断协议案件宽大制度适用指南》也充分考虑到这些利害关系,所以它在第 10 条明确规定,经营者申请宽大应按照本指南要求提交报告、证据,并且全部满足下列条件,可以获得宽大:(1)申请宽大后立即停止涉嫌违法行为,但执法机构为保证调查工作顺利进行而要求经营者继续实施上述行为的情况除外。经营者已经向境外执法机构申请宽大,并被要求继续实施上述行为的,应当向执法机构报告。(2)迅速、持续、全面、真诚地配合执法机构的调查工作。(3)妥善保存并提供证据和信息,不得隐匿、销毁、转移证据或者提供虚假材料、信息。(4)未经执法机构同意不得对外披露向执法机构申请宽大的情况。(5)不得有其他影响反垄断执法调查的行为。经营者组织、胁迫其他经营者参与达成、实施垄断协议或者妨碍其他经营者停止该违法行为的,执法机构不对其免除处罚,但可以相应给予减轻处罚。

因此,最为科学的做法就是,立法直接在垄断协议的宽恕制度所作的规定部分明确作出如下类似表述,对横向垄断协议的组织者不适用免除处罚。无论是自己率先向反垄断执法机构进行告密还是被他人抢先向反垄断执法机构进行告密,横向垄断协议的组织者在此规定下都会受到不同程度的惩罚。只要确保它们无法全身而退,而且无法确定自己所遭受的惩罚一定低于竞争对手,那么垄断协议的宽恕制度在这种情况下就不会再被别有用心的经营者所利用成为“借刀杀人”的工具。根据实践来看,横向垄断协议的查处,特别是对于那些非常隐蔽的核心卡特尔案件而言,确实需要更多的事实和证据才能在最大限度上确保成功查处,而横向垄断协议的组织者对此往往掌握着更多、更全的信息。因此,有必要允许反垄断执法机构对横向垄断协议的组织者减轻处罚,以诱惑它们积极向反垄断执法机构提供破案所需的重要内容。因为涉及比较重要的权益限制,所以立法应当尽量直接对横向垄断协议组织者的判断标准作出具体规定。对此,就垄断协议的宽恕制度所作的规定至少应当作出以下两个方面的指引:第一,横向垄断协议的组织者在横向垄断协议的达成上必须起到率先动议作用。这通常表现为特定的经营者通过口头、书面、多媒体或者其他方式向竞争对手就产品定价、市场划分、限制投入等内容发出共谋信号,并且在竞争对手作出明示或者默示的情况下进一步积极循环跟进,直至横向垄断协议最终得以事实性存在。第二,横向垄断协议的组织者在横向垄断协议的实施上必须起到主导固化作用。这通常表现为特定的经营者在与竞争对手就产品定价、市场划分、限制投入等内容已经形成事实性共谋的情况下进一步采取措施强化垄断协议的组织性、纪律性和可操作性,如对原先只是采用协同行为方式的价格卡特尔明确建立违反约定的惩罚机制。

四、目标定位的科学性的立法问题及其完善路径

我国垄断协议宽恕制度在目标定位的科学性存在不高问题，这在一定程度上直接影响该制度的有效运行。

（一）当前存在的立法问题

除非出现“积极失误”问题，[①]垄断协议宽恕制度的每次成功应用都证实了一个或者一个以上垄断协议的存在。虽然这些垄断协议都最终被攻破，但是我们也都为此付出了很大的代价。除常规性的反垄断执法成本外，就是给予告密者的宽恕。尽管完全自行查证一个垄断协议案件通常也需要投入更多的反垄断执法资源，但这相较给予经营者的宽恕内容而言在绝大多数情况下应当是小巫见大巫了。而且，垄断协议的宽恕制度在客观上还容易诱发一些经营者的投机行为。即便在法律或者反垄断执法机构明确对横向垄断协议的组织者不适用免除处罚的情况下，我们仍然无法排除有些经营者善用抢先向反垄断执法机构报告获得免除处罚的规则而惯犯化地跟随他人实施垄断协议。因此，垄断协议的宽恕制度不宜被进行泛化使用，而应当有着严格的限制。无论是根据理论还是实践来看，并不是所有垄断协议案件的查证都是十分困难的，相当部分的垄断协议案件在事实和证据的获取上还是比较简单容易的。如果我们对此不加以区分而普遍性地适用垄断协议的宽恕制度，那么必然会带来不少负面影响。一方面，这容易对经营者实施部分类型的垄断协议起纵容作用，直接影响到反垄断法对垄断协议的规制效果；另一方面，这不利于提高反垄断执法机构的综合素质，容易导致执法队伍在思想上和行动上出现“懒政”和“庸政”问题。所以，垄断协议的宽恕制度不能只是用来帮助反垄断执法机构获取基本事实和重要证据，而是应当用来帮助反垄断执法机构进行攻坚克难的。

而对照我国当前就垄断协议的宽恕制度所作的规定不难看出，我们基本只是停留在用来帮助反垄断执法机构进行获取基本事实和重要证据这个层面上。根据规定，无论是在反垄断执法机构开始调查前还是在调查后，无论是经营者实施的垄断协议比较容易查证还是难以查证，只要告密者告密，反垄断执法机构就可以给予它们宽恕处理。事实上，虽然横向垄断协议与纵向垄断协议同为反垄断法所规制的垄断协议，但是它们在查证的难度上往往存在很大的类别化

---

① See Frank H. Easterbrook, *The Limits of Antitrust*, Texas Law Review, No. 63,1984, p. 1 - 40.

差异。由于横向垄断协议可以通过非合同的很多形式来进行达成,因此对这类垄断协议的查证通常就变得困难多了。而由于纵向垄断协议特别是我国当前具体规定的维持转售价格一般只有通过明示的条款约定方式才能对义务人形成有效的约束,因此对这类垄断协议的查证基本就非常容易。仔细分析一下之前承担反垄断执法职能的国务院机构,及其授权的省级执法机关所查处的垄断协议案件可以发现,它们不仅在横向垄断协议的案件查处中适用了宽恕制度,而且在纵向垄断协议的案件查处中适用了宽恕制度,并且无论就绝对量还是占比而言都不少。“这与多数国家仅对卡特尔(即横向垄断协议)适用宽恕制度的主流做法并不一致。”①

(二)立法问题的完善路径

客观而言,并不是所有横向垄断协议的查证都是比较困难的。根据实践来看,确实有些横向垄断协议的查证是很容易的,这突出表现在我国先前查处的诸多行业协会组织经营者实施的各类横向垄断协议案件上。但是,垄断协议的宽恕制度在立法上应当是无法再进行细分定位。横向垄断协议的查证难度关键取决于参与经营者所采用的方式,而立法根本没有办法对这点作出预测。只有当特定的个案被查证以后,我们才能对此作出明确的界定。而有些横向垄断协议的案件,如果没有参与其中的经营者主动向反垄断执法机构提供基本事实和重要证据,那么可能就永远无法被查证。若以案件查处之后的定性结果来决定是否给予主动向反垄断执法机构提供基本事实和重要证据的横向垄断协议参与者免除处罚或者减轻处罚,则必然会直接影响垄断协议宽恕制度的有效运行。更为致命的是,这还必然会直接促使经营者采取更为隐蔽的方式来实施各类垄断协议。在实施方式上,立法有必要直接对此作出明确规定。在将当前采取的反垄断执法机构自由裁量模式改为法定模式下,当仍然采取由反垄断执法机构通过发布如《横向垄断协议案件宽大制度适用指南》的方式来对此进行作出限制性指引时,一方面,不仅在客观上涉嫌下位法违背上位法的问题,而且反垄断执法机构据此作出的裁决极有可能被当事人诉至法院并最终被判定违法;另一方面,这并不能有效限制反垄断执法机构再对纵向垄断协议适用宽恕制度,它们完全可以通过再发布类似《纵向垄断协议案件宽大制度适用指南》的方式使这种做法更为名正言顺。

---

① 王健、褚霞:《反垄断宽恕制度的完善:基于海峡两岸的比较研究》,载《竞争政策研究》2015年第3期。

为保证制度的确定性,所有国家和地区的垄断协议宽恕制度对参与垄断协议的经营者在反垄断执法机构开始调查前,向反垄断执法机构提供基本事实和重要证据的这种情形都是采取法定化的宽恕模式。一方面,虽然反垄断执法机构开始进行调查,但并不意味着它们就必然已经掌握了基本事实和重要证据,也并不等于潜在的查证是比较容易的。事实上,立案调查在不少情况下是反垄断执法机构促使参与横向垄断协议的经营者主动向其提供基本事实和重要依据的一种手段。如果法律对此情形下的宽恕制度适用直接进行限制或者排除,那么这恰恰会限制或者影响这种手段的合理使用。另一方面,即便反垄断执法机构确实已经掌握了一定程度的事实和证据,这也不是上善之策。必须承认的是,在反垄断执法机构已经掌握案件所涉的基本事实和重要证据的情况下,仍然必须按照规定给予主动报告的经营者免除处罚或者减轻处罚,这确实便宜了这些横向垄断协议的参与者;而赋予反垄断执法机构对此进行适度自由裁量,不仅客观上可以降低查证成本,而且不会动摇垄断协议宽恕制度在此情形下的运行基础。但必须指出的是,立法对此完全可以引入更为科学的拒绝机制,即法律明确作出如下类似规定:在反垄断执法机构开始调查后,当参与横向垄断协议的经营者主动向反垄断执法机构表达愿意提供基本事实和重要证据以换取免除处罚或者减轻处罚的意向时,反垄断执法机构可以根据自身对相关事实和证据的掌握情况来决定是否再接受它们的宽恕申请。这不仅能够使反垄断执法机构可以把查证成本降到最低,而且能够促使参与横向垄断协议的经营者尽量在反垄断执法机构开始调查前进行主动报告,并且不会严重影响使用立案调查这种手段促使参与横向垄断协议的经营者主动向其提供基本事实和重要依据。

第八章　垄断行为法律责任的立法完善

《反垄断法》第七章对垄断行为的法律责任作了基本规定,我国十余年的反垄断施法实践充分表明,这些内容在客观上还存在一些立法问题,需要我们尽快采取科学措施加以完善。

一、垄断行为的民事责任的立法问题及其完善路径

就经营者违反规定实施垄断行为导致他人受到损害应当承担的民事责任,《反垄断法》第 50 条对此作了具体规定。

(一)当前存在的立法问题

虽然自 2008 年 8 月 1 日以来,目前已有近 500 起案件原告依据《反垄断法》第 50 条及其他法律规定向有权管辖的法院提起反垄断民事诉讼,但是相较人们可以感知存在的经济性垄断的当前体量和国务院反垄断执法机构及其授权的省级执法机构在可以投入等比人力资源的情况下,目前累计调查的非经营者集中性质的案件数量而言,它明显有些偏少。若仅从私权救济角度来看此现象,似乎并不能反映什么突出问题,最多只是说明相当部分的市场主体在反垄断民事诉讼上的活跃程度比较低。但是若从反垄断法的实施角度来看此现象,这毫无疑问地反映我国的反垄断法实施机制时至今日在实质运转上仍存在一定的缺陷。无论是在发达国家或者地区还是在发展中国家或者地区,反垄断法往往

被人们誉为"经济宪法",这充分表明它对一个国家或者地区的社会发展特别是经济领域所产生的深远影响。因此,几乎所有国家和地区都非常积极地采取各种措施努力促进反垄断法的有效实施。"从实施主体的性质和实施程序来说,反垄断法的实施有两个基本的实施途径和机制,即反垄断法的公共实施和私人实施。"①采取措施的给力使这些国家和地区发生的反垄断民事诉讼案件与反垄断法的公共实施在量比上达到了一定质变级别的状态,反垄断法的私人实施的有效激活大幅提升了它们治理垄断特别是对经济性垄断规制的社会效果。除反垄断执法机构可以用来开展行政执法的资源非常有限等外,我国反垄断法的私人实施较缺乏,也是我国经济性垄断治理不佳的重要缘由。

虽然当事人是否提起反垄断民事诉讼受多种因素影响,如纠纷解决的传统文化、所拥有的经济实力等,但是投入成本、胜诉难度、可获收益三者对比形成的私人诉讼效益应当是这里非常关键的一项权衡因素。在投入成本上,由于反垄断案件的专业性往往比较强,而且诉讼耗时通常比较长,所以需要原告投入的费用和时间一般都会比较多,不排除部分复杂的案件可能会耗费上千万元的资金和数年的时间。② 在胜诉难度上,一方面,原告通常因很难获得相关的行为证据而能够有效地向法庭进行基础性的举证,这在极为隐蔽的核心卡特尔案件中表现得尤为明显;另一方面,"在搭售、价格歧视、拒绝交易等滥用市场支配地位案件中,虽然原告在证明此类行为的存在方面较为容易,但要证明被告的行为违法却并不容易,因为这些行为不属于'本身违法'行为,其合法性需要根据合理法则,即对其进行社会成本与社会收益的比较、分析之后才能作出判断"。③ 在可获收益上,根据《反垄断法》第50条规定及最高人民法院对此所作的解释《关于审理因垄断行为引发的民事纠纷案件应用法律若干问题的规定》第14条的规定,损害赔偿原则只限于垄断行为造成的直接经济损失,法院最多可以根据原告的请求将原告因调查、制止垄断行为所支付的合理开支计入损失赔偿范围。不难看出,我国目前的反垄断民事诉讼的诉讼效益对于私人而言是非常不理想的。这就不难解释为何很多垄断行为的受害者不愿意进行反垄断民事诉讼或者除实力比较雄厚的企业外很少有人全力以赴地进行反垄断民事

① 王先林:《我国反垄断法实施的基本机制及其效果——兼论以垄断行业作为我国反垄断法实施的突破口》,载《法学评论》2012年第5期。

② 参见黄勇:《中国反垄断民事诉讼若干问题的思考》,载《人民司法》2008年第19期。

③ 郑鹏程:《〈反垄断法〉私人实施之难题及其克服:一个前瞻性探讨》,载《法学家》2010年第3期。

诉讼。可以说,《反垄断法》规定的民事责任应当对此负有重要责任。反思当前的制度设计,立法在此过于单纯地关注民事权利的常规救济,而忽视了反垄断法的特殊性对实施的独特需求与特别影响。

(二)立法问题的完善路径

客观而言,反垄断法的私人实施的充分激活是一项系统性工程。除必须大幅提升私人诉讼效益外,还需要适度转变以和为贵、息事宁人的文化理念等。但是就私人诉讼效益的提升问题,垄断行为的民事责任的有效改进应当是关键的着力点。在正常情况下,反垄断民事诉讼在成本投入上基本都是由市场进行调节的,政府很难也不宜进行规模化干预。"谁主张,谁举证"的民事诉讼基本举证规则以及防止反垄断滥诉的现实需求客观决定了我们不可能对垄断行为的所有认定环节实行举证责任倒置,反垄断法的复杂性在这种环境下就使绝大部分的原告在涉诉问题的证明能力上相较被告而言仍将处于非常明显的劣势地位,获胜难度依然面临着巨大的挑战。所以,适度增加垄断行为的损害赔偿力度就显得尤为必要。从目前较为成熟的实践经验来看,对此可以采取惩罚性赔偿制度。"惩罚性赔偿主要是美国法中与补偿性赔偿相对应的一项特殊民事赔偿制度,它通过让加害人承担超出实际损害数额的赔偿,以达到惩罚和遏制严重侵权行为的目的。"①例如,根据美国《克莱顿法》第 4 条的规定,除诉讼费用和合理的律师费用外,垄断行为的受害者还可以获得其所受实际损失的 3 倍赔偿。可获超过损失的经济赔偿按照正常规律来讲应当能够产生"重赏之下必有勇夫"的激励效果,而且还可以为有效降低原告投入成本的风险代理模式在反垄断民事诉讼中的普遍择用打开了更多的潜在空间。

但是在惩罚性赔偿的系数选择上,我们必须稳妥处理有效激励与抑制投机的均衡性。虽然惩罚性赔偿的系数越大,各类市场主体进行反垄断民事诉讼的积极性就越高,但是潜在的滥诉也会随之越多。根据我国目前法院已经审理的反垄断民事诉讼案件中的原告因垄断行为而遭受的直接经济损失的常见规模,以及我国目前在惩罚性赔偿制度上积累的立法经验,较为可行的方案选择应当就是按照我国《消费者权益保护法》第 55 条的基本思路进行:对个体利益损害严重的情形,原则采取倍数制;对个体利益损害轻微的情形,例外采取定额制。譬如,就垄断行为的惩罚性赔偿部分内容,立法修订可以作如下类似表述:经营者实施的垄断行为给他人造成损失的,受害人有权要求所受损失 2 倍以下的惩

① 张新宝、李倩:《惩罚性赔偿的立法选择》,载《清华法学》2009 年第 4 期。

罚性赔偿;惩罚性赔偿的金额不足×万元的,为×万元。

二、垄断协议的行政责任的立法问题及其完善路径

就行业协会或者经营者违反规定组织或者达成、实施垄断协议将会面临的行政责任,《反垄断法》第46条对此作了具体规定。

(一)当前存在的立法问题

除存在缺少针对个人的罚款制度的问题外,[①]该规定还存在以下四个问题:

第一,没收违法所得的范畴不明。"或许是以为太过简单明了,行政处罚立法中,尚未有对违法所得作出直接的界定,《行政处罚法》只是简单指明没收违法所得作为一种行政处罚形式的存在,而其他法律法规更是将违法所得作为不言自明的先见概念,拿来就用。"[②]《反垄断法》在立法上就采取了这种做法,它并没有对此作出必要的指引。无论是在理论上还是在实践中,针对垄断行为的没收违法所得都可以有三种不同的操作选择,即只没收超出正常利润水平的部分、没收除成本以外的所有利润、连同成本一起全部没收。这不仅给反垄断执法机构的行政执法留下了各种潜在空间,而且给反垄断执法机构的行政执法带来了巨大的适用困难。"纵观反垄断法实施以来的处罚案例,确实罚款居多,鲜有没收违法所得的。于立分析说,一方面是因为计算违法所得难度大,另一方面是因为执法机构人手严重不足。"[③]

第二,并处行政罚款的弹性空间太大。明确以授权条款的性质给予反垄断执法机构根据违法行为的性质、程度和持续的时间等因素进行自由裁量的空间是非常必要的,除此以外的其他弹性空间,立法都应当进行有效排挤。但是《反垄断法》的规定在此还存在两个弹性很大的内容,即上一年度的节点选择和销售额的范围选择。就前者而言,至少可以存在行政处罚裁定作出的上一年度,执法机构作出立案调查决定的上一年度,垄断行为存续期间的某个年度,垄断行为发生之前的上一年度等四种选择空间;就后者而言,至少可以存在垄断行为所在的相关市场所涉产品的销售额和经营者整个营业的销售额两种选择空

---

① 所有经济性垄断的行政责任都存在这个问题,为避免赘述和兼顾结构篇幅均衡,我们将在滥用市场支配地位的行政责任部分对此展开详细阐述,相应的问题所在与完善路径都是通用性的适用于所有经济性垄断的行政责任。

② 叶平、陈昌雄:《行政处罚中的违法所得研究》,载《中国法学》2006年第1期。

③ 张维、王楠:《反垄断处罚鲜有没收违法所得案例》,载《法制日报》2017年6月12日,第6版。

间。而无论是前者还是后者,它们的弹性选择都会直接影响到行政罚款的数额多少,且差额的绝对值往往是比较大的。

第三,行政处罚种类并用情形可能导致惩罚过度。“由于在反垄断案件中违法所得往往数额巨大,而《反垄断法》在罚款问题上又设定了上一年度销售额1%的最低限制,这些对于部分企业来说,可能构成一个难以承受的过大的数额。”①虽然法律责任特别是行政责任的设计旨在确保使违法成本大于违法收益,从而产生惩前毖后的必要威慑力,但是当针对垄断行为的行政处罚在部分情况下用力过度时,极有可能导致一些经营者因此完全被迫逐步退出市场。尽管这种结果在客观上确实具有非常大的威慑力,但它也确实违背了反垄断立法及执法的根本目的。对实施垄断行为的经营者进行行政处罚只是一种手段,反垄断法的基本宗旨在于维护市场的公平竞争,而处罚过度恰恰在很大程度上直接影响了经营者在相关市场上的公平竞争。

第四,针对行业协会的行政罚款在威慑力上比较容易失衡。虽然撤销登记对于所有行业协会而言在威慑力上是相同的,但是很多行业协会在社会治理工作中兼负或多或少的公共管理职能,客观决定了撤销登记不可能在反垄断执法中被普遍使用,这就使行政罚款的威慑力在行业协会的垄断防治上显得格外重要。根据实践来看,不同的行业协会因在会员的基本规模、会员的盈利属性、享有财政拨款的待遇等诸多事项上存在不同程度的差异,而无论是在年度经济收入上还是在总资产规模上都存在很大的差距。例如,像北京、上海、广州等一线城市的律师协会、注册会计师协会等仅每年的会员费就有数千万元,而中西部很多地方的砖瓦协会、果品协会等总资产也就数十万元。对于前者而言,即便按照顶格进行行政罚款,也是“不痛不痒”的;但是对于后者而言,这则是“伤筋动骨”的。

(二)立法问题的完善路径

除应当建立单位与个人并行的双罚制外,②立法还应当将采取并罚制的部分改为只用行政罚款的单一模式。虽然没收违法所得是我国行政处罚的重要手段,很多法律法规也都将其作为自身行政责任的重要组成部分,但是它并不是立法的必须选项。在这个前提下,考虑到行政罚款是确保违法成本大于违法

---

① 张昕:《垄断行为没收违法所得的美国经验及对我国的启示》,载《价格理论与实践》2013年第11期。

② 这是针对缺少个人的罚款制度问题应当采取的完善措施,具体内容详见后面滥用市场支配地位行政责任的相应部分。

收益的基本手段和违法所得的计算对垄断行为造成的社会损失没有实际的意义,[①]故针对当前规定存在的没收违法所得的范畴不明及其引发的问题和行政处罚种类并用情形可能导致惩罚过度的问题的解决之道,最为有效的可行做法就是单一地采用行政罚款。"反垄断的救济的理念由'精确'向'简约'的转变,可以及时、有效地抑制垄断行为,提高反垄断执法的效率,同时,使得反垄断执法更加公开和透明,防止反垄断执法机构在执法中的寻租和创租行为的发生。"[②]从长期采取此种做法的美国、欧盟、日本等实践来看,只要行政罚款采用的计算基础和比例范围设计得当,就能够产生垄断治理所需的威慑力。毋庸置疑,行政罚款的规定是无法直接胜任的,特别是对那些因实施时间比较长而获利巨大的核心卡特尔而言。对此,我们可以合理借鉴欧盟《关于依照第1/2003号条例第23(2)(a)项规定设定罚款方法的指南》的相应做法,将罚款的计算基础定位在垄断行为实施期间的销售额总和,并适度上调罚款的比例下限和上限,如前者最低不得低于2%,后者最高不得高于30%,但是最终所处的罚款额应当不超过立法明确确定的经营者特定年度的总营业收入的10%,从而尽量避免出现惩罚过度情形。当然,立法在此可以进一步考虑区分少数情节比较轻微情形的罚款设置,如对此不设比例下限,只规定最低数额。[③] 为了消除非目的性的自由裁量余地,我们应当明确销售额涵盖的产品与地域的范围,最为科学的

---

① 参见蒋岩波、肖秀娟:《别嘌醇片垄断协议案行政处罚的法律适用问题探究——基于〈反垄断法〉第46条的规范分析》,载《江西财经大学学报》2017年第3期。

② 蒋岩波:《反垄断没收违法所得处罚问题研究——基于法经济学的视角》,载陈云良主编:《经济法论丛》(总第29期),社会科学文献出版社2017年版,第151页。

③ 虽然垄断协议达成之后是否实施在性质上确实有着非常重要的区别,但是它们在部分情形下的实际效果其实并没有太大差别。譬如,经营者刚刚开始实施垄断协议就被反垄断执法机构查处,并且实际上并未获得额外的经济利益。由于固定或者变更商品价格、限制商品的生产数量或者销售数量、分割销售市场或者原材料采购市场、限制购买新技术、新设备或者限制开发新技术或者新产品、联合抵制交易等这些核心卡特尔在绝大多数情况下的基本面是不良的,而且在风险识别上还是比较清晰容易的,因此,所涉的局部威慑过度问题并无大碍。但是对于目前存在很大争议的维持转售价格和法律认定还存在较大不确定性的滥用市场支配地位而言,这类问题就会产生实质性的影响。根据实践来看,不少案件目前在此确实采取了一些变通做法。就需求而言,立法确实有必要对此作出合理的回应。允许反垄断执法机构仅针对少数情节比较轻微的情形采取最低限额进行罚款,如50万元以上,可以保证制度设计具有潜在的威慑性,也大大增加了反垄断执法机构在此方面的灵活度。

做法就是将此限于垄断行为所处的相关市场范畴内。①

另外,立法还应当对行业协会的行政罚款根据特定的经济收入采取倍数制。除会员为获得高额利润而进行故意操纵外,行业协会组织经营者实施垄断协议的常见原因还有就是巩固或者提升非财政性拨款的经费来源的整体盈利水平以确保自身可获收入的稳定性程度及增长性空间。虽然行业协会往往因成立基础及运转规则而受控于会员或者其中主要成员,并且往往成为它们攫取各种利益的另一种载体,但是行业协会在不少情况下也会逐步或者起始就取得自我的控制权甚至对广大会员的很强控制权,并且形成自己独立的利益诉求。而根据实践来看,行业协会实现自身利益诉求的方式主要有 3 种,一是申请获得公共财政的拨款支持,二是以经营者的身份进行经营创收活动,②三是接受会员缴纳的会费及其他自愿性捐赠。其中,接受会员缴纳的会费及其他自愿性捐赠应当是绝大部分行业协会运行经费的主要来源或者唯一来源。这就使会员的整体盈利水平在很大程度上直接影响很多行业协会的经济收入情况,因此,当行业协会形成自己独立的利益诉求时,它就有了积极组织甚至不惜强迫会员实施垄断协议的主观动机。对于这种情形而言,除撤销登记外,行政罚款可以成为有效的治理手段,关键在于所采取的力度必须到位。对于行业协会被会员操控组织实施垄断协议进行谋取高额利润情形而言,行政罚款对此的治理其实

---

① 对于罚款计算的基础依据问题,《反垄断法》目前的规定在客观上可以存在两种不同的理解,一种是销售额仅为经营者在案件相关市场上涉及的销售额,另一种是销售额包括经营者所有商品的销售额。就此问题,国务院反垄断执法机构曾专门向国家立法机关请示,国家立法机关则明确了《反垄断法》目前规定的"并处上一年度销售额百分之一以上百分之十以下的罚款"中的销售额为经营者所有商品的销售,即不区分案件相关市场涉及的销售额和非案件相关市场涉及的销售额。从简约化角度来看,毫无疑问是第二种理解在操作上更为简单便捷。在企业财会健全的情况下,反垄断执法机构只要根据财会报表查证年度营业收入即可;即便是企业财会比较混乱,反垄断执法机构在此的核心工作也是营业收入的基本核算,而不涉及不同销售额的区分问题。但是就合理性而言,第一种理解相较更为符合逻辑。无论是采取了何种的分析原则,垄断行为的法律认定在实质上都是以相关市场为特定的评价背景。因此,对此的经济性惩罚在设计上应当与垄断行为涉及的商品销售相关,这对于所有经营者特别是业务多元化的企业尤其是集团来讲是具有十分重要的直接影响。非常明显,若按照此进行理解和适用,则罚款的计算工作就变得比较复杂。但是根据实践来看,这个问题并不是没有办法有效解决的。事实上,只要通过相应的证明责任安排和赋予反垄断执法机构相应的自由裁量权限就可以充分平衡了。在这种情况下,有关罚款计算的基础依据应当对原本首先需要回应的逻辑前提充分考虑并作出具体安排,即将销售额明确规定为经营者在案件相关市场上涉及的销售额。

② 当行业协会以经营者的身份进行经营创收活动时,如果被认定构成垄断行为,那么它应当承担的法律责任将不再适用针对行业协会所设的法律责任,而是适用针对经营者所设的法律责任。

并无太大实质意义,只要行业协会这个可用的组织形式还在,幕后主谋者无所谓反垄断执法机构对行业协会所采取的罚款,对此的真正威慑力在于对参与其中的经营者课征的行政处罚和对被严重滥用的行业协会处以的撤销登记。所以,行政罚款的威慑作用在设计定位上应当主要针对前者情形,它只能附带性地惩治后者情形。根据法经济学的威慑理论,行政罚款在此必须有效大于违法收益才能确保产生所需的常规威慑力。既然行业协会组织会员实施垄断协议只能直接影响会员缴纳的会费及其他自愿性捐赠这部分潜在的经济收入,那么行政罚款的力度设计就应当据此进行基础性定位。考虑到行业协会的运行成本在弹性空间上非常大,来自会员的正常利益与非法利益在切割上比较复杂,反垄断执法也需要兼顾效益以及必须尽量避免权力寻租空间等,最为科学的做法应当是根据行业协会在组织会员实施垄断协议的期间,从所有会员那里所获得的会费与各种捐赠总额的 1 倍以上(例如)3 倍以下进行罚款,①具体罚款倍数授权反垄断执法机构根据违法行为的手段情节、时间跨度、社会影响等因素进行自由裁量。

三、滥用市场支配地位的行政责任的立法问题及其完善路径

就经营者违反规定滥用市场支配地位将会面临的行政责任,《反垄断法》第 47 条对此作了具体规定。

(一)当前存在的立法问题

除存在没收违法所得的范畴不明、并处行政罚款的弹性空间太大和行政处罚种类并用情形可能导致惩罚过度等问题外,②该规定还存在以下 2 个问题:

第一,缺少针对个人的罚款规定。③ 除非从事商品生产、经营或者提供服务的主体是自然人,否则针对垄断行为的现有罚款规定是不会落到个人头上的,而这种情形在滥用市场支配地位的案件中是基本可以完全排除的,它最多也就

---

① 在此基本思路下,立法应当进一步细化规定期间从所有会员那里所获得的会费与各种捐赠总额。例如,实施时间不足 1 年的,按照(年度会费总额 + 年度会员捐助总额)/12 月 × 垄断协议存续月数;实施年度超过 1 年的,按照所涉年度的会费总额之和 + 所涉年度的会员捐助总额之和进行确定。尽量避免存在不必要的弹性空间,从而给当事人或者反垄断执法机构留下过多的选择空间。

② 与垄断协议的行政责任一样,滥用市场支配地位的行政责任也存在上述 3 个相同的问题,它们的完善路径也和垄断协议的一样,我们在此就不再进行重复论述。

③ 由于这是所有经济性垄断的行政责任都存在的问题,且我们只在此进行集中阐述,故这里的内容包括滥用市场支配地位,但是并不局限于此,还将涵盖垄断协议和经营者集中在这个方面的相关问题和完善路径。

可能发生在垄断协议的案件中。但是无论如何,当从事商品生产、经营或者提供服务的主体是法人或者其他组织时,按照规定,它都不可能出现个人因经营者实施的垄断行为而被罚款的情形。① 一方面,这客观增加了经营者的员工特别是管理层操纵实施垄断行为的积极性。由于包括管理层在内的很多员工的个人利益是直接与单位的经济效益挂钩的,这使他们在缺少针对个人的罚款制度下很有可能试图通过让经营者实施可以攫取高额利润的垄断行为来为自己牟取私利。② 例如,为了能够高位减持或者抛售所持公司股票,管理层的核心人员可能有意主导公司实施超高定价或者达成并实施价格卡特尔来提升公司业绩以刺激公司股价的大幅上涨。另一方面,这客观降低了经营者的员工特别是管理层组织预防垄断行为的主动性。确保自身行为合乎反垄断法是经营者的固有义务,这最为基本的防控手段就是竞争合规。"企业管理层的支持是影响反垄断合规制度有效运行的最重要因素,只有获得管理层的支持,合规制度的实施才能够有足够的资源保证和充足的时间投入。"③而缺少针对个人的罚款制度很有可能使管理层对此心不在焉,导致风险控制系统的工作基本流于形式。虽然各类经营者在形式上或者实质上都对自己的员工特别是管理层设立了忠诚、勤勉、尽责的约束机制,但是对个人在垄断行为上的作用防治仅依赖此显然是不科学的。除因为这些内部的约束机制在运行上的有效性总是存在不同程度的不稳定问题外,还有就是潜在发生的各类垄断行为对相关市场甚至整个社会具有很强的负外部效应。

第二,缺少拆分手段。全国政协委员蔡继明教授 2011 年在《关于整治百度垄断行为的建议》的提案中指出:百度滥用市场支配地位,在利益驱动下推出"竞价排名",人工干预搜索结果,对一些中小企业、站长采取不付费即不予正常收录形式进行盘剥;提议对百度进行拆分,令其搜索引擎与其他产品独立运营,保障相关领域的公平竞争。④ 按照《反垄断法》的规定,显然这是根本无法落实的,因为当前立法并没有赋予反垄断执法机构此类权限。虽然合适的行政罚款

---

① 个人因对反垄断执法机构依法实施的审查和调查,拒绝提供有关材料、信息,或者提供虚假材料、信息,或者隐匿、销毁、转移证据,或者有其他拒绝、阻碍调查行为的而被处以 10 万元以下罚款的,这则是另外一回事,它与针对垄断行为的行政罚款属于两个不同范畴的问题。

② 参见时建中:《我国〈反垄断法〉的特色制度、亮点制度及重大不足》,载《法学家》2008 年第 1 期。

③ 喻玲:《从威慑到合规指引　反垄断法实施的新趋势》,载《中外法学》2013 年第 6 期。

④ 参见杨阳:《被指涉垄断,政协委员提案"拆分百度"》,载《经济观察报》2011 年 3 月 7 日,第 4 版。

通常能够产生必要的威慑力，但是这不能完全满足解决所有问题的手段需求。由于被罚款的经营者在通常情况下不会因此而立即失去控制相关市场的商品价格、数量、市场进入等的能力，这就意味着它们通常仍然具有再次实施滥用市场支配地位的能力。虽然除行业协会被撤销登记以外的垄断协议规制也都会存在这样的类似问题，但是立法对此已经没有可以进一步采取防治措施的潜在空间了；而对滥用市场支配地位的则完全可以，即增设拆分手段作为潜在的行政处罚选项。① 这不仅可以满足在一些特殊情况下从根本上解决少数经营者可能再犯的客观需求，②而且进一步合理地提升了行政责任的威慑力。若长期仅依赖于行政罚款的威慑力，滥用市场支配地位的竞争规制就很容易陷入"猫捉老鼠"的游戏怪圈。由于滥用市场支配地位的法律认定更为复杂、行政执法更为困难，除可能惯性地为继续攫取高额利润而再次或者变相地实施滥用市场支配地位外，部分有一定应对反垄断执法调查经验的被罚款的经营者，特别是有些被罚数额巨大的企业还有可能增生性地为弥补因被罚而遭受的损失而再次或者变相地实施滥用市场支配地位。无论单个博弈的潜在结果究竟如何，在举证能力、财力支持等很多方面都处于弱势的消费者在这个过程中往往会遭受实质性的损伤，而维护消费者利益是《反垄断法》的重要立法宗旨之一。③

（二）立法问题的完善路径

除应当将采取并罚制的部分改为只用行政罚款的单一模式外，④立法还应当建立单位与个人并行的双罚制。除要求对单位进行罚款外，当经营者实施滥用市场支配地位或者达成并实施垄断协议以及达成但未实施垄断协议或者没有按照法律规定进行经营者集中申报时，或者当行业协会违反法律规定组织经营者达成或者实施垄断协议时，立法还应当要求对负有责任的个人进行罚款。负有责任的个人范畴应当限定在经营者或者行业协会的内部，即存在劳动关系

---

① 因为实施垄断协议对于所有经营者而言并没有门槛，所以对参与实施的经营者进行拆分解决不了潜在再犯的问题，而如果采用吊销营业执照或者注销法人登记又有悖于立法和执法的基本宗旨，即维护市场公平竞争，因为主体资格的消灭往往直接影响着市场竞争的激烈程度。对于滥用市场支配地位而言，除可以解决再犯的能力问题外，拆分还可以在不同程度上因导致主体的增加而提升市场竞争程度。

② 参见骆小春：《反垄断企业拆分制度构建》，载《青海社会科学》2009 年第 6 期。

③ 参见刘继峰：《反垄断法益分析方法的建构及其运用》，载《中国法学》2013 年第 6 期。

④ 这是针对没收违法所得的范畴不明、并处行政罚款的弹性空间太大和行政处罚种类并用情形可能导致惩罚过度问题应当采取的完善措施，具体内容详见前面垄断协议行政责任的相应部分。

的自然人。因故意或者过失而导致经营者或者行业协会实施垄断行为的个人在性质上整体可以分为两类：一是存在劳动关系的内部人员，二是存在业务关系的外部人员。前者如企业高管和销售人员，后者如外聘律师和劳务派遣过来的合规人员。由于后者在经济利益通常与垄断行为的潜在收益没有直接关系而使它们往往不具有主观故意的动机，而且前者在经营决策上具有最终的决定权，所以应当由前者在职责范围内对此承担直接的法律责任，后者即便是故意所为也应当只在合同义务范围内承担约定的民事责任。根据以往的经验来看，对负有责任的个人范畴可以进一步具体定位在直接责任人员和直接负责的主管人员上。考虑到故意与过失两种不同情形的个人在从中获得利益上存在的巨大差异以及垄断行为的违法所得在计算上确实比较困难，所以针对个人的罚款也应当放弃理想的精确型转而采用务实的简约型。最为易用的方案就是授权反垄断执法机构在规定的上限和下限范围内根据案件的具体因素进行自由裁量，这比较符合我国长期以来立法在此方面形成的传统习惯。为达到有效的威慑力，针对个人的罚款在形式上应当设置两种不同情形的自由裁量范围，即情节一般的情形可以处以罚款的数额范围和情节严重的情形可以处以罚款的数额范围，前者重点针对个人主观过失所致的垄断行为，后者重点针对个人主观故意所致的垄断行为。

另外，立法还应当引入拆分手段作为必要的补充。立法应当规定，经营者实施滥用市场支配地位的，除必然会不同程度地遭受行政罚款外，还可能遭受拆分处罚。虽然必须引入拆分手段，但是它不宜作为常规化的惩罚措施。“在熊彼特增长框架下，政府不能无限拆分垄断企业。这是因为无限拆分垄断企业使得市场上的企业数目无限大，整个市场趋于完全竞争市场，这使企业的垄断利润趋于零，企业研发投入和经济增长率也会趋于零，从而整个经济是不可持续的。”①另外，任何拆分的具体实施往往都比较复杂，稍有不慎的设计或者操作通常会在很大程度上直接影响拆分之后的经营者的成活性，进而可能降低相关市场的竞争强度。而且，对多数滥用市场支配地位的经营者在处以罚款基础上再施加拆分这样的“极刑”客观存在惩罚过度的问题。因此，拆分手段的基本作用应当重在潜在的战略威慑，只有在非常必要的情况下才被祭出进行战术打击。

① 严成樑：《垄断企业该被拆分吗？》，载《现代国企研究》2012年第7期。

四、经营者集中的行政责任的立法问题及其完善路径

就经营者违反规定实施经营者集中将会面临的行政责任,《反垄断法》第48 条对此作了具体规定。

(一)当前存在的立法问题

除存在缺少针对个人的罚款制度的问题外,①该规定还存在以下 2 个问题:

第一,行政罚款的威慑力比较低。当经营者按照要求进行集中申报时,它通常会面临以下 3 项基础性成本。一是人力成本。根据《反垄断法》第 23 条的规定,经营者必须向国务院反垄断执法机构提交申报书、集中对相关市场竞争状况影响的说明、集中协议、参与集中的经营者经会计师事务所审计的上一会计年度财务会计报告等。这些文件的制作基本都需要具有较高专业素质的人员才能很好地完成,而为此所需支出的正常价值按照目前的行情一般最少都在 30 万元。二是时间成本。根据《反垄断法》第 25 条和第 26 条的规定,经营者集中的竞争审查最快在自国务院反垄断执法机构收到经营者提交符合规定的材料之日起 30 日内完成,但是一般需要超过 30 日至 120 日的时间,最慢则可能长达 180 日才能最终审查完毕。由于经营者在此期间不得实施集中,因此它们必须处于等待状态。三是风险成本。根据《反垄断法》第 28 条和第 29 条的规定,如果经营者集中具有或者可能具有排除、限制竞争效果的,国务院反垄断执法机构将会原则性作出禁止经营者集中的决定或者例外性作出附加限制性条件准许经营者集中的决定。至于一项经营者集中将会迎来何种裁决,这则需要等到国务院反垄断执法机构进行审查完毕才能最终揭晓。当达到标准的经营者集中没有依法进行申报的,上述的成本也就转化成为违法收益。相较而言,可以处 50 万元以下罚款的违法成本毫无疑问明显偏低。② 这在客观上纵容了经营者集中申报领域的违法行为发生,甚至不少收购方明文约定将不进行经营者集中申报作为双方达成交易的一个条件,从而导致很多经营者集中出现该报不报问题,仅商务部反垄断局查处的此类案件目前就已经有 20 起左右。经营者集中该报不报问题的屡屡发生特别是那些非常引人关注的并购交易,不仅严重

---

① 这点的问题所在与完善路径和前面两类经济性垄断的行政责任在内容上相同。

② 著名反垄断法专家王晓晔教授在《反垄断法》实施 5 周年之际接受媒体采访时就深刻指出:"对于那些应该申报而没有申报的企业,目前规定处以 50 万元的罚金,这一违法成本比较低,应当适当调整。"参见张妮:《〈反垄断法〉实施五周年得与失:为保护更为竞争》,载 http://finance.huanqiu.com/article/9CakrnJBDN7,2020 年 12 月 28 日访问。

违反了法律,而且可能直接影响相关市场的公平竞争。

第二,未对附加限制性条件的违约责任作出必要的细化设计。《反垄断法》第29条规定:对不予禁止的经营者集中,国务院反垄断执法机构可以决定附加减少集中对竞争产生不利影响的限制性条件。虽然附加限制性条件的动议都是由参与集中的经营者首先发起的,但是它们对被附加限制性条件的接受未必都是完全心甘情愿的。[①] 因此,附加限制性条件的履行在具体操作中可能不同程度地出现各种"变味"问题。例如,在商务部附加限制性条件批准的西部数据收购日立存储的案件中,西部数据就有2项行为违反其向执法机构所作的"集中完成后,在相关市场上维持Viviti公司作为一个独立的竞争者存在"的承诺。[②] 当因经营者的不当行为而导致所附加的限制性条件在规定的期限内或者永久无法实现的,国务院反垄断执法机构应当依据《反垄断法》第48条规定责令当事人采取必要措施恢复到集中前的状态,并可以处50万元以下的罚款。但是当因经营者的不当行为而导致所附加的限制性条件只是发生过程性履行瑕疵的,国务院反垄断执法机构对此情形究竟应当采取何种措施并不清晰。如果国务院反垄断执法机构直接责令当事人采取必要措施恢复到集中前的状态,或并处50万元以下的罚款,那么将会存在反应过度问题。除必然会导致执法效率不同程度下降外,它还可能影响相关市场的有效竞争。从目前的实践来看,[③]国务院反垄断执法机构都是采取根据《反垄断法》第48条、第49条对当事人处以50万元以下的罚款,并依据《行政处罚法》第23条规定要求其在规定的期限内采取承诺的措施进行改正的做法。

(二)立法问题的完善路径

除应当建立单位与个人并行的双罚制外,[④]立法还应当改为按照违法行为存续期间的特定销售额总和的限定范围比例及特定年度的总营业收入的比例上限进行罚款。虽然直接提高罚款的立法数额是最为简单的应对方法,但是它难以周全在此面临的多方面需求。由于达到申报标准而没有依法进行申报的经营者集中特别是横向类型的并购交易通常还会给当事人带来其他巨大的经

---

① 参见韩伟:《经营者集中附条件法律问题研究》,法律出版社2013年版,第76~77页。

② 参见商务部公告2015年第41号《关于变更西部数据收购日立存储经营者集中限制性条件的公告》。

③ 参见商务部行政处罚决定书(商法函〔2014〕787号)。

④ 这是针对缺少对个人的罚款制度问题应当采取的完善措施,具体内容详见前面滥用市场支配地位行政责任的相应部分。

济利益，所以除非将罚款的数额上限放大到数亿元甚至数百亿元以上，否则可能很难有效覆盖各种情形的潜在违法收益。一方面，这似乎不太符合我国当前在此的立法惯例；另一方面，这给予行政执法的自由裁量空间客观过大。[①] 在这种情况下，立法对经营者违法实施集中的行政罚款应当转向根据特定的销售额进行基础性设计。其中，最为关键的缘由就在于，销售额的动态性能够从前提上满足对潜在违法收益的跟进覆盖，从而形成有效的威慑力。当放弃简约地将销售额定在某个会计年度而选择精确地将销售额定在违法行为存续期间，这种效果往往更佳。但是为避免出现惩罚过度问题，在合理借鉴欧盟《关于依照第1/2003号条例第23(2)(a)项规定设定罚款方法的指南》将罚款的比例下限和上限进行适度上调到如最低不得低于2%和最高不得高于30%的基础上，我们应当将最终所处的罚款额限制在立法明确确定的经营者特定年度的总营业收入的10%以内。除此之外，这种安排还在形式上统一了所有经济性垄断行政罚款的基本模式。众所周知，虽然具有或者可能具有排除、限制竞争效果的经营者集中是《反垄断法》第3条所规定的三大经济性垄断之一，但是它在行政罚款的基本模式上与经营者达成垄断协议、经营者滥用市场支配地位存在很大的差异。这不仅在形式上存在经济性垄断的竞争规制不公平问题，而且有可能为经营者在实施垄断行为的方案设计上提供一些可以避重就轻的选择空间。[②]

另外，立法还应当另行单独具体规定附加限制性条件的履行在发生过程性瑕疵时将会面临的行政处罚。在种类选择上，对此应当限于罚款。无论附加的限制性条件是结构性条件还是行为性条件或者两者兼而有之的综合性条件，国务院反垄断执法机构在确定过程中都投入了很多的精力和资源。在当事人的行为尚未直接威胁到救济效果的情况下，径直终止整个项目通常将会导致无谓的前功尽弃；如果其中还存在选择性的执法，那么这还伴生性地影响相关市场

---

① 当然，考虑到：一是经营者集中申报是一项流程性事务，应报未报的经营者集中未必就一定存在排除或者限制竞争的问题，所以未必所有此类情形都需要涉及对相关市场的界定以及具体运用；二是经营者集中是企业走向规模化经营的一个重要路径，而且法律在原则上对此也是秉持鼓励的态度，但是有关经营者集中的法定范畴和具体申报标准在客观上还存在一定的不确定性，再加上各地政府在招商引资过程中采取的不当措施，使这类潜在情形会有一定的数量。如果能够有效解决潜在的威慑力和自由裁量权过大问题，立法也可以直接采用数额制。相较而言，这确实可以大大简化反垄断执法机构在此方面的工作。

② 例如，为了降低潜在的违法成本特别是可能被直接罚款的数额，不排除有些经营者可能会避用横向垄断协议而采用违法的经营者集中进行攫取垄断利润。

的公平竞争。[①] 根据情形的轻重对此给予必要的罚款以示惩戒应当即可,重点在于督促当事人及时改正继续履行承诺。在模式选择上,对此应当采用数额制。一方面,由于属于过程性履行瑕疵范畴的经营行为在存续时间上相对都不久且不允许太长,所以很难独立衡量它们的违法收益并据此进行精确打击;另一方面,由于在此的基础工作是快速完成执法以重点推进后续整改,所以无论是以销售额为依据的比例制还是以营业收入为依据的倍数制或者其他类似比较复杂的做法都不太符合这种情形的应用需求。而且,如果统一按照违法行为存续期间的特定销售额总和的限定范围比例及特定年度的总营业收入的比例上限进行罚款,除存在难以独立衡量和影响执法效率问题外,这还必然会不同程度地带来惩罚过度问题。在范围选择上,应当将可以自由裁量的上限放到百万元以上。虽然当附加限制性条件在规定的期限内没有或者无法实现时,当事人将会被按照经济性垄断行政罚款的基本模式进行惩罚,但是这种结局无论是对于市场竞争还是行政执法而言都不是最为理想的结果,所以针对附加限制性条件的过程性履行瑕疵的行政罚款必须具有合理的威慑力,从而在最大限度上促进附加限制性条件得以最终实现。

五、行政性垄断的行政责任的立法问题及其完善路径

就行政机关和法律、法规授权的具有管理公共事务职能的组织违反规定实施行政性垄断将会面临的行政责任,《反垄断法》第 51 条对此作了具体规定。

(一)当前存在的立法问题

针对滥用行政权力排除、限制竞争的行政责任,不少人觉得当前立法存在的主要问题之一就是责任过轻。“行政垄断属于滥用行政权力,应受到相应的行政处分,但在责任追究上,仅靠行政处分难以最大力度限制行政垄断行为。这类处罚可以忽略不计,较少的违法成本也促使行政垄断事件不断发生,有关行政垄断的法律法规根本起不到威慑违法人员、规制行政垄断的作用。”[②]

深度检视有关规定,情况似乎并非完全如此。首先,行政处分也可以形成较强的威慑力。根据《公务员法》第 62 条的规定,行政处分包括警告、记过、记大过、降级、撤职、开除。如果对行政性垄断的直接责任人常规性地给予开除处分,那么应当具有很大的威慑力。因为当他们为避免触及刑事责任而没有从中

① 参见戴治勇:《选择性执法》,载《法学研究》2008 年第 4 期。

② 李淑娟:《行政垄断法律责任制度审视》,载《人民论坛》2016 年第 26 期。

谋取一定私利时,开除所导致的损失远远大于他们所获取的收益。① 其次,以罚款为典型代表的行政处罚很难周全地引入此处。“对于实施行政垄断的行政机关不宜规定行政罚款,这是因为罚款的直接承担者如果是行政机关,其经费是国家财政拨款,而罚款最终又是上交国家财政,这种流转过程既不能体现对违法者的制裁作用,也没有多大的实质意义。”②这就使可以适用于经济性垄断的双罚制在此直接失去了适用基础,况且公务属性及其履行方式也客观决定了不宜对行政性垄断的直接责任人进行行政罚款。③

根据目前的实践来看,当前立法在滥用行政权力排除、限制竞争的行政责任上存在的主要问题应当不是“设责”,而应当是“追责”。显而易见,规定将查处行政性垄断的实权交给上级机关,反垄断执法机构对此只有建议权。④ “我国《反不正当竞争法》实施近二十年的执法实践也在一定程度上表明,‘上级机关’对其‘下级机关’滥用行政权力排除、限制竞争的违法行为进行监督检查的成功案例较为少见,这样的法律责任条款较难有效地遏制行政垄断行为。”⑤首先,“由于《反垄断法》所规定的‘上级机关’不是确定的机关,更不是确定的行政执法机关,这些机关的工作人员一般就不会有很强的反垄断意识,也不可能把执行反垄断法视为自己的使命”。⑥ 其次,“实践中,各级政府的上下级关系往往是朋友或熟人关系,上级机关一般不会专门睁大眼睛,对其下级机关的限制竞争行为进行认真的监督与检查”。⑦ 最后,“查处行政垄断执法具有很强的专业性,要求普通行政主体配备专业审核人员,将付出很大的成本,现实中难以实现”。⑧

---

① 如果行政性垄断的直接责任人从中谋取的私利较大,那么他们将会面临严厉的刑事惩罚。

② 王健:《行政垄断法律责任追究的困境与解决思路》,载《法治论丛》2010 年第 1 期。

③ 参见张占江:《行政性垄断的反垄断法规制架构重构》,载《华东政法大学学报》2015 年第 4 期。

④ 除与前款存在的问题基本相似外,反垄断执法机构在“法律、行政法规对行政机关和法律、法规授权的具有管理公共事务职能的组织滥用行政权力实施排除、限制竞争行为的处理另有规定的,依照其规定”这款下是否还可以提出依法处理的建议就可能存疑了。参见王晓晔:《行政垄断规制的困境与展望》,载《中国物价》2014 年第 3 期。

⑤ 孟雁北:《我国反垄断法规制行政垄断行为的成效及面临的挑战》,载《中国物价》2013 年第 10 期。

⑥ 王晓晔:《行政垄断问题的再思考》,载《中国社会科学院研究生院学报》2009 年第 4 期。

⑦ 王晓晔:《反垄断法》,法律出版社 2011 年版,第 320 页。

⑧ 王岩:《从行政垄断法律责任看政府责任法定化》,载《行政管理改革》2014 年第 11 期。

(二)立法问题的完善路径

最为基础的做法就是应当将查处滥用行政权力排除、限制竞争的执法权集中起来统一交给反垄断执法机构行使。首先,反垄断执法机构有着很强的保护市场公平竞争的潜在意识。除依靠群众举报外,行政性垄断的线索发现主要还是依赖执法机构的职业"嗅觉",而这在很大程度上直接取决于执法人员对此形成的潜在意识。只有他们对行政机关和法律、法规授权的具有管理公共事务职能的组织滥用行政权力排除、限制竞争已经形成一种条件排斥反应,他们才能及时发现隐藏的此类问题。其次,反垄断执法机构拥有雄厚的判别竞争问题的专业实力。"《反垄断法》要打击负面的政府限制竞争行为,但对这个'负面'的判断却没有明确标准。"①这就使行政性垄断的法律认定并不比经济性垄断的法律认定简单,反而在不少情况下变得更为复杂。只有执法机构已经深刻领会反垄断法的核心精髓,才能对行政机关和法律、法规授权的具有管理公共事务职能的组织所实施的各种行政行为的性质作出精确判断。最后,反垄断执法机构具有较为超脱的社会地位。各国实践充分表明,任何实质性的利益关系都会不同程度地直接影响执法机构的中立调查。只有比较彻底地摆脱利益牵扯,执法机构才能对滥用行政权力排除、限制竞争的行政机关和法律、法规授权的具有管理公共事务职能的组织进行公平执法。

若要更好地促进滥用行政权力排除、限制竞争的责任追究,还需要系统性地完善反垄断执法机构的制度设计。众所周知,根据《反垄断法》第10条的规定和第十一届全国人民代表大会第一次会议批准的国务院机构改革方案和《国务院关于机构设置的通知》(国发〔2008〕11号),反垄断执法起始一直由国家发展和改革委员会的价格监督检查与反垄断局、商务部的反垄断局、原国家工商行政管理总局的反垄断与反不正当竞争执法局分工承担。"就'行政垄断'规制而言,《反垄断法》设定的执法框架和机制是力不从心的。"②首先,这些职能部门在利益上还不够完全的独立,无法有效地确保它们在所有的行政性垄断治理过程中都能够客观中立地进行调查。其次,这些职能部门在级别上还不够完全的权威,无法有效地确保它们都能够对所有的行政性垄断进行实质性的及时查处。最后,这些职能部门在分工上还不够明确,无法有效地确保它们在行政

① 盛杰民、张江莉:《论〈反垄断法〉中的"滥用行政权力"》,载《竞争政策研究》2015年第1期。

② 史际春、赵忠龙:《行政垄断及其规制的再审视》,载《社会科学》2011年第9期。

性垄断的执法过程中不会出现相互推诿问题。因此,我们应当建立一个独立、权威、统一的反垄断执法机构。虽然 2018 年进行的国务院机构改革基本解决了我国反垄断执法机构的统一性问题,但是反垄断执法机构的独立性和权威性在很大程度上仍然是个历史遗留问题。对此,我们应当将依据《反垄断法》第 9 条设立的国务院反垄断委员会由当前负责组织、协调、指导反垄断工作的议事协调机构,转变为具体承担反垄断执法职责的执法机构,并直接作为国务院一个直属职能部门统一行使反垄断执法权。①

在此基础上,我们可以从形式上和实质上采取合理措施进一步增加滥用行政权力排除、限制竞争的行政责任的威慑力。就形式措施而言,如引入部分的管理公共事务职能的资格禁入制度。当地方性法规或者部门规章授权的具有管理公共事务职能的组织滥用行政权力排除、限制竞争的情节非常严重时,如屡犯不改或者影响恶劣的,立法可以赋予反垄断执法机构依法裁定他们在特定期限内不再适合承担这类管理公共事务职能,并明确规定授权部门应当在法定期限内完成对这些组织的更换工作。② 就实质措施而言,如引入行政性垄断的国家赔偿,明确个人对此的法律责任。"无论实施'行政垄断'的行政机关是否纠正其行为,都不能弥补因行政垄断给经营者、消费者带来的经济利益损失。可见,以国家赔偿的方式来对相关市场主体予以补偿,可以从事后救济程序敦促行政机关依法行政。"③

六、垄断行为的刑事责任的立法问题及其完善路径

就个人在经营者、行业协会、行政机关和法律、法规授权的具有管理公共事务职能的组织违反规定实施垄断行为的情形下将会面临的刑事责任,《反垄断法》并没有对此作出具体规定。

(一)当前存在的立法问题

虽然根据《反垄断法》第 12 条第 1 款的规定,经营者可以是自然人,但是这

① 也有专家对此提出了另一种方案设计,即"将商务部、发改委、工商总局三家机构目前专职负责反垄断的司、局职责及人员剥离出来,以此为基础组成单一的反垄断执法机构,进而取消反垄断委员会的建制,将该委员会的职责并入单一的反垄断执法机构"。参见李俊峰:《产业规制视角下的中国反垄断执法架构》,载《法商研究》2010 年第 2 期。

② 随着我国市场的不断发展,能够承担各类管理公共事务职能的经济主体无论是在数量上还是在质量上都有着越来越多的选择余地。我们完全可以在此尝试引入合理的竞争机制,从而促进承担各类管理公共事务职能的组织依法办事。

③ 吴宏伟、吴长军:《行政垄断的规制与反思》,载《河北法学》2011 年第 6 期。

应当不是参与市场竞争的经营者在存在形式上的主流形态及发展趋势，他们也因对市场竞争的影响甚小而非竞争规制的关注重点。随着商业活动的日趋系统化以及为满足投资风险的隔断需求，经营者与自然人之间的身份关系在形式上越来越趋于高度的分离；而且分离程度越高，这类情形的经营者对市场竞争能够产生的影响通常越大。但是无论经营者究竟采取何种组织形态或者商业规模多大，它们在实质上都始终被自然人所控制，并且成为他们谋取利益的经济平台，只是在被控制的具体方式上和利益的具体输送形式上不尽相同而已。然而，单个经营者与特定自然人之间的关系又非自始至终是一成不变的，这就使任何一个自然人在经营者的平台融入上可以"狡兔三窟"。对此，除公权主体为维护社会公共利益而采取的不少措施预防和制止少数自然人滥用经营者的身份进行不当谋利外，如公司法律规范中的"揭开法人面纱制度"等，还有私权主体为保护特定私人利益而采取的一些措施预防和制止少数自然人滥用经营者的身份进行不当谋利，如劳动合同条款中的勤勉忠诚尽职义务等。但就垄断行为的治理而言，《反垄断法》在此则完全缺少前者性质的内容；而正如前面所言，后者性质的内容在运行上的有效性又总是存在不同程度的不稳定性。而无论何种缘由导致经营者实施垄断行为，这对整个社会都具有很强的负外部效应。"垄断行为，通常会排除或者限制市场竞争，造成整体经济效率低下，破坏社会生产力的发展。"①

只对实施垄断行为的经营者而不对其背后的自然人强加法律责任必然使经济性垄断的竞争规制很难达到标本兼治的理想效果，特别是刑事责任的缺位必然对此产生巨大的影响。"要真正有效地把垄断控制在人们'可容忍'的限度内，不能没有刑罚这把达摩克利斯之剑，这是由民事措施、行政措施的弱制裁性与行为人实施垄断能够获得高额垄断利润所决定的。"②因此，即便在针对个人引入行政罚款的制度情况下，刑事责任亦不可缺少。具体来讲，前者在设计与运行上总会不同程度地存在漏洞，需要后者对此进行有效补充。一方面，违法所得的难以精确计算使针对个人的罚款在制度设计上通常只会采用在一个限额范围内由反垄断执法机构进行自由裁量的模式，而对权力寻租的防范需求使罚款数额的上限未必总能有效地超过个人从经营者实施的垄断行为中获取

① 全国人大常委会法制工作委员会经济法室编：《中华人民共和国反垄断法条文说明、立法理由及相关规定》，北京大学出版社2007年版，第2页。

② 王健、朱宏文：《反垄断法实施问题研究》，法律出版社2013年版，第47～49页。

的收益;另一方面,罚款的缴付无论是在形式上还是在实质上都是难以实现身份属性的唯一限定,这就意味着个人可以转移对此需要承担的罚款数额,完全可能导致由实施垄断行为的经营者为其买单。所以,必须另外设置刑事责任进行堵漏补缺。一方面,进行分流规制,即构成犯罪的依法追究刑事责任;另一方面,进行身份锁定,"只要是钱的问题,公司最后可以帮你解决,但是如果涉及剥夺我个人的自由,那么公司没有任何解决办法"。① 除此之外,人们对普通违法行为与刑事犯罪行为的差异重视及其评价使行政罚款的威慑力确实尚有不足,这也客观决定了应当引入刑事责任合力提升法律责任的威慑力。从目前的实践来看,我国已经开始出现一些经营者在垄断协议或者滥用市场支配地位上屡教不改的现象。虽然这不能全部归咎于缺少刑事责任,但是酒驾入刑的治理经验表明,刑事责任的缺位对此应当负有相当责任。如果我们不及时对此予以纠正,那么将会对我国经济的健康发展产生深远的影响。

(二)立法问题的完善路径

虽然主张垄断行为入刑的观点在《反垄断法》制定过程中最终没有被立法机构所采纳,但是这种声音并没有在《反垄断法》实施以后就销声匿迹。近10年不断浮现出来的各种垄断问题反而使这种呼声越来越高,其中还不乏学术界以外的实务人士。例如,全国人大代表乔汉荣曾向第十一届全国人大第五次会议提交议案,建议对垄断行为进行刑事惩戒。② 仔细梳理《反垄断法》颁布前后主张垄断行为入刑的观点,不难发现它们在整体上基本可以归为两类:前者认为,除经营者集中外,其他垄断行为都应当入刑。"在进行垄断违法行为犯罪化时,应当设立四个罪名:①垄断协议罪;②滥用市场支配地位罪;③滥用行政权力排除、限制竞争罪;④妨害垄断调查罪。"③后者认为,虽然对垄断行为必须引入刑事责任,但是应当仅限于核心卡特尔之类易于识别的内容。"对于处罚最为严重的刑事责任,应当保持谨慎和慎刑的思路,对于公认的限制竞争行为可以规定相应的刑事责任,但对于理论上尚有争议或者实践中主要以合理原则来裁判的行为,以暂不规定刑事责任为好。"④

---

① Donald I. Baker, *The Use of Criminal Law Remedies to Deter and Punish Cartels and Bid-Rigging*, George Washington Law Review, October/December, 2001, p. 706.

② 参见梁峡林、刘健:《在甘全国人大代表建议:垄断行为情节严重应进行刑事惩戒》,载《兰州晨报》2012年3月14日,第8版。

③ 胡剑波:《垄断犯罪立法研究》,中国社会科学出版社2013年版,第176~177页。

④ 鲁篱:《行业协会限制竞争行为的责任制度研究》,载《中国法学》2009年第2期。

根据目前的实践来看,相对稳妥一些的做法应当是采取上述后者的主张。首先,无论是经营者集中还是滥用市场支配地位或者行政性垄断以及纵向垄断协议,它们不仅在法律认定上目前存在很多的不确定性,而且在制度本身上目前也存在不少的争议。如果现在就贸然全面对它们设置刑事责任,那么可能导致出现较严重的滥刑问题。而固定或者变更商品价格,限制商品的生产数量或者销售数量,分割销售市场或者原材料采购市场,限制购买新技术、新设备或者限制开发新技术、新产品,联合抵制交易这些核心卡特尔,除因它们的危害性十分明显而被社会高度一致否定外,它们还非常易于辨别和防范,完全可以满足刑事责任的确定性要求。其次,反对垄断行为入刑的观点所担忧的问题应当被合理重视,而对此进行逐步摸排还需要一个试验过程。“过严的责任处罚,未必能够达到维护和促进市场竞争的效果,相反可能因噎废食而严重扼制或损害经营者的竞争积极性,有悖初衷——背离了通过反垄断法矫治和维护市场竞争的目的。”[①]《反垄断法》具体规定的上述5项横向垄断协议在此应当是最为理想的实验对象,这种做法可以一举两得,既可以进行摸排目标风险,又可以测试威慑效果。[②] 若为稳妥起见,则可以提高核心卡特尔入刑的门槛。由于横向垄断协议对行为主体并无特殊要求,所以无论是规模很大的经营者还是自然人的经营者都可以组织或者参与实施横向垄断协议。从当前的执法实践来看,包括我国在内的绝大多数国家或者地区对此基本都是采用本身违法原则,即只要具有竞争关系的经营者之间出现法律规定的行为就可以直接裁定这些举措构成横向垄断协议。而它们当中有不少对相关市场的竞争影响很小甚至微乎其微,特别是一些个体经营者或者为数不多的小微企业之间实施的横向垄断协议,而且他们能够从中获取的潜在违法收益也是非常有限的,针对垄断行为特别是经济性垄断的行政责任就足以对此进行有效惩戒和深度矫正,这种情形应当不需要再设置刑事责任了。所以,为在最大限度上避免导致出现不必要的威慑过度问题,对核心卡特尔施加刑事责任的最佳做法应当是以情节较为严重的情形为基准,如覆盖地域市场的范围较广、涉及的营业额非常大或者实施时间跨度非常

---

① 金善明:《论垄断行为入罪化的限度》,载《北京工业大学学报(社会科学版)》2017年第6期。

② 除可以测试刑事责任是否能够有效地降低横向垄断协议的发生率外,还可以测试对横向垄断协议采取更为严厉的规制态度是否能够真正促进企业走向规模化及其程度关系。参见[美]赫伯特·霍温坎普:《联邦反托拉斯政策竞争法律及其实践》,许光耀、江山、王晨译,法律出版社2009年版,第542页。

长等。在刑罚的种类设置上,主刑对此应当限于管制、拘役和有期徒刑,附加刑对此应当限于罚金。一方面,横向垄断协议的社会危害性远远尚未达到必须适用生命刑的程度,目前尚没有任何国家和地区对此乃至所有垄断行为采取死罪极刑。另一方面,客观需要设置财产刑进行补充以增加弹性选择空间,但是没收财产对此无疑太过严厉,而资格刑对此并不能解决问题。在有期徒刑的刑期设置上,目前大多数国家和地区基本都控制在 10 年以下,我国可以初步考虑定在 5 年以下;在罚金的数额设置上,目前不同国家和地区在此的差异较大,我国可以初步考虑定在 300 万元以下。

当然,需要特别指出的是,我们需要更慎重地考虑以下几个方面的问题。

第一,边界的清晰性问题。“各国的反垄断法基于立法语言的模糊性、规制对象的不确定性、法律目标的多元化,表现出传统法律所不具备的不确定性。”①具体来讲,这突出表现在适用合理原则进行分析的制度设计上,包括滥用市场支配地位、经营者违规集中、行政性垄断。以滥用市场支配地位的认定为例,除经营者这个基础身份的认定通常不会涉及太多问题外,无论是相关市场的界定还是支配地位的判定或者是行为模式的厘定以及抗辩事由的鉴定,每一环节都需要结合诸多的权衡因素才能作出合理的判断。事实上,这还存在一个非常重要的认识分歧,即滥用市场支配地位的认定是否需要考虑竞争影响构成要件。毫无疑问,这些众多因素的叠加作用使滥用市场支配地位的认定在客观上存在不小的弹性空间。对于《反垄断法》第 14 条规定的纵向垄断协议,除各方在维持转售价格的法律规制上存在较为激烈的争论外,还有一个非常重要的问题就是其与《反垄断法》第 17 条第 1 款的界线。虽然后者在主体上突出强调针对的是具有市场支配地位的经营者,但是前者在主体上具有的开放性和广泛性以及兜底条款的模糊性使它在很多情况下完全可以覆盖后者。以滥用市场支配地位限定交易为例,这在形式上存在经营者和交易相对人,在操作上也存在具体的协议。不难看出,这完全也可以直接适用《反垄断法》第 14 条进行认定。“《反垄断法》第 13 条第 2 款自身所存在的问题和《反垄断法》第 14 条的主干对身份主体的定位就完全使我们在结合垄断协议的定义条款来适用纵向垄断协议的兜底条款时面临上述两类规范出现边界模糊甚至很大范围的制度

① 刘进:《法律不确定性视角下的反垄断法实施机制选择》,载《竞争政策研究》2016 年第 2 期。

混同问题。”[①]相较而言,《反垄断法》第13条第1款规定的5项具体横向垄断协议确实具有很大的确定性。但是客观而言,这也只是相对的。除《反垄断法》目前规定的横向垄断协议与纵向垄断协议外,事实上还存在一类介于两者之间的垄断协议。“‘中心辐射型’卡特尔,也称‘轮轴式(hub-and-spoke)卡特尔’、‘枢纽’卡特尔,迄今尚未有明确的定义。它是横向垄断协议和纵向垄断协议中间的一种特殊形态,也是当事人规避法律而产生的一种更加隐蔽的垄断协议形式。”[②]从目前正在推进的《反垄断法》修订工作来看,这个类型已经纳入法律完善的基本范畴。即便在立法技术上采取变通做法不改变目前垄断协议的二分法模式,这也将无可避免地面临类型之间的模糊化问题。除此以外,包括横向垄断协议在内的垄断协议与经营者集中在部分情况下也并非泾渭分明。以经营者联合设立企业为例,虽然它在形式上应当是经营者集中,但是如果所设的企业是非完全功能类型的,尤其是参与设立的经营者之间还具有竞争关系,那么这很有可能实质为横向垄断协议,而有关完全功能与非完全功能的区分在不少情形下也难以完全清晰化。在目前的执法实践中,也有疑似将垄断协议当作经营者集中来进行处理的,如丹麦穆勒马士基集团、地中海航运公司、法国达飞海运集团公司设立网络中心案。[③]

第二,入刑的必备性问题。《反垄断法》目前对垄断行为规定的行政责任,它们采取的均为单罚制。具体而言,包括垄断协议、滥用市场支配地位和经营者违规集中在内的经济性垄断都只是对单位进行处罚,并没有对个人进行设责;而行政性垄断只是对个人进行处分,并没有对单位进行设责。实践表明,这在客观上一定程度地影响了经营者的管理人员在竞争合规上的压力和意识以及责任心。从国务院反垄断执法机构及其授权的省级执法机构公布的案件来看,确实也出现了个别经营者屡犯现象。对此,的确也有些国家在反垄断立法中引入了刑事责任。例如,美国《谢尔曼法》第3条第2款规定:如果参与人是公司,将处以不超过100万美元的罚款;如果参与人是个人,将处以10万美元以下的罚款,或3年以下监禁,或由法院酌情两种处罚并用。但是,这并不意味着刑事责任就是垄断行为法律责任的必备内容。从主观动机来看,管理人员放任或者操纵经营者实施垄断协议,滥用市场支配地位或者进行违规集中,在正

---

① 丁茂中:《纵向垄断协议兜底条款的适用困境及其出路》,载《竞争政策研究》2019年第2期。

② 刘继峰:《“中心辐射型”卡特尔认定中的问题》,载《价格理论与实践》2016年第6期。

③ 中华人民共和国商务部公告2014年第46号。

常情况下无非最终都是为了借此获取私利，只是具体的实现方式不尽相同而已。根据违法成本大于违法收益的法律责任设计之基本原理，对此只要设计有效的罚金制度应当即可。当潜在的罚金超过经营者实施的垄断行为能够给自己带来的好处时，管理人员的这类潜在恶意应当会被有效抑制。除此之外，潜在的罚金应当还会有效引起管理人员对竞争合规的重视，从而减少因过失而导致的垄断行为的发生。当然，罚金的设计在制度路径上也有两种不同的具体选择，即行政罚款和刑事罚款。从追责的机制来看，后者要比前者复杂得多。刑事罚款不仅涉及公安机关，还涉及检察机关和审判机关；而行政罚款只涉及反垄断执法机构，并且通常只涉及内部的工作流程，不涉及机构之间的工作流程。除此之外，行政罚款的性质和刑事罚款的性质在社会影响上有着质的差异。所以，无论是从责任落实的简捷性还是责任影响的严厉性角度来看，前者相较后者都是更为合适的选择。与刑事责任中的各类具体自由刑相比，行政罚款在身份锁定上确实存在不足。"只要是钱的问题，公司最后可以帮你解决，但是如果涉及剥夺我个人的自由，那么公司没有任何解决办法。"①但是，据此还不足以得出在责任设计上必须用自由刑来替代行政罚款。一方面，这不会影响双罚制的整体威慑力。无论涉事的经营者的私人属性是比较强还是比较弱，同时承担大于违法收益的行政罚款的经营者在通常情况下应当是缺乏意愿帮助管理人员缴纳罚款的。若因管理人员与经营者的所有人在身份上高度重叠而出现此类现象，则这种情形并无实质意义。即便是因内部人控制而导致此类现象发生，这种情形在特定经营者身上应当也是不可能反复持续的。即使是国有企业，潜在的考核等制约机制也会对此作出有效反应，如在再犯的情况下解聘负有责任的管理人员。这就更不用说其他企业了，利益冲突必然会驱使利害关系人作出积极反应，从而使针对个人的行政罚款起到预设的作用。另一方面，相较行政罚款而言，自由刑在客观上存在威慑过度的问题。②

第三，定罪的稳定性问题。虽然各国将垄断协议尤其是横向垄断协议列为首要打击的垄断行为，但是各国对此也并不是完全"一棒子打死"的，我国亦是如此。③ 根据《反垄断法》第 15 条的规定，如果同时具备以下 3 个要件，那么经营者达成或者实施的垄断协议将可以得到豁免：一是属于立法规定的情形，具

---

① Donald I. Baker, *The Use of Criminal Law Remedies to Deter and Punish Cartels and Bid-Rigging*, George Washington Law Review, October/December, 2001, p. 706.

② 有关这点的具体论述将在第四点"作用的均衡性问题"中进行详细展开。

③ 参见丁茂中：《论规范垄断协议行为的立法完善》，载《政治与法律》2020 年第 3 期。

体包括为改进技术或者研究开发新产品的,为提高产品质量、降低成本、增进效率或者统一产品规格、标准或者实行专业化分工的,为提高中小经营者经营效率以及增强中小经营者竞争力的,为实现节约能源、保护环境或者救灾救助等社会公共利益的,为缓解因经济不景气而导致的销售量严重下降或者生产明显过剩的,为保障对外贸易和对外经济合作中的正当利益的,法律和国务院规定的其他情形;二是所达成的垄断协议不会严重限制相关市场的竞争;三是消费者能够分享到该垄断协议产生的利益。这就意味着即便是横向垄断协议,对其定罪也存在不稳定性问题。即使具有竞争关系的经营者实施了固定或者变更商品价格,限制商品的生产数量或者销售数量,分割销售市场或者原材料采购市场,限制购买新技术、新设备或者限制开发新技术、新产品,联合抵制交易等核心卡特尔,它们也有可能因为符合《反垄断法》第15条的规定而不适用《反垄断法》第13条的规定。纵使立法在入刑的范围上进一步限缩,如只针对涉及经营者数量众多或者覆盖地域范围比较广、涉及的营业额巨大、实施的时间非常久等少数情形的核心卡特尔,也无法避免此类问题。垄断协议的矛盾面客观决定了各国在立法上不可能完全取消豁免制度,可为的空间只有严格的程度。除此以外,豁免制度在适用上还存在不小的弹性。即便撇除"法律和国务院规定的其他情形"这个兜底条款,情况仍然如此。"影响豁免决定质量的因素很多,主要有两项:一是信息是否充分。审查人员对垄断协议本身及其所在市场条件、竞争状况、技术因素等信息了解、掌握的全面、深入程度,是重要的影响因素。二是审查人员的专业水平。审查人员在反垄断法、产业组织理论上的专业水准,以及对要审查的垄断协议所涉技术的理解程度,也是影响豁免决定质量的重要因素。"①若在入刑后对横向垄断协议或者进一步限缩的横向垄断协议进行定罪,以反垄断执法机构没有给予豁免为前提,则定罪所涉的不稳定性问题就更为突出。如果反垄断执法机构对特定经营者达成或者实施的横向垄断协议给予豁免,那么据此则就不构成犯罪。反之,则就基本构成犯罪。即便将此类前提置于公安机关的职权范围之内,也会面临同样的问题。鉴于公安机关目前的侦办机制并不像反垄断执法目前所采取的机制,除可能面临与反垄断执法机构之间在具体案件的管辖上出现瓜葛外,还将面临不同地方公安机关之间在具体案件的管辖上出现瓜葛。毫无疑问,无论是前者还是后者,相应情形的

---

① 肖江平:《我国垄断协议豁免执法程序的制度设计——基于〈反垄断法〉修订的分析》,载《华东政法大学学报》2020年第2期。

出现在客观上都必然会影响具体案件的定性走向,尤其是后者夹杂着地方保护的情形。

第四,作用的均衡性问题。正如前面所言,虽然各国将垄断协议尤其是横向垄断协议列为首要打击的垄断行为,但是各国对此也并不是完全“一棒子打死”的,包括我国亦是如此。究其原因,主要是这类行为在有些情况下也有着相对积极的一面。以行业协会组织具有竞争关系的多个月饼生产者实施适度限制月饼生产数量为例,由于月饼的消费具有较强的节日性特质,而且保质期较短,如果相关市场的经营者各自过度生产使供给远远大于需求,那么不仅会导致经营者的个体利润受到损失,而且会导致社会食品资源出现浪费。若相关市场的经营者根据行业协会的统计数据以及协调方案适度减少过剩的月饼生产数量,并将此节省下来的好处通过适度下调月饼的销售价格方式部分让利于消费者,则不仅有利于进一步提高经营者的经营效益,而且有利于社会食品资源的充分利用,还造福了广大消费者。这正是《反垄断法》第 15 条规定的豁免制度的基础所在,“该条的内容实质上体现了特定协议类型带来的实际经济影响的复杂性,以及特定环境下竞争政策与非竞争政策的权衡”。[①] 就法律责任威慑性的设计而言,它在内容上需要考虑的问题主要有两个,即威慑不足和威慑过度。至于是否必须同时考虑这两个方面的问题,取决于所涉行为的影响属性。如果所涉行为的影响属性只有单面的恶,那么在此所要考虑的问题应当只有威慑不足。譬如,对毒品交易、拐卖人口、贪污等,就无须考虑拟设的法律责任是否存在威慑过度问题。而若所涉行为的影响属性并不只有单面的恶,则必须同时考虑防止拟设的法律责任存在威慑过度问题。由于包括横向垄断协议在内的所有垄断协议都可能具有恶和善两个方面的主次矛盾,因此,我们在保证有效威慑的基础上必须充分考虑潜在的威慑过度问题。“过严的责任处罚,未必能够达到维护和促进市场竞争的效果,相反可能因噎废食而严重扼制或损害经营者的竞争积极性,有悖初衷——背离了通过反垄断法矫治和维护市场竞争的目的。”[②]从效果来看,引入刑事责任确实进一步提高了对包括垄断协议在内的所有垄断行为威慑的有效性,但是这在客观上也带来了威慑过度问题。以关键新技术的联合研发为例,根据实践来看,任何重大技术的突破都需要投入

---

① 王先林:《论我国垄断协议规制制度的实施与完善——以〈反垄断法〉修订为视角》,载《安徽大学学报(哲学社会科学版)》2020 年第 1 期。

② 金善明:《论垄断行为入罪化的限度》,载《北京工业大学学报(社会科学版)》2017 年第 6 期。

大量的资金和人力,而且在短期内并不一定能够顺利实现,所以风险程度往往很高,这使经营者在此方面通常是非常慎重行事的,其结果在实质上导致关键新技术的研发得不到有效开展或者推进。若两个或者两个以上对此相关技术有需求或有一定技术基础的经营者能够合作进行技术攻关,则不仅大大降低了各自的成本与风险,而且大大提升了研发成功的概率。但是,在立法对横向垄断协议或者所有垄断行为设有刑事责任尤其是自由刑的情况下,这将会严重压制经营者的管理人员在此的意愿。因为即便阶段性折损个人的一些经济收益,还可以通过其他方式或者日后再慢慢赚取,而阶段性地失去人身自由,是无法通过其他方式进行同质弥补的,况且由此领受的刑罚还会对个人以后的职业生涯产生深远的负面影响。

第九章　反垄断调查信息公开制度的立法完善

《反垄断法》第六章对涉嫌垄断行为的调查作了基本规定,我国十余年的反垄断施法实践充分表明,这些内容在客观上还存在一些立法问题,需要我们尽快采取科学措施加以完善。

一、我国反垄断调查信息公开制度的现行设计

虽然《反垄断法》对反垄断调查作了专门规定,但是它对此的信息公开问题却规定甚少。如表 9 – 1 所示,《反垄断法》只是就反垄断执法机构认为被调查的行为构成垄断行为的情形作了明确规定,而且只是授权性规定。

根据目前世界比较成熟的做法来看,涉及反垄断调查应当向社会公开的信息无论是在环节上还是在数量上都是不少的。① 即便仅就框架性内容而言,也至少应当包括表 9 – 1 和表 9 – 2 这些事项。

① 在此所用的"调查结束"仅限于最为狭义的理解,即反垄断执法机构在走完整个调查流程之后,就被调查的行为是否构成垄断行为能够作出认定的情形。

表9-1　反垄断调查信息公开规定情况

关联条款	所属阶段	信息公开规定情况
第三十八条　反垄断执法机构依法对涉嫌垄断行为进行调查。 对涉嫌垄断行为,任何单位和个人有权向反垄断执法机构举报。反垄断执法机构应当为举报人保密。 举报采用书面形式并提供相关事实和证据的,反垄断执法机构应当进行必要的调查	调查启动	未作任何规定
第四十四条　反垄断执法机构对涉嫌垄断行为调查核实后,认为构成垄断行为的,应当依法作出处理决定,并可以向社会公布	调查结束	作了非强制性规定
第四十五条　对反垄断执法机构调查的涉嫌垄断行为,被调查的经营者承诺在反垄断执法机构认可的期限内采取具体措施消除该行为后果的,反垄断执法机构可以决定中止调查。中止调查的决定应当载明被调查的经营者承诺的具体内容。 反垄断执法机构决定中止调查的,应当对经营者履行承诺的情况进行监督。经营者履行承诺的,反垄断执法机构可以决定终止调查。 有下列情形之一的,反垄断执法机构应当恢复调查: (一)经营者未履行承诺的; (二)作出中止调查决定所依据的事实发生重大变化的; (三)中止调查的决定是基于经营者提供的不完整或者不真实的信息作出的	调查过程	未作明确规定

表 9－2　反垄断调查信息公开的应然要求

<table>
<tr><th>主要阶段</th><th colspan="2">关键事项</th><th>信息公开应然状态</th><th>基础性决定事由</th><th>信息公开常规要点</th></tr>
<tr><td rowspan="3">调查启动</td><td colspan="2">主动开展</td><td>必须公开</td><td rowspan="3">执法透明性</td><td>立案调查的基础事实</td></tr>
<tr><td rowspan="2">社会举报</td><td>公开举报</td><td>必须公开</td><td>立案调查的基础事实</td></tr>
<tr><td>秘密举报</td><td>必须公开</td><td>立案调查的基础事实</td></tr>
<tr><td rowspan="5">调查过程</td><td rowspan="4">适用经营者承诺制度情形的案件调查进展</td><td>中止调查</td><td>必须公开</td><td rowspan="4">执法透明性</td><td>承诺内容、接受理由</td></tr>
<tr><td>整改监督</td><td>必须公开</td><td>经营者履行承诺进展</td></tr>
<tr><td>恢复调查</td><td>必须公开</td><td>事实、理由</td></tr>
<tr><td>终止调查</td><td>必须公开</td><td>事实、理由</td></tr>
<tr><td colspan="2">没有适用经营者承诺制度情形的案件调查进展</td><td>可以公开</td><td>执法透明性</td><td>不影响执法的所有事项</td></tr>
<tr><td rowspan="2">调查结束</td><td colspan="2">认为构成垄断行为</td><td>必须公开</td><td rowspan="2">执法透明性</td><td>事由、理由、处罚</td></tr>
<tr><td colspan="2">认为不构成垄断行为</td><td>必须公开</td><td>事实、理由</td></tr>
</table>

在庆祝《反垄断法》实施 10 周年的系列活动中，仅就反垄断执法机构认为被调查的行为构成垄断行为的案件，如表 9－3 所示，官方公布的数据①和专家收集的数据②之间存在的较大悬差应当就足以说明，对此的信息公开规定只是采取非强制性要求的方式，使反垄断执法的透明性即便在“有罪”的调查结果上都是非常低的。

---

① 参见张茅：《保护公平竞争　促进社会主义市场经济健康发展》，载《人民日报》2018 年 8 月 1 日，第 10 版。

② 参见时建中、焦海涛、戴龙编：《反垄断法行政执法典型案件分析与解读（2008—2018）》，中国政法大学出版社 2018 年版，第 179～536 页。

表 9－3　垄断案件公开信息统计情况比较

<table>
<tr><th>涉嫌垄断行为</th><th>国家市场监督管理总局张茅局长公布的数据</th><th colspan="2">中国政法大学竞争法研究中心时建中教授领衔的团队收集的数据</th><th>备注</th></tr>
<tr><td rowspan="2">垄断协议案件</td><td rowspan="2">163 件</td><td rowspan="2">74 件</td><td>横向垄断协议 60 件</td><td rowspan="14">1. 第一组数据统计的时间跨度是 2008 年 8 月 1 日至 2018 年 7 月 31 日，第二组数据统计的时间跨度是 2008 年 8 月 1 日至 2018 年 6 月 30 日。
2. 除对第二组数据中第 37 条的占比作了末尾数值调整（原始数据无法归整）以外，其他均为两组数据各自的原始形态</td></tr>
<tr><td>纵向垄断协议 14 件</td></tr>
<tr><td rowspan="6">滥用市场支配地位案件</td><td rowspan="6">54 件</td><td rowspan="6">38 件</td><td>以不公平高价销售或者购买商品 5 件</td></tr>
<tr><td>掠夺性定价 0 件</td></tr>
<tr><td>拒绝交易 3 件</td></tr>
<tr><td>限定交易 4 件</td></tr>
<tr><td>搭售或者附加其他不合理的交易条件以及其他 22 件</td></tr>
<tr><td>差别待遇 4 件</td></tr>
<tr><td rowspan="6">滥用行政权力排除限制竞争案件</td><td rowspan="6">183 件</td><td rowspan="6">66 件</td><td>第 32 条占 69.70%</td></tr>
<tr><td>第 33 条占 10.61%</td></tr>
<tr><td>第 34 条占 7.58%</td></tr>
<tr><td>第 35 条占 0.00%</td></tr>
<tr><td>第 36 条占 4.55%</td></tr>
<tr><td>第 37 条占 7.56%</td></tr>
</table>

毫无疑问，就更不用说其他情形了。就调查启动这个阶段而言，无论是主动开展的反垄断调查还是基于社会举报进行的反垄断调查，至少迄今为止鲜有反垄断执法机构对外公布相关信息。就调查过程这个阶段而言，即便是对被调查的经营者适用了经营者承诺制度，亦少有反垄断执法机构对外公布相关信息。根据目前能够通过公共渠道可以确定的信息来看，应当也就数十起案件的反垄断执法机构公布了它们对被调查的经营者适用经营者承诺制度的具体情况，包括之前承担反垄断执法职责的原国家工商行政管理总局对涉嫌滥用市场

支配地位实施搭售行为的北京盛开体育发展有限公司决定终止调查,[①]上海市工商行政管理局对涉嫌实施垄断协议进行联合抵制行为的上海市医药卫生发展基金会和上海医健卫生事务服务中心决定终止调查,[②]江苏省工商行政管理局对涉嫌滥用市场支配地位进行附加不合理交易条件行为的海安县供电公司决定终止调查[③]等。除这些案件外,至于还有多少反垄断执法机构在反垄断调查过程中对被调查的经营适用了经营者承诺制度就不得而知了。但可以充分肯定的是,这种情形应当还有另案。对此,其中一个重要证据就是,“2 月 19 日,国家发改委价格监督检查与反垄断局局长许昆林透露,此前遭到发改委反垄断调查的中国电信和中国联通日前已分别提交最新整改情况。发改委正在根据反垄断法相关规定,对两家公司是否完全履行承诺、相关整改措施是否消除了涉嫌垄断行为后果等情况进行评估,并将根据评估结果,依法作出处理决定”。[④] “国家发改委反垄断执法官员们上述一系列表态说明,中国电信和中国联通案适用了中国《反垄断法》第 45 条,即执法机关接受了被调查企业的承诺。”[⑤]就调查结束这个阶段而言,针对认为被调查的行为不构成垄断行为的,目前尚无反垄断执法机构对外公布相关信息。

二、我国反垄断调查信息公开制度的影响

信息公开制度的不健全使反垄断调查的透明性较低,给我国的反垄断执法带来一定的负面影响。

(一)威胁反垄断执法的廉洁性

反腐败经验告诉我们,权力的运用必须得到有效的监督,否则就极易发生权钱交易问题。反垄断执法不仅如此,而且面临的潜在风险应当更高。相较其他法律制度而言,反垄断法对垄断行为设立的法律责任特别是经济性惩罚通常都是比较重的。无论是垄断协议还是滥用市场支配地位,根据《反垄断法》规定,反垄断执法机构都可以进行没收违法所得,并处上一年度销售额 1% 以上 10% 以下的罚款。而无论是没收违法所得还是并处上一年度销售额 1% 以上 10% 以下的罚款,它们在具体数额的个案核算上都存在不同程度的弹性空间。

---

① 国家工商行政管理总局竞争执法公告 2015 年第 1 号。

② 沪工商案字〔2018〕第 000201710008 号、沪工商案字〔2018〕第 000201710009 号。

③ 苏工商案终字〔2016〕1 号。

④ 孙政华:《联通电信反垄断案缘何三年无果》,载《法治周末》2014 年 2 月 25 日,第 6 版。

⑤ 王晓晔:《中国电信、中国联通涉嫌垄断案的再思考》,载《交大法学》2013 年第 2 期。

就前者而言，这充分表现在商品成本、正常利润、垄断利润三者的涵盖范围上。就后者而言，除直观表现在百分比的幅度选择上，还可以表现在年度的选择和销售额的范围上。在这种情况下，一方面，实施垄断行为的经营者往往有着很强的动机采取行贿措施以换取最低程度的行政处罚；另一方面，无法排除参与反垄断调查的执法人员不会产生权力寻租的动机。而无论是哪一方因素成功发挥作用或者双方一拍即合，这都会导致反垄断执法出现权力腐败问题。除在法律责任的追究上可能出现此类问题外，这还可能出现在反垄断调查的其他环节，包括启动阶段和过程阶段。

事实上，可以导致反垄断执法出现腐败问题的利益来源并非单一的。即便没有被调查对象的行贿，只要反垄断调查的信息公开缺乏足够的透明性，参与调查的执法人员在不少情况下也可以借此从中牟取私利。例如，当被调查的对象是上市公司时，它们就可以通过证券市场的做空机制来获得非法的经济利益。首先，自 2010 年 4 月以来，我国《证券法》规定的证券公司可以为客户提供融资融券服务正式进入市场操作阶段。其次，无论是在制度层面上还是在实践层面上，公职人员都可以参与证券交易活动。最后，即便是被反垄断执法机构宣布立案调查或者只是由个别人员以某种方式向媒体透露此类消息，通常都会引起被调查对象的股价发生不同幅度的下跌，就更不用说直接被宣布处以巨额罚款的情形了。虽然我国法律针对这种现象已经建立了内幕交易的综合治理机制，但是并不意味着可以忽视反垄断调查信息公开制度的规范建设。不难看出，这类情形可能导致的反垄断执法出现权力腐败问题无论是在形式上还是在实质上都更隐蔽。如果不从问题的源头上最大限度进行解决，那么仅仅依赖内幕交易的综合治理机制恐怕是难以奏效的。

(二)损害反垄断执法的科学性

无论是垄断协议还是滥用市场支配地位或者滥用行政权力排除、限制竞争，这些垄断行为的法律认定都是具有很强的专业性，只是它们的复杂程度略有不同。“大多数反垄断法体系的内在演化和内在修正机制尤其需要那些研究和实践竞争政策的能力，这种对技能的要求不仅体现在法律的专业技术上面，也体现在经济学家、历史学家、政治学家和国际关系专家的专业能力上面。”①而我国目前反垄断执法队伍的整体素质还有待提高。根据《反垄断法》第 10 条的规定，

① ［美］欧内斯特·盖尔霍恩、威廉姆·科瓦契奇、斯蒂芬·卡尔金斯：《反垄断法与经济学》(第 5 版)，任勇、邓志松、尹建平译，法律出版社 2009 年版，第 6～7 页。

我国目前的反垄断执法队伍由两部分组成,即国务院反垄断执法机构及其授权的省级执法机构。虽然前者在专业能力上已经达到了基本的水准,但是后者的专业能力至今还不是非常理想。即便是发达的省份,现有人员的知识结构也难以支持工作的有效开展。在这种背景下,即便排除潜在的权力腐败问题,反垄断调查的透明性问题也极有可能导致反垄断执法出现各种错误。一方面,负责调查的反垄断执法机构因此可能没有足够的能力对被调查的经营者或者利害关系人提出的意见作出准确的判断,或者因此无法听到更为广泛的意见;另一方面,被调查的经营者或者利害关系人因此在行使陈述权的过程中,可能没有足够的能力向负责调查的反垄断执法机构提出富有建设性的专业意见。

综观之前具体承担国务院反垄断执法机构部分职责的国家发展和改革委员会、原国家工商行政管理总局及它们授权的省级执法机构调查的案件,其中有一些做法是非常值得商榷的。对此,完全具有普遍性问题的,如经营者承诺制度的不当使用。“如果执法机关已经掌握了行为人实施垄断违法行为的充分证据,则说明调查程序已大致进行完毕,这时适用承诺制度已不能实现节约执法资源的目的。而且,在证据充分的情况下,执法机关完全可以直接认定行为违法并处罚行为人。”①而比较一下目前反垄断执法机构明确决定终止调查的案件,其中确实有部分可以根据既有掌握的事实、证据、理由来对被调查的经营者进行垄断行为的法律认定。只是具有个案性问题的,如没收违法所得的局部性缺失。即便是将垄断行为的违法所得定位在垄断利润上,有些案件也不会存在被查处的经营者没有因垄断行为而获取违法所得问题。但是根据反垄断执法机构公布的处罚决定文件来看,它们在此只是对实施垄断行为的经营者处以了罚款,而并没有没收违法所得。例如,国家发展和改革委员会查处的重庆青阳药业有限公司、世贸天阶制药(江苏)有限责任公司、上海信谊联合医药药材有限公司、商丘市华杰医药有限公司横向垄断协议案。②

(三)降低反垄断执法的权威性

无法否认的是,反垄断执法机构目前完成的反垄断调查整体在形式上确实存在不同程度的差异。以维持转售价格的竞争规制为例,首先,即便是相同行业的不同经营者同样采取了固定向第三人转售商品的价格或者限定向第三人转售商品的最低价格的经营策略,它们遭受的基本待遇也是不尽相同的。有些

---

① 焦海涛:《反垄断法承诺制度的适用范围研究》,载《法商研究》2013 年第 2 期。

② 参见国家发展和改革委员会行政处罚决定书〔2016〕1 号、2 号、3 号、4 号。

不仅被立案调查,而且最终被行政处罚;有些虽然被立案调查,但是最终没有受到任何处罚;有些根本就没有被调查。第一种情形如宜宾五粮液酒类销售有限责任公司,①第二种情形如江苏某某知名白酒生产企业,第三种情形如白酒行业的其他某些生产商。其次,即便同样都只是被处以行政罚款,它们被适用的比例也是不尽相同的。有的是被按照上一年度销售额的1%进行罚款,如上海韩泰轮胎销售有限公司;②有的是被按照上一年度销售额的2%进行罚款,如上海依视路光学有限公司;③有的是被按照上一年度销售额的3%进行罚款,如重庆海尔家电销售有限公司上海分公司;④有的是被按照上一年度销售额的4%进行罚款,如美敦力(上海)管理有限公司;⑤有的是被按照上一年度销售额的6%进行罚款,如一汽—大众销售有限责任公司;⑥有的是被按照上一年度销售额的7%进行罚款,如北京梅赛德斯—奔驰销售服务有限公司。⑦

如果反垄断调查的透明性非常高,那么人们对此局面的非议就会比较少。而当反垄断调查的透明性非常低时,即便反垄断执法机构所作的决定在实质上是科学的,这种局面也极易引来人们的各种非议。首先,人们很容易对反垄断执法机构的执法公平性产生怀疑。例如,曾经有不少国外媒体、团体甚至官方人士质疑中国的反垄断执法对外资企业颇为严苛,但事实上,一方面,无论是在查处的垄断协议案件数量上还是在查处的滥用市场支配地位案件数量上,外资企业占比远远不及国有企业或者民营企业;另一方面,被调查的外资企业无论是在所涉垄断行为的实施时间还是覆盖范围上确实都是比较严重的。其次,人们很容易对反垄断执法机构的执法专业性产生怀疑。而事实上,有些案件完全系基于以下考虑才采取此下策的,"由于在反垄断案件中违法所得往往数额巨大,而《反垄断法》在罚款问题上又设定了上一年度销售额1%的最低限制,这些对于部分企业来说,可能构成一个难以承受的过大的数额"。⑧ 毋庸置疑,无论前面何种情形都会直接影响反垄断执法的权威性。

---

① 参见川发改价检处〔2013〕1号。

② 参见上海市物价局行政处罚决定书第2520160001号。

③ 参见上海市物价局行政处罚决定书第2520140018号。

④ 参见上海市物价局行政处罚决定书第2520160009号。

⑤ 参见国家发展和改革委员会行政处罚决定书〔2016〕8号。

⑥ 参见鄂价检处〔2014〕第14号。

⑦ 参见〔2014〕苏价反垄断案2号。

⑧ 张昕:《垄断行为没收违法所得的美国经验及对我国的启示》,载《价格理论与实践》2013年第11期。

(四)削弱反垄断执法的教育性

即便经过数十年的迅猛发展,我国在此依然存在以下两个方面的社会问题:第一,竞争文化还有待提高。“竞争文化,概括地说就是关于市场竞争的一系列思想观念、商业规则和法律制度的总称。其在内容上表现为:政府营造良好的竞争环境;经营者实施公平有序的竞争行为;竞争执法机构积极执法;消费者积极抵制损害市场竞争秩序的行为。”①各国的历史经验充分表明,在竞争文化比较落后的环境下,无论是经营者还是行政机关或者法律法规授权的具有管理公共事务职能的组织,往往都比较缺乏公平竞争的意识,各种垄断行为也因此而到处横生。第二,企业竞争合规还不健全。为能够在最大限度上确保自己的经营行为合乎竞争法规定,所有经营者在实施特定的经营行为之前都应当采取措施事先进行自我把关,这类工作的集合就是人们通常所谓的竞争合规。而无论是基于公司管理层没有给予足够的重视等主观原因,还是基于合规岗位的责任人缺乏足够的能力等客观原因,无论是经营者还是行政机关或者法律法规授权的具有管理公共事务职能的组织,只要它们无法进行有效的竞争合规,那么各类垄断行为也会因此而频频发生。

在这种情况下,最大限度地保持反垄断调查的透明性具有非常重要的意义。首先,反垄断执法的深度展示能够有效培育各类义务主体的公平竞争意识。无论反垄断执法机构是对经营者还是对行政机关或者法律法规授权的具有管理公共事务职能的组织进行立案调查,或者适用经营者承诺制度或者给予严厉处罚,此举的应然效果应当不仅是对当事人产生了惩罚与教育的双重作用,还对其他所有同类主体产生了必要的教育作用。只有这样,反垄断执法才能起到“惩前毖后”的良好效果,从而实现预防和制止垄断行为的立法目的。而如果反垄断调查的透明性非常低,那么必然会极大影响这类效果的实现及程度。反之,信息的高度对称则会促进人们对反垄断法的逐步理解和高度认同。其次,反垄断执法的深度展示能够有效提升各类义务主体的竞争合规水平。相较其他法律制度而言,反垄断法在具体适用上存在一些不确定性,这在客观上直接影响了经营者、行政机关、法律法规授权的具有管理公共事务职能的组织对此的合规工作。如果反垄断执法机构能够向外界清楚地展示自己如何来分析、评估所涉的竞争问题,那么无论是被调查的对象还是其他同类主体,都可以从中得到不同程度的启发,从而总结出更有效的竞争合规方法、机制等。反之,

---

① 徐士英:《竞争政策研究——国际比较与中国选择》,法律出版社2013年版,第231页。

则无助于促进企业竞争合规的水平发展。

三、我国反垄断调查信息公开制度的改进

良法善治的基本理念以及反垄断法的重要性，客观决定了我国必须对反垄断调查的信息公开制度进行立法上的系统优化。

（一）信息公开的基本模式：强制公开

首先，立法应当明确要求调查结束这个阶段所有类型的结论都必须向社会公开。无论反垄断执法机构认为被调查的行为是否构成垄断行为，最终结论对于各方而言都是非常重要的。对于被调查的对象而言，这直接关系它们的切身利益。如果反垄断执法机构的最终结论是肯定的，那么将直接关系它们的处罚程度及合理性；如果反垄断执法机构的最终结论是否定的，那么将直接关系它们的声誉维护。对于被调查对象的同类主体而言，这直接影响它们的经营决策。如果反垄断执法机构的最终结论是肯定的，那么它们就有必要以此为鉴进行调整营运策略；如果反垄断执法机构的最终结论是否定的，那么它们就可以无须大费周折继续采用当前的营运策略。对于被调查对象的客户而言，这直接影响到它们的博弈选择。如果反垄断执法机构的最终结论是肯定的，那么它们可能选择提起反垄断民事诉讼；如果反垄断执法机构的最终结论是否定的，那么它们可能选择放弃对簿公堂的潜在想法。因此，所有这类的信息都应当依法向社会公布，而不是授权给反垄断执法机构进行自由裁量或者完全不作任何要求。除合理强化信息公开的实质内容外，此举至少从形式上确保了这个环节的反垄断调查对外具有较高的透明性。

其次，立法应当明确要求调查过程这个阶段凡是涉及经营者承诺制度的各种情形都必须向社会公开，其他情形则由反垄断执法机构自主决定。在调查过程没有适用经营者承诺制度的情形下，硬性规定反垄断执法机构向社会公布就此相关信息是没有必要的。根据实践来看，该种情形之下的权力运用基本是可以得到有效管控的。一方面，无论反垄断执法机构最终认为被调查的行为是否构成垄断行为，只要它们依法向社会公布结论，反垄断执法机构的作为就会实质性地受到外界监督；另一方面，被调查对象依法行使陈述权通常能够对反垄断执法的动态过程形成有效的制衡。而且，此举在客观上还会影响反垄断执法的效率。一方面，信息公开必然会不同程度地增加反垄断执法机构的工作量；另一方面，有些信息的公开极有可能影响反垄断执法机构的下一步调查工作。但是如果反垄断执法机构在此阶段适用了经营者承诺制度，则与此相关的所有

信息都应当向社会公布,包括接受承诺的基本考虑、被调查对象作出整改承诺的具体内容、承诺履行进展以及终止调查决定或者恢复调查决定等。“经营者的承诺,虽然是由于经营者从事了被调查的涉嫌垄断行为,但是,该行为是否真的构成垄断,此时并无定论,因为该问题已被承诺双方搁置起来。”①因此,该项制度的适用必须保持高度的透明性。

最后,立法应当明确要求调查启动这个阶段的立案信息必须向社会公开。无论是主动开展还是社会举报,只要反垄断执法机构决定立案调查,那么它们应当将此决定对外披露。核心缘由如下:一是这直接关系反垄断执法的基础正当性。虽然立案调查在性质上并不等于对被调查对象进行某种方式的否定评价,但是确实会对被调查对象产生重大的负面影响。例如,当被调查对象是一个等待上市审批的经营者,则很有可能导致其上市审批在过程上出现较大的波折;当被调查对象是一个正在申请银行贷款的经营者,则很有可能导致其间接融资被银行拒绝。所以,反垄断执法机构决定对任何经营者进行立案调查都必须有较为适足的理由,否则就必然会出现权力滥用问题。二是这直接影响人们对反垄断执法的社会监督。如果公众无法知晓反垄断执法机构已经对哪些经营者进行了反垄断调查,那么它们也无法对反垄断执法机构的后续活动进行适度关注,就无法有效保证反垄断执法机构不会隐匿诸如最终认为被调查的行为不构成垄断行为的决定,因而也无法保证不会滋生腐败问题。

(二)信息公开的基本方式:集中公开

在2018年4月之前,国务院反垄断执法机构都是通过多元化渠道对外披露的。根据第十一届全国人民代表大会第一次会议批准的国务院机构改革方案以及国发〔2008〕11号《国务院关于机构设置的通知》,我国在过去近10年的时间里曾经一直都是将国务院反垄断执法机构的职责交由原国家发展和改革委员会、原国家工商行政管理总局和原商务部3家分别承担的。因此,它们的反垄断执法在对外信息公开上也是基本各自为政。众所周知,我国在2018年上半年对国务院的机构再次进行了历史性的重大改革。根据第十三届全国人民代表大会第一次会议批准的国务院机构改革方案以及国发〔2018〕6号《国务院关于机构设置的通知》,我国在此次改革过程中将国务院反垄断执法机构的职责统一交由新设立的国家市场监督管理总局进行承担。自此,国务院反垄断

① 全国人大常委会法制工作委员会经济法室编:《中华人民共和国反垄断法条文说明、立法理由及相关规定》,北京大学出版社2007年版,第271页。

执法机构的反垄断调查的信息公开才走上统一道路。但是，这次改革并没有改变国务院反垄断执法机构对省级执法机构的授权立法，国家市场监督管理总局在履职后也没有改变对省级执法机构的授权做法。而无论是根据2018年国务院机构改革之前的地方反垄断执法情况，还是根据2018年国务院机构改革之后一段时间的地方反垄断执法情况来看，被授权的各个省级执法机构在此多数也是各自为政的。就这种情况而言，它是百害无一利的。首先，它非常不利于反垄断执法信息的有效传播。即便各个省级反垄断执法机构及时向社会公布了反垄断调查，各自为政也使这些信息基本处于十分疏散的状态，这就增加了此类信息流通的搜寻障碍。其次，导致反垄断调查的信息公开客观存在不同程度的差异。无论是就国务院反垄断机构与省级执法机构之间而言还是就各个省级执法机构之间而言，它们对外公开的反垄断调查信息无论是在形式上还是在实质上都存在多多少少的非良性差异。

最为理想的方式就是反垄断调查的信息公开集中进行。一方面，这非常有助于促进反垄断执法信息的有效传播。“一站式”的信息展示大大降低了人们对此的搜寻障碍，社会各类主体很容易因此知晓国务院反垄断执法机构及其授权的省级执法机构所作的反垄断调查及其整体情况。另一方面，非常有助于促进反垄断调查的信息公开在内容上的实质统一。以现行的行政法制度为基础，信息展示平台的核心组织者可以借此对反垄断执法所作的各类决定在对外信息公开的形式，以及所涉同类问题的分析方法、工具选择等方面作出较为合理的规程化设计甚至完全标准化，这就可以大大消减目前在此客观存有的非良性差异，使所有反垄断执法机构所作的同类决定逐步具有内在化的一致性。而且，2018年国务院机构改革为此提供了良好的基础。在此之前，即便解决了国务院反垄断执法机构与省级执法机构之间的纵向集中公开问题，也还存在国务院反垄断执法机构之间的横向集中公开问题。而在统一将国务院反垄断执法机构的职责交由国家市场监督管理总局承担的情况下，就不存在上述后者情形的问题，我们只要妥善处理上述前者情形的问题即可。而无论是从法律关系角度还是从资源投入角度来看，这都不存在什么难题。国家市场监督管理总局只需要求被授权的省级执法机构必须将自身所作的反垄断调查按照规定进行报送，由其在官方网站统一向社会公布。首先，此举并不改变反垄断执法所涉的主体之间的关系，不会影响潜在的行政复议或者行政诉讼。其次，即便在没有增加人员编制的情况下，此举应当也不会导致反垄断调查在信息公开这个环节上因集中进行而出现堵塞问题。最后，此举基本不涉及新的信息展示平台或者其他技术的投入。所以,立法应当对集中公开作出明确规定。但是值得指出的是,在不会与此规范的有效运行发生冲突的前提下,各个省级执法机构可以根据需要在自己的官方渠道并行公布。目前,涉及作出处罚决定的和经营者承诺制度的已经基本实现了由国家市场监督管理总局进行集中公开。需要特别指出的,在目前已经开始对地方授权进行经营者集中审查的情况下,①相关方面的情况可能又会面临一定的冲击,需要对此作出统筹安排。

(三)信息公开的基本形式:全面公开

信息公开不能只是流于形式,否则无论如何都不会使反垄断调查具有合理的透明性。根据以往的经验来看,反垄断调查的信息公开在原则上应当采取全面公开形式,即反垄断执法机构在通常情况下有必要将自身所作的决定及其所基于的一切判断基础对外进行公布。一方面,这基础性地保证了信息的对称性;另一方面,这有效满足了垄断分析的复杂性特殊需求。不言而喻,全面公开对反垄断调查的信息公开提出了更高的要求,包括质与量。就调查启动这个阶段而言,反垄断执法机构不能仅向涉嫌垄断行为的当事人出示立案调查的决定文件,还必须向社会公布作出立案调查的决定以及所基于的相关事实。就调查过程这个阶段而言,当涉及适用经营者承诺制度时,反垄断执法机构不能仅向被调查的经营者出具中止、恢复或者终止的调查决定,还必须向社会公布相关信息;作出中止调查决定的,公开内容不仅应当载明被调查的经营者承诺的具体内容,而且应当包括案件所涉的基本事实、已经开展调查的时间跨度、市场竞争机制扭曲程度、被调查对象的同类"前科"情况、中止调查的利弊分析等;针对承诺履行的执法监督,反垄断执法机构不能仅通过恢复调查或者终止调查这种涵盖式进行披露,而必须以独立的环节进行信息公开,内容应当包括监督采取的基本方式、整改进度的合规性、评价择用的衡量标准等;恢复调查的,反垄断执法

---

① 《经营者集中审查暂行规定》第2条规定:国家市场监督管理总局(以下简称市场监管总局)负责经营者集中反垄断审查工作,并对违法实施的经营者集中进行调查处理。市场监管总局根据工作需要,可以委托省、自治区、直辖市市场监管部门实施经营者集中审查。《上海市市场监督管理局 中国(上海)自由贸易试验区临港新片区管理委员会关于在中国(上海)自由贸易试验区临港新片区开展强化竞争政策实施试点的通知》规定,在临港新片区重点推进以下工作:试点经营者集中反垄断审查制度。开展经营者集中反垄断审查试点,制定并完善审查工作规则,明确审查程序和标准,推进审查规范化与制度化。综合运用法律和经济分析等多种审查手段,推进审查专业化。对集成电路、人工智能、生物医药、航空航天、新能源汽车、高端智能装备等战略性新兴产业中发生的经营者集中,进一步简化审查程序,压缩审查时限,不断提高审查质量和效率,推进申报便利化,支持临港新片区及本市战略性新兴产业和重点企业做大做强。

机构必须说明符合法定情形的事实及理由;作出终止调查决定的,内容应当涵盖中止调查决定和针对承诺履行的执法监督的所有信息。就调查结束这个阶段而言,无论反垄断执法机构认为被调查的行为是否构成垄断行为,都必须向社会公布得出此项结论的事实和理由,认为构成垄断行为的还必须公布处罚结果;理由必须包括具体垄断行为的规范性分析过程,处罚应当说明违法所得的核算细节、罚款所涉的上一年度销售额、百分比的选择及其缘由。

但是涉及以下事项的内容,反垄断执法机构应当不得向社会公布:第一,秘密举报的举报人信息。根据《反垄断法》第38条的规定,如果某个单位或者个人采取秘密举报的方式向反垄断执法机构进行举报的,则反垄断执法机构必须为举报人保密。但是如果一个单位或者个人采取公开举报的方式向反垄断执法机构进行举报的,则反垄断执法机构对此无保密责任。第二,被调查对象的商业秘密。《反垄断法》第41条规定,反垄断执法机构及其工作人员对执法过程中知悉的商业秘密负有保密义务。第三,影响国家安全的信息。国家安全是市场经济活动的前提和基础,所有国家的反垄断法对此也均有所反映,这突出表现在垄断协议的豁免制度、滥用市场支配地位的合理分析、经营者集中的国家安全审查和行政性垄断的合法抗辩上。如果特定信息的公开足以影响到国防、反恐、边检等安全性问题,那么反垄断执法机构有必要对此采取合理的保密措施。需要特别指出的是,所有涉密事项只应当采取局部化的隐匿方式进行处理,反垄断执法机构不能借此拒绝向社会公布反垄断调查的其他信息。

尾论　反垄断法其余事项的立法完善

除前面相对具体展开论述的问题以外,《反垄断法》在客观上还存在其他一些问题有待进一步加以完善。其中,既包括历史遗留的存量问题,也包括发展带来的增量问题。

一、国企规制条款的立法完善

《反垄断法》第7条规定:国有经济占控制地位的关系国民经济命脉和国家安全的行业以及依法实行专营专卖的行业,国家对其经营者的合法经营活动予以保护,并对经营者的经营行为及其商品和服务的价格依法实施监管和调控,维护消费者利益,促进技术进步。前款规定行业的经营者应当依法经营,诚实守信,严格自律,接受社会公众的监督,不得利用其控制地位或者专营专卖地位损害消费者利益。因为"国有经济"在市场主体的具体形态上基本是国有企业,"专营专卖的"亦不少为国有企业,所以该规定通常被称为国企规制条款。

(一)国企规制条款的历史争论

回顾《反垄断法》的立法历程,我们不难发现,国企规制条款并不是一开始就出现在《反垄断法》的草案里。事实上,在2007年之前的各个草案中都没有这个条款的身影。确切地讲,国企规制条款是在全国人大常委会对《反垄断法》草案进行二次审议时才被添加进来,并最终被确定下来。

当时，很多的国企人士奔走相告，认为这是给国企提供了特别的保护。针对这类的社会舆论，参与立法的核心人士及相关部门及时作出了回应。例如，原国务院法制办公室副主任张穹撰文指出："有的外国朋友担心，中国反垄断法对国有企业实行特殊保护，我认为这也是一种误解，我们制定反垄断法的目的，就是要为各地企业创造一个平等竞争的客观环境，促进社会主义市场竞争的健康发展。《反垄断法》第七条虽然规定了对国有经济占控制地位、关系国民经济命脉和国家安全的行业以及依法执行专营专卖的行业经营者进行合法保护的相关内容，但并不意味着对这些企业和行业进行特殊保护，对这些企业的垄断行为，反垄断法将同样严格制止。这既是中国建立全国统一、公平竞争、规范有序的市场竞争体系的内在要求，也符合中国正在进行的以打破行业垄断，引入竞争机制为目标的改革的需要。"①

(二)国企规制条款的客观价值

虽然诚如全国人大常委会法制工作委员会经济法室所作的说明那样：一方面，"根据我国社会主义市场经济的性质和国民经济健康、有序发展的要求，对关系国民经济命脉和国家安全的行业，如电网、铁路路网、供水、供气、供热管网、长距离输油输气管道等基础设施不宜重复建设和多家经营，具有自然垄断性质，以及一些依法实行专营专卖的行业如烟草业、盐业等，一般由国家设立或者控股的企业经营"。另一方面，"由于这些企业处于市场支配地位，容易有滥用市场支配地位，排除、限制竞争，损害消费者利益的行为。对上述行为，国家通过制定法律、法规，建立有关制度予以坚决制止"。②

但是若就社会对国企规制条款所作的反应和反垄断执法的实际情况来看，该条款似乎没有存在的必要。《反垄断法》第 17 条第 1 款规定，禁止具有市场支配地位的经营者从事下列滥用市场支配地位的行为：(1)以不公平的高价销售商品或者以不公平的低价购买商品；(2)没有正当理由，以低于成本的价格销售商品；(3)没有正当理由，拒绝与交易相对人进行交易；(4)没有正当理由，限定交易相对人只能与其进行交易或者只能与其指定的经营者进行交易；(5)没有正当理由搭售商品，或者在交易时附加其他不合理的交易条件；(6)没有正当理由，对条件相同的交易相对人在交易价格等交易条件上实行差别待遇；(7)国

① 张穹：《消除对反垄断法的四种疑虑》，载《中国经济周刊》2007 年第 38 期。

② 全国人大常委会法制工作委员会经济法室编：《中华人民共和国反垄断法条文说明、立法理由及相关规定》，北京大学出版社 2007 年版，第 34 页。

务院反垄断执法机构认定的其他滥用市场支配地位的行为。一方面,根据上述规定,即便一个经营者占有整个相关市场的所有份额,它也并不会因此就被认定构成垄断;另一方面,根据上述规定,即便这类经营者实施了高价销售商品、低价购买商品或者其他行为,它也并不会因此就被认定构成垄断,这还需要进一步结合其行为是否具有合理性才能作出认定,而法定的授权或者阶段性的制度安排毫无疑问都是我们在做合理性分析时必须充分考虑的权衡因素。另外,无论是前面提到的反垄断案件还是反垄断执法机构查处的其他类似案件,如中石油昆仑燃气有限公司咸宁分公司、仙桃中石油昆仑燃气有限公司、大冶华润燃气有限公司等滥用市场支配地位案,国网山东省电力公司烟台市场牟平区供电公司涉嫌限定交易案,内蒙古自治区烟草公司赤峰市公司滥用市场支配地位案等,它们的法律依据都是上述规定。

然而,这并不意味着国企规制条款就完全一无是处,它在客观上确有一些价值。在原国家发展和改革委员会反垄断局宣布对中国联通、中国电信立案调查后,中国电信曾相对迅速地发表了一份声明,表示认真学习《反垄断法》。但是在此之后不久,其悄悄地修改了这份声明,在其中加入了《电信条例》。"王晓晔表示,企业在声明中特意强调增加了对《电信条例》的学习,很显然是想把整个案件引入到行业监管条例上来,希望行业主管部门也可以参与进来,因为按照电信条例,企业的行为并没有违反电信条例。"①非常明显,中国电信的这个小举动背后在性质上牵涉行业管制与竞争规制两大问题。由于《电信条例》在法律效力上要低于《反垄断法》,所以在此案件不会形成实质性的难题。但是,有关行业管制与竞争规制的关系问题确实需要予以有效明确,否则必然会直接影响反垄断法的适用效能。比较一下应当可以看出,国企规制条款的第1款和第2款在实际效果上分别对行业管制与竞争规制的地位及它们的关系作了较为明确的说明。

(三)国企规制条款的现实问题

综观《反垄断法》,其就特定类型的经营者作出特别规定的共有4处。除国企规制条款之外,其他3处分别为该法的豁免制度第15条第1款第3项、国家安全审查制度第31条和适用除外制度第56条。第15条第1款第3项规定,经营者能够证明所达成的协议属于下列情形之一的,不适用本法第13

① 钟晶晶:《电信悄然改动垄断整改声明,暗示未违反行业条例》,载《新京报》2011年12月9日,第3版。

条、第 14 条的规定：……（3）为提高中小经营者经营效率，增强中小经营者竞争力的……第 31 条规定：对外资并购境内企业或者以其他方式参与经营者集中，涉及国家安全的，除依照本法规定进行经营者集中审查外，还应当按照国家有关规定进行国家安全审查。第 56 条规定：农业生产者及农村经济组织在农产品生产、加工、销售、运输、储存等经营活动中实施的联合或者协同行为，不适用本法。

就类别细化而言，上述四者可以进一步分为两类，即企业成分条款类和规模领域条款类。前者包括国企规制条款和国家安全审查制度，它们在立法上是根据企业的成分来进行特别设计的。后者包括豁免制度与适用除外制度，它们在立法上是根据企业的规模或者所属领域来进行特别设计的。从目前主要国家和地区的反垄断法制度设计来看，我国目前的豁免制度和适用除外制度都具有高度的普遍性。但是根据企业成分来进行特别设计的，除国家安全审查制度之外，其他则应当是属于极少的个例做法。“近年来，全球化的发展导致外资并购愈演愈烈，而世界各国在促进外资并购和贸易自由化的同时，对外资并购可能造成的潜在不利影响和威胁也持谨慎态度，因而相继建立起一套独立的外资并购安全审查程序。”①

根据实践来看，以企业成分来确定规则在客观上确实有悖于竞争中立政策。所谓竞争中立政策，即在市场化领域处于有效竞争的环境下，除出于解决市场失灵的最低需要而依法采取合理的非中立性措施进行干预外，政府应当公平地对待参与市场资源配置的所有经营者。按照目前学界通说，竞争中立政策最早发端于澳大利亚的国内经济改革，它在 1996 年发布的《联邦竞争中立政策声明》中首次提出：政府商业活动不应当仅凭其公共部门所有权而享有高于私营部门竞争者的竞争优势。② 自 21 世纪以来，经济合作与发展组织先后发布了《OECD 关于财政预算透明度最佳实务》《OECD 关于国有企业公司治理的指引》《澳大利亚的竞争中立与国有企业：实务和其他相关的评论》《竞争中立：维持公有企业与私有企业之间竞争水平》等系列专题工作报告，大力向国际社会推广以“简化国有企业运营方式”“核算特定职能成本”“给予商业化回报”“厘清公共服务义务”“税收中立”“监管中立”“债务及补贴中立”“公共采购中立”

---

① 黄勇、叶威：《论外资并购安全审查标准的建立》，载《河北法学》2017 年第 11 期。

② Australian, Commonwealth Competitive Neutrality Policy Statement, http://archive.treasury.gov.au.

等8项主张为核心内容的竞争中立政策。①

事实上,随着我国经济体制改革的不断深入,这个问题可能进一步凸显出来。尽管关系国民经济命脉和国家安全的行业,在目前基本都是由国企来进行经营的。按照我国目前经济体制改革确定的基本精神,虽然关系国民经济命脉和国家安全的行业在原则上对外资还是秉持非常严格的限制态度,但是这个领域的组成部分并没有排除对内资民营的开放空间。不言而喻,国企规制条款仅仅针对"国有经济占控制地位的"特别强调,无论是在形式上还是在实质上都是有悖于政府在干预市场的过程中需要保持中立的基本精神。

(四)国企规制条款的优化路径

众所周知,早在2015年国务院就将《反垄断法》的修订研究列入工作议程。之后,第十三届全国人大常委会将《反垄断法》的修订工作纳入立法日程。这些使《反垄断法》的修订问题逐渐成为理论界与实务界关注的新焦点,其中也包括有关国企规制条款的立法完善问题。② 从目前触及的信息来看,相当一部分人强烈主张《反垄断法》在修订时直接将国企规制条款进行删除。相较而言,这种做法应当并不是最优的选择。正如前所述,有关行业管制与竞争规制的关系问题确实需要予以有效明确,否则会直接影响反垄断法的适用效能。如果选择直接将国企规制条款进行删除,那么在客观上将导致行业管制与竞争规制的关系有所不明。由于国企规制条款的真正问题在于以企业成分来确定规则,在客观上确实有悖于竞争中立政策,因此,针对国企规制条款的立法完善应当据此来进行设计。

从竞争中立政策的体系来看,它也规律性地存在一些可以例外的情形,③这通常包括以下3个方面:第一,非市场化领域的政府管理。竞争中立政策的具体实施必须以特定领域市场化为基础,否则就不存在竞争中立政策的适用空间;即便政府实施的行为客观影响相关市场的公平竞争,它们也不受竞争中立政策的约束。如军事采购,"军事采购不是独立的市场行为。为更好地保障国防利益,需要对国防工业进行扶持和给予军事采购国家政策优惠,需要相关部门进行统一管理,按照法规提供优惠政策和良好服务"。④ 第二,外商投资的国

---

① OECD, Competitive Neutrality: Maintaining a level playing field between public and private business, www. oecd. org.

② 参见江山:《论反垄断法解释的知识转型与方法重构》,载《现代法学》2018年第6期。

③ 参见丁茂中:《我国竞争中立政策的引入及实施》,载《法学》2015年第9期。

④ 宋歆、陈小菁:《群策群力议国是履行使命谋打赢》,载《解放军报》2009年3月7日,第5版。

家安全审查。针对市场化领域的外商投资进行国家安全审查是目前各国采用的通行做法。显而易见,国家安全审查客观可以导致内资与外资甚至外资与外资在相关市场上的不公平竞争。但是因为国家安全高于一切,所以这类政府行为也不受竞争中立政策的约束,尊重一国政府依法实施的国家安全审查已经成为国际社会达成的普遍共识。第三,引入竞争的非对称性扶持。为有效打破垄断格局特别是独占市场,政府在有些情况下会采用一些非对称性扶持措施。以英国电信行业的早期改革为例,1981 年,英国政府批准成立莫克瑞通信公司(Mercury Communications),使之与英国电信公司(British Telecom,BT)在国内展开竞争。"英国政府对新成立的 Mercury 公司有一定的扶持,但并不刻意削减 BT 公司的实力。"①"英国政府采取这一政策的目的,是通过在一定时期内建立和维持一个双寡头垄断的格局,帮助新成立的莫克瑞公司建立起自己的通信网络,使其不断地扩大市场份额,增强与 BT 的竞争能力,适应未来激烈的市场竞争。"②显然,这些引入竞争的非对称性扶持措施对于受益对象的竞争对手而言是有失公平的。但是,由于政府保持中立系以市场存在竞争为前提,若市场无竞争,则无政府中立之必要,因此,这类政府行为也不受竞争中立政策的约束。

非常明显,关系国民经济命脉和国家安全的行业以及依法实行专营专卖的行业在性质上客观符合竞争政策的例外情形。所以,对国企规制条款的立法完善完全可以通过删除"国有经济占控制地位的"即可。一方面,这完全符合了竞争中立政策的精神要求;另一方面,这又可以兼顾对行业管制与竞争规制的关系明确需求。

二、涉及民诉条款的立法完善

《反垄断法》第 50 条规定:经营者实施垄断行为,给他人造成损失的,依法承担民事责任。虽然这条的立法要义在于对垄断行为的民事责任作出规定,但是它在实践中确实不同程度地牵涉到反垄断民事诉讼的原告资格问题。

(一)反垄断民事诉讼原告资格的现实争议

2010 年 8 月 11 日,北京锐邦涌和科贸有限公司(以下简称锐邦公司)向上海市第一中级人民法院提起反垄断民事诉讼,声称强生(上海)医疗器材有限公

① 袁正、高伟:《中国电信业改革回顾、经验与问题》,载《宏观经济研究》2009 年第 9 期。

② 刘戒骄:《英国电信产业的放松管制和对主导运营商 BT 的再管制》,载《中国工业经济》2002 年第 1 期。

司（以下简称强生上海公司）、强生（中国）医疗器材有限公司（以下简称强生中国公司）在与其所签订的经销合同中，约定转售价格限制条款以及依据该条款对其进行处罚直至终止经销合同的行为构成《反垄断法》第 14 条第 1 款第 2 项所列“限定向第三人转售商品的最低价格”之违法行为，请求法院根据《反垄断法》第 3 条、第 14 条、第 50 条之规定判令强生上海公司与强生中国公司赔偿其因上述违法行为而致经济损失人民币 1439.93 万元并承担全部诉讼费用。根据法院查明的基本事实，双方的经济纠纷起源于经销合作。锐邦公司是强生中国公司和强生上海公司在北京地区从事吻合器及缝线产品销售业务的经销商，双方之间有着长达 15 年的合作，经销合同每年一签，有效期为 1 年。2008 年 1 月 2 日，3 家公司签订了《2008 年经销合同》，约定锐邦公司在强生中国公司、强生上海公司指定的相关区域销售它们的缝线产品，合同期限自 2008 年 1 月 1 日至 12 月 31 日。合同附件五第 2 条规定，锐邦公司不得低于规定的产品价格进行销售。在签订《2008 年经销合同》后，锐邦公司 2008 年 3 月在北京大学人民医院采购竞标过程中，违反经销合同中限制转售价格条款而降低价格竞标。强生上海公司以此为由先是取消了锐邦公司在部分医院的经销权，后是完全停止供货。在此案诉讼过程中，强生上海公司和强生中国公司对锐邦公司的原告资格提出了异议：本案被控垄断行为是锐邦公司与强生中国公司、强生上海公司之间达成的垄断协议，由本案当事人双方共同签订和执行，锐邦公司本身作为垄断行为的直接参与者和实施者，无资格提起本案诉讼。对此，一审法院并未直接作出回应。①

2012 年 5 月 28 日，该案上诉到上海市高级人民法院。二审法院在审理过程中对此作出专门回应，认为锐邦公司是本案诉讼的适格原告。首先，本案中锐邦公司作为接受限制最低转售价格协议的经销商，由于执行该协议可能失去在最低限价以下销售的机会，进而可能失去部分客户和利润。另外，锐邦公司由于违反限制最低转售价格协议受到处罚而遭受的损失，可能属于因垄断行为导致的损失。因此，垄断协议的当事人既可能是垄断行为的参与者、实施者，又同样可能是垄断协议的受害者，属于《反垄断法》第 50 条规定的因垄断行为遭受损失的主体范围。如果不允许这类当事人依据《反垄断法》针对垄断协议提起民事诉讼，将导致其民事权利救济无从实现。其次，从反垄断法预防和制止垄断行为、保护公平竞争、维护消费者利益和社会公共利益的立法目的出发，应

① 详见上海市第一中级人民法院民事判决书，(2010) 沪一中民五(知)初字第 169 号。

准许垄断协议的合同当事人提起反垄断民事诉讼。因为,合同当事人之外的利益主体(包括消费者)通常很难知道垄断协议的具体情形,如果不允许知悉内情、掌握证据的垄断协议当事人提起反垄断诉讼,垄断协议这种违法行为就很难受到追究。最后,《最高人民法院垄断纠纷审理规定》第1条规定"本规定所称因垄断行为引发的民事纠纷案件"是指"因垄断行为受到损失以及因合同内容、行业协会章程等违反反垄断法而产生争议的自然人、法人或其他组织,向人民法院提起的民事诉讼案件",锐邦公司即是因为本案《2008年经销合同》内容是否违反反垄断法与强生上海公司、强生中国公司存在争议而提起诉讼,由此可见,锐邦公司属于可以依据该条规定提起民事诉讼的原告。①

被告对原告的诉讼资格提出异议,在反垄断民事诉讼案件中也并不罕见。例如,在咸阳联合客运服务有限公司与咸阳市秦都出租汽车客运服务部、咸阳市渭城出租汽车客运服务部、咸阳市华光出租汽车客运服务部、咸阳市公共交通集团公司、咸阳市城市客运管理处限定交易纠纷案中,咸阳市秦都出租汽车客运服务部、咸阳市渭城出租汽车客运服务部、咸阳市华光出租汽车客运服务部认为:咸阳联合客运服务有限公司至今未取得道路运输经营许可证,依法不得从事出租汽车经营活动,不存在被侵占的市场经营份额,它与本案没有直接利害关系,也不可能因"垄断行为"受到损失,其不具备诉讼主体资格。② 再如,在南昌赣江热化厂与江西省盐业集团公司、江西省盐业集团公司南昌公司垄断纠纷案中,江西省盐业集团公司和江西省盐业集团公司南昌公司认为:它们与南昌赣江热化厂之间并没有发生民事争议,南昌赣江热化厂所指向的行为及要求损害赔偿的结果与它们之间完全没有因果关系,即它们不是南昌赣江热化厂提出的争议法律关系主体。③

但是,锐邦公司与强生上海公司、强生中国公司纵向垄断协议纠纷案有很大的特殊性。仔细分析一下前面所列举的其他两个案件不难看出,它们在此的异议基本没有超出民事诉讼法的制度范畴,即原告是否与本案有着直接的利害关系。而比较明显的是,锐邦公司与强生上海公司、强生中国公司纵向垄断协议纠纷案在此的异议则完全超出民事诉讼法的制度范畴。根据强生上海公司与强生中国公司对锐邦公司的原告资格提出的异议,它们的基点并不在于锐邦

---

① 详见上海市高级人民法院民事判决书,(2012)沪高民三(知)终字第63号。

② 详见陕西省高级人民法院民事判决书,(2014)陕民三终字第00035号。

③ 详见江西省高级人民法院民事裁定书,(2014)赣立终字第97号。

公司是否与本案有着直接的利害关系,而是锐邦公司是否有资格依据《反垄断法》第 50 条提起反垄断民事诉讼寻求损害赔偿。《反垄断法》第 50 条规定:经营者实施垄断行为,给他人造成损失的,依法承担民事责任。按照常规的思维逻辑进行理解,这里的"他人"似乎应当指向的是垄断行为的外部群体。而《反垄断法》第 14 条规定,禁止经营者与交易相对人达成下列垄断协议:(1)固定向第三人转售商品的价格;(2)限定向第三人转售商品的最低价格;(3)国务院反垄断执法机构认定的其他垄断协议。在锐邦公司也符合《反垄断法》第 12 条第 1 款规定的经营者身份属性的情况下,作为纵向垄断协议的参与者与实施者,它是否还有原告资格对强生上海公司和强生中国公司提起反垄断民事诉讼确实存在很大疑问。但毫无疑问的是,这明显超出了原告是否与本案有着直接的利害关系的涵盖范围。如果仅就《民事诉讼法》第 119 条所规定的与本案有着直接的利害关系而言,锐邦公司显然具有原告资格,因为强生上海公司和强生中国公司所采取的措施在客观上直接影响着其既有利益和后续经营。

至此,反垄断民事诉讼原告资格的"特殊性"及其解决,开始成为问题浮出水面。虽然理论界对此早有关注,但是实务界并未有所重视。除立法层面对此作出任何形式的回应之外,司法解释也没有作出任何实质的回应。最高人民法院在 2008 年 7 月发布的《最高人民法院关于认真学习和贯彻〈中华人民共和国反垄断法〉的通知》中只是规定凡是符合民事诉讼法起诉条件和反垄断法制度的纠纷案件都应当依法受理进行审判,在 2012 年 1 月发布的《最高人民法院关于审理因垄断行为引发的民事纠纷案件应用法律若干问题的规定》也只是基于协调行政与司法的关系需要对纠纷案件的受理情形作了一些限制。尽管当前的规定在整体上对于除纵向垄断协议以外的其他垄断行为所引发的民事纠纷而言,在《反垄断法》现行制度规定下是具有通用性的,但它们在纵向垄断协议所引发的民事纠纷上确实存在不小的适用挑战。如果我们不及时通过规范性文件的方式对反垄断民事诉讼原告资格作出特别规定,那么必然会导致各种问题的发生。仅就纵向垄断协议的民事审判而言,这极有可能导致不同法院在此出现适法分野。虽然在继锐邦公司与强生上海公司、强生中国公司纵向垄断协议纠纷案之后发生的东莞市横沥国昌电器商店与东莞市晟世欣兴格力贸易有限公司、东莞市合时电器有限公司纵向垄断协议纠纷案中,东莞市晟世欣兴格力贸易有限公司与东莞市合时电器有限公司并没有对东莞市横沥国昌电器商店的原告资格提出异议，[①]但是这并不意味着上述问题就不存在，而且无法表明以后再发生这类纠纷的被告不会对原告的诉讼资格再提出异议，更无法保证不会出现有些法院对此作出不同的裁定。而一旦出现这种局面，它就直接造成司法审判的适法分野，从而不同程度地影响司法审判的权威性。

（二）反垄断民事诉讼原告资格的设计

在民事诉讼法制度通行规定的基础上，我们应当充分结合所有影响因素对部分情形下的主体提起反垄断民事诉讼的权利作出合理的特别限制。[②]

1. 垄断行为的内部群体在原告资格上的限制

虽然解决反垄断民事诉讼原告资格的"特殊性"问题具有普遍性需求，但是纵向垄断协议的民事纠纷解决在形式上确实是其问题起源甚至是人们目前所关注的焦点。而就《反垄断法》第14条规定，理论界已经出现较为激烈的存废之争。笔者强烈主张删除现有的关于维持转售价格的所有法律条款，在《反垄断法》附则部分单独规定："经营者依照《中华人民共和国民法通则》、《中华人民共和国合同法》等法律、行政法规规定实施维持转售价格的行为，不适用本法；但是经营者滥用维持转售价格，排除、限制竞争的行为，适用本法。"[③]有些专家则认为："《反垄断法》原则性禁止排除、限制竞争的RPM绝不是立法错误，难点却在于分析方法构造。立足本土，我们需要对有关RPM'原则禁止+例外

---

① 详见广东省高级人民法院民事裁定书，(2016)粤民辖终273号。

② 根据所遭损失与所获赔偿的比值差异，垄断行为的损害赔偿制度在整体上可以分为两类，即补偿性赔偿制度和惩罚性赔偿制度。前者是指经营者实施垄断行为导致他人受到损失的，它应当对垄断行为的受害者按照其所遭受的实际损失进行等值赔偿。后者是指经营者实施垄断行为导致他人受到损失的，它应当对垄断行为的受害者按照其所遭受的实际损失进行多倍赔偿。目前，包括我国在内的大多数国家或者地区在垄断行为的损害赔偿上采取的是补偿性赔偿制度，只有少数国家和地区在此采取的是惩罚性赔偿制度。而就惩罚性赔偿的力度而言，它们有些采取的是法定3倍损害赔偿，有些采取的是酌情3倍损害赔偿。针对当前反垄断民事诉讼的活跃程度较低的现象，越来越多人建议我国应当在修改《反垄断法》时引入惩罚性赔偿制度。虽然法定3倍损害赔偿制度确实可以有效促进反垄断法的私人实施，但是也会产生不少负面作用，其中最为突出的就是垄断纠纷的滥诉问题。即便所涉及的其他事项同步发生某种程度的变化，无论我们采取的是法定3倍损害赔偿还是酌情3倍损害赔偿或者其他倍数的惩罚性赔偿，往往都意味着反垄断民事诉讼的私人效益大大提高。在这种情形下，为防止出现无谓的滥诉，则需要对反垄断民事诉讼的原告资格作出更为严格的要求。除垄断行为的损害赔偿制度会直接影响经营者与消费者对垄断行为的实施者发起反垄断民事诉讼的意愿外，还有针对垄断行为的举证责任同样会对此产生非常关键的影响。参见叶卫平：《惩罚性赔偿的制度思考》，载《上海财经大学学报》2009年第5期。

③ 丁茂中：《原则性禁止维持转售价格的立法错误及其解决》，载《政治与法律》2017年第1期。

豁免'的规范意义及其分析方法形成自觉理解和自主选择。"[①]但是无论立法将来走向何方,都不影响我们对垄断行为的内部群体在原告资格上的享有情况作出特别回应。只要反垄断法制度存在多边类的经济性垄断之禁止性规定,就会永远面临这样的潜在问题。即便没有纵向垄断协议或者在纵向垄断协议的民事纠纷解决中,完全没有发生经营者对交易相对人是否具有原告资格提出异议现象,作为反垄断法制度固有组成部分的横向垄断协议也会发生此类性质的争议。而且,就垄断行为的内部群体在原告资格上的享有情况,应当基本不用考虑垄断行为所涉损害赔偿的制度选择与垄断行为所涉举证责任的任务分配,它的核心工作应当在于静态化地考虑如何在原则性否定的基础上作出极其有限的例外安排,而且需要其考虑的对象范围亦是很窄的。

除能够证明自己完全处于被动状态的纵向垄断协议的参与人应当享有原告资格以外,[②]多边类的经济性垄断的组织者和其他参与者在此都不应当享有原告资格。横向垄断协议的危害性与形成路径直接决定了这类垄断行为的内部群体失去了对彼此提起反垄断民事诉讼的权利基础,而结果只是帮助垄断行为的内部群体不同程度地重新分配利益,又直接使司法审判介入这类民事纠纷失去了社会价值。虽然纵向垄断协议在形式上确实属于多边类的经济性垄断,但是它在有些情况下可能系单方主导为之。例如,拥有相对优势甚至具有市场支配地位的经营者在博弈过程中凭借自身的实力迫使交易相对人不得不接受其所提出的各种交易条件,包括固定向第三人转售商品的价格或者限定向第三人转售商品的最低价格等。这也在很大程度上解释了为何反垄断执法基本都只是对纵向垄断协议的组织者进行处罚,而鲜有对当中的交易相对人也进行处罚。然而必须承认的,纵向垄断协议在不少情况下确实系多方合意为之。例如,品牌供货商从自身品牌定位的角度出发希望经销商执行其高价营销策略,而经销商从有效减轻自身竞争压力的角度出发希望品牌供货商实施统一销售价格策略。因此,对待纵向垄断协议必须进行区分处理,不能采取"一刀切"的做法。如果只是单纯地全面否定其参与者在反垄断民事诉讼上的原告资格,不仅直接影响到部分权利的合理救济,而且可能直接影响到对垄断行为的有效打击。如果只是单纯地全面肯定其参与者在反垄断民事诉讼上的原告资格,必然

---

① 时建中、郝俊淇:《原则性禁止转售价格维持的立法正确性及其实施改进》,载《政治与法律》2017 年第 11 期。

② 如果立法彻底删除纵向垄断协议的规定,那么就不存在这类可以享有原告资格的主体之说了。

会引起大量的投机行为,即纵向垄断协议的参与者在有利可图的情况下就执行合同所约定的条款,在明显出现不利于自身的情况下就以违反反垄断法制度为由进行违约开脱甚至可以附带获得一笔数额不小的经济赔偿,从而间接起到纵容甚至鼓励具有较强市场势力的经销商,借助纵向垄断协议来实质性地实施横向垄断协议的恶性效果。所以,除非能够证明自己完全处于被动状态,即纵向垄断协议在客观上系组织者单方主导为之,否则,即便是参与者亦不应当享有原告资格。

2. 垄断行为的外部群体在原告资格上的限制

根据实践来看,与垄断行为存在直接利害关系的主体依据紧密程度依次包括:第一,直接购买者。例如,某品牌供货商要求经销商在销售其商品过程中必须按照规定的价格进行销售,通过线上渠道向其中的一个经销商购买了该类商品的人即为直接购买者。第二,潜在的直接购买者。根据可以满足需求的选择性差异,它在整体上又可以分为别无选择类和尚有选择类。前者例如,唯一拥有5G通信标准某项必要专利的企业在对外许可过程中违背其所作的公平、合理、无歧视承诺实施超高定价,即将进入5G智能手机制造业的某公司即为这类潜在的直接购买者。后者例如,某类中高端家电的部分生产商之间实施了价格垄断协议,尚未购买所涉品牌家电的消费者即为这类潜在的直接购买者。第三,间接购买者。例如,特定地域市场的炼钢企业一起共谋进行限制产量,购买了使用这些炼钢企业所生产的钢材制造出来的家用轿车的消费者即为间接购买者。第四,特定的社会团体。根据身份属性以及所代表利益的差异,它在整体上可以分为保护经营者利益类和保护消费者利益类。前者例如,上游企业联合划分销售市场,由下游生产企业构成的行业协会即为这类特定的社会团体。后者例如,在相关市场上具有支配地位的某企业在没有正当理由的情况下进行捆绑销售,所涉市场的消费者协会即为这类特定的社会团体。而在这些特定的社会团体中,部分是依法有权直接提起公益诉讼的。

对于这些垄断行为的外部群体,需要根据垄断行为所涉损害赔偿的制度选择与垄断行为所涉举证责任的任务分配等具体情况,考虑不同情形下适宜赋予反垄断民事诉讼原告资格的主体范围。按照以往的相关经验,我们在此大体可以作出如下安排(见表10-1)。

表 10－1　不同情形下可以作为反垄断民事诉讼原告的垄断行为的外部群体

垄断行为所涉损害赔偿的制度选择	垄断行为所涉举证责任的任务分配	适宜赋予反垄断民事诉讼原告资格的主体范围
惩罚性赔偿制度	谁主张，谁举证	直接购买者
		潜在的直接购买者
		依法有权直接提起公益诉讼的特定的社会团体
	继续保持当前做法或者再继续适度减轻原告的举证责任	直接购买者
		别无选择类潜在的直接购买者
		依法有权直接提起公益诉讼的特定的社会团体
	举证责任倒置	直接购买者
		依法有权直接提起公益诉讼的特定的社会团体
补偿性赔偿制度	谁主张，谁举证	直接购买者
		潜在的直接购买者
		间接购买者
		特定的社会团体
	继续保持当前做法或者再继续适度减轻原告的举证责任	直接购买者
		潜在的直接购买者
		特定的社会团体
	举证责任倒置	直接购买者
		别无选择类潜在的直接购买者
		特定的社会团体

相较而言，对此类问题的回应传统路径多通过司法解释的方式实施。当然，这也并不意味着《反垄断法》就不可以对此在立法上直接作出相应规定。根据当前的实践来看，《反垄断法》至少确有必要对民事责任条款中的“他人”进行相应的完善，如明确规定不包括横向垄断协议的参与者。

三、竞争政策基础地位入法问题

自 2015 年国务院将《反垄断法》的修订研究列入工作议程以来，尤其是近两三年，越来越多的权威人士建议在《反垄断法》中明确对竞争政策基础地位作出相应规定，立法应当对此进行合理的回应。

（一）竞争政策基础地位入法的缘起

竞争政策是“保护和促进市场竞争的政策总和，其目的是确保竞争机制的运行，实现市场配置资源的决定性作用”。① 根据实践来看，截至目前，我国的竞争政策在整体上可以分为以下两个发展阶段。

第一个阶段是1978年至2006年。如表10－2所示，这个阶段的竞争政策处于弱势的地位。

表10－2　竞争政策1978～2006年的地位表现

历史时间	文件名称	相应表述
1980年	《国务院关于开展和保护社会主义竞争的暂行规定》	竞争逐步开展起来，在我国经济生活中显示出它的活力，推动着经济的发展和技术的进步
1984年	《中共中央关于经济体制改革的决定》	建立自觉运用价值规律的计划体制，发展社会主义商品经济
1987年	《价格管理条例》	保障经济体制改革的顺利进行，促进社会主义有计划商品经济的发展；国家对价格管理采取直接管理和间接控制相结合的原则，实行国家定价、国家指导价和市场调节价3种价格形式
1990年	《国务院关于打破地区间市场封锁进一步搞活商品流通的通知》	工业、商业、物资等部门的企业，在国家计划指导下，根据经济合理的原则和生产经营的实际需要，有权在全国范围内自行选购所需要的商品，任何地区和部门不得设置障碍，加以干涉，特别是不得在承包经营责任制中硬性规定只准购销或硬性搭配本地产品；不得将质次价高、用户不欢迎的产品，强行压给流通企业

① 李青：《中国竞争政策的回顾与展望》，载《竞争政策研究》2018年第2期。

续表

历史时间	文件名称	相应表述
1992 年	《加快改革开放和现代化建设步伐,夺取有中国特色社会主义事业的更大胜利》	经济体制改革的目标,是在坚持公有制和按劳分配为主体、其他经济成分和分配方式为补充的基础上,建立和完善社会主义市场经济体制
1993 年	《中共中央关于建立社会主义市场经济体制若干问题的决定》	发挥市场机制在资源配置中的基础性作用,必须培育和发展市场体系。创造平等竞争的环境,形成统一、开放、竞争、有序的大市场
1998 年	《价格法》	国家支持和促进公平、公开、合法的市场竞争,维护正常的价格秩序,对价格活动实行管理、监督和必要的调控
2003 年	《中共中央关于完善社会主义市场经济体制若干问题的决定》	更大程度地发挥市场在资源配置中的基础性作用。建设统一开放竞争有序的现代市场体系

第二个阶段是 2007 年至今。如表 10 - 3 所示,这个阶段的竞争政策地位开始得到大幅度提升。

表 10 - 3　竞争政策 2007 年至今的地位表现

历史时间	文件名称	相应表述
2007 年	《反垄断法》	国务院设立反垄断委员会,负责组织、协调、指导反垄断工作,履行下列职责:(一)研究拟订有关竞争政策;(二)组织调查、评估市场总体竞争状况,发布评估报告;(三)制定、发布反垄断指南;(四)协调反垄断行政执法工作;(五)国务院规定的其他职责

续表

历史时间	文件名称	相应表述
2015 年	《国务院批转发展改革委关于 2015 年深化经济体制改革重点工作意见的通知》	促进产业政策和竞争政策有效协调，建立和规范产业政策的公平性、竞争性审查机制
2015 年	《中共中央国务院关于推进价格机制改革的若干意见》	加强市场价格监管和反垄断执法，逐步确立竞争政策的基础性地位
2019 年	《中共中央关于坚持和完善中国特色社会主义制度　推进国家治理体系和治理能力现代化若干重大问题的决定》	强化竞争政策基础地位，落实公平竞争审查制度，加强和改进反垄断和反不正当竞争执法
2020 年	《中共中央　国务院关于新时代加快完善社会主义市场经济体制的意见》	完善竞争政策框架，建立健全竞争政策实施机制，强化竞争政策基础地位

非常明显，竞争政策不仅在 2007 年得到了法律的明确承认，而且在此后开始直接进入党中央和国务院的政策范围，并且地位被不断地突出和强调，直至上升到目前的基础地位。在这个背景下，进一步在《反垄断法》中明确竞争政策的基础地位就逐步成为《反垄断法》修订的一个重要动议。“尽快启动《反垄断法》的修改，将‘竞争政策基础性地位’和‘公平竞争审查制度’融入反垄断法，实现公平竞争审查制度法治化和反垄断法的优化，从根本上化解公平竞争审查制度和反垄断法各自‘单兵作战’谁都不能有效规制行政性垄断的尴尬；二者‘珠联璧合’之后，既可以实现公平竞争审查制度对政府干预市场的刚性约束，又有利于进一步树立《反垄断法》的‘经济宪法’地位，还有利于节约立法资源、减少执法成本和守法成本从而减少制度成本。”①

① 孙晋：《新时代确立竞争政策基础性地位的现实意义及其法律实现——兼议〈反垄断法〉的修改》，载《政法论坛》2019 年第 2 期。

(二)竞争政策基础地位入法的意义

首先,这将进一步推动使市场在资源配置中起决定性作用的决议落实。党的十八届三中全会作出的《中共中央关于全面深化改革若干重大问题的决定》开创性地提出:经济体制改革是全面深化改革的重点,核心问题是处理好政府和市场的关系,使市场在资源配置中起决定性作用和更好发挥政府作用。"这一表述不仅明确了未来全面深化改革的重点所在,更对市场的地位和作用进行了重新定位,是市场与政府关系认识上的一次重大理论突破。"①回顾历史,我们在市场作用的定位上目前大体经历了3个发展阶段,即辅助性作用→基础性作用→决定性作用。1978年党的十一届三中全会开始提出:应该坚决实行按经济规律办事,重视价值规律的作用;1982年党的十二大则开始明确提出:发挥市场在资源配置中的辅助性作用;而1992年党的十四大则开始明确提出:要使市场在国家宏观调控下对资源配置起基础性作用;2003年党的十六届三中全会则继续明确提出:要在更大程度上发挥市场在资源配置中的基础性作用;2012年党的十八大则仍然明确提出:要在更大程度、更广范围发挥市场在资源配置中的基础性作用;2013年党的十八届三中全会就明确提出:使市场在资源配置中起决定性作用和更好发挥政府作用。对此,党的十九届四中全会作出的《中共中央关于坚持和完善中国特色社会主义制度　推进国家治理体系和治理能力现代化若干重大问题的决定》进一步作了明确:必须坚持社会主义基本经济制度,充分发挥市场在资源配置中的决定性作用,更好发挥政府作用,全面贯彻新发展理念,坚持以供给侧结构性改革为主线,加快建设现代化经济体系。而众所周知,竞争是市场的灵魂。要使市场在资源配置中起决定性作用,就必须充分保障竞争机制的有效运行。正如前所述,竞争政策的核心要义就在于促进和保护竞争。毫无疑问,如果《反垄断法》在立法上明确对竞争政策的基础地位作出规定,那么将使竞争政策的地位得到提升和巩固,进而可以在很大程度上有效促进市场在资源配置中起决定性的作用。

其次,这将进一步深化我国依法治国的基本方针以及法治政府的建设。1999年,全国人大通过的《宪法修正案》规定:"中华人民共和国实行依法治国,建设社会主义法治国家。"应当说,这标志着依法治国的基本方针在我国正式确立。随着社会的发展,依法治国的方针内容不断与时俱进,由先前的"有法可

① 王天义:《发挥市场在资源配置中的决定性作用》,载《学习时报》2013年11月18日,第4版。

依、有法必依、执法必严、违法必究”到目前的“科学立法、严格执法、公正司法、全民守法”。为进一步深化依法治国,习近平在党的十九大报告中提出:成立中央全面依法治国领导小组,加强对法治中国建设的统一领导。“中央层面专门成立领导小组,统筹推进全面依法治国,体现了党中央将全面依法治国向纵深推进的决心和勇气,更加凸显了法治在治国理政中的重要地位。”①就性质而言,对竞争政策基础地位的强调在本质上是政府选择政策工具的一种行为,只不过相较传统有着历史性的转变。从现有的规定来看,这都在基本法律的既定框架内。除《宪法》以外,多部法律法规都对此作了基础性权限和职责的明确。不言而喻,其无论是在形式上还是实质上都是符合法治要求的。但是不可否认的是,现有的规定都没有细化到政策工具的具体选用及其具体地位问题。非常明显,如果《反垄断法》在立法上明确对竞争政策的基础地位作出规定,那么它在这方面就实现了突破。对于以后重点施用竞争政策来说,政府在政策择用及实施上更有法律依据。换言之,即进一步深化了我国依法治国的基本方针。“为什么要用竞争政策作为顶层设计,作为官方的主导政策?它其实是一种长效机制,是一种依靠市场发挥规律性作用的机制,也是一种法治保障机制。”②事实上,这更能彰显法治政府的建设水平。党的十八届四中全会通过的《中共中央关于全面推进依法治国若干重大问题的决定》所作的战略部署要求“深入推进依法行政、加快建设法治政府”。在《反垄断法》对竞争政策基础地位明确作出规定的情况下,无论是中央政府还是地方政府积极推进竞争政策的有效实施都将会被凸显得更具有法治化属性,以往政策性内容所带有的临时性色彩则会被大幅度淡化。

(三)竞争政策基础地位入法的路径

对于《反垄断法》应当如何对竞争政策的基础地位作出规定问题,有的人认为:“《反垄断法》第1条、4条、8条、9条已经暗含了‘竞争政策基础性地位’和‘公平竞争审查制度’的制度意蕴,但需要通过修法予以进一步明确,在总则部分直接明确国家在市场经济体制中奉行竞争政策基础性地位,作为竞争政策重要制度抓手和实施路径的公平竞争审查制度在分则部分明确规定……修改《反垄断法》第4条,把‘竞争规则’丰富为‘竞争政策和竞争规则’;在‘完善宏观调

---

① 季健明:《十九大报告提出,成立中央全面依法治国领导小组,加强对法治中国建设的统一领导,持续发力建设法治中国》,载《人民日报》2017年10月22日,第8版。

② 黄勇:《确立竞争政策的基础性地位》,载《中国价格监管与反垄断》2018年第11期。

控'之前加上'坚持竞争政策基础性地位',既为'完善宏观调控'提供了价值标准和制度工具,又增强了该款规定的逻辑性。"①有的人认为:"确立和强化竞争政策的基础和优先地位可以通过对《反垄断法》总则部分相关条款的调整或者新增来实现。这方面的问题在《中共中央国务院关于新时代加快完善社会主义市场经济体制的意见》(2020 年 5 月 11 日)中又得到了进一步的强调:'完善竞争政策框架,建立健全竞争政策实施机制,强化竞争政策基础地位。''强化公平竞争审查的刚性约束,修订完善公平竞争审查实施细则,建立公平竞争审查抽查、考核、公示制度,建立健全第三方审查和评估机制。统筹做好增量审查和存量清理,逐步清理废除妨碍全国统一市场和公平竞争的存量政策。建立违反公平竞争问题反映和举报绿色通道。'无疑,我国《反垄断法》在修订完善中应当切实体现党和国家顶层设计中的这些要求。具体来说,竞争政策基础地位的内容可在现有《反垄断法》第四条中直接增加,即'国家确立和强化竞争政策在经济政策体系中的基础地位,把竞争政策贯穿到经济发展的全过程。''国家制定和实施与社会主义市场经济相适应的竞争规则,完善宏观调控,健全统一、开放、竞争、有序的市场体系。'"②可以看出,竞争法界在此的看法是基本一致的。根据所涉内容的宣誓性属性和法律文本的逻辑体系,最为合适的做法确实应当是在《反垄断法》的总则部分,尤其是在第 4 条对竞争政策的基础地位问题作出规定。笔者以为,就具体实施路径而言,上述两种建议都是可行的。

需要特别指出的是,除《反垄断法》应当对竞争政策的基础地位作出规定以外,有的人还认为需要对此进行释宪,理由是"首先,宪法规定的基本权利条款如竞争权利、自由竞争、消费者权益皆与竞争政策联系紧密,直接为竞争政策提供了宪法依据与实现空间。现代宪法普遍遵循的基本原则还涵括人权原则,我国宪法文本明确'国家尊重和保障人权'条款,列举了公民基本权利;同时该条款也被认为是肯定未列举权利以扩大基本权利保护范畴的规范依据。当然,基本权利的行使受到《宪法》第 51 条规定的'国家的、社会的、集体的利益'限制,并非没有边界和限度。易言之,作为竞争政策最密切关怀的经营者自由竞争权利和消费者权益分别作为现代市场经济条件下的市场主体和消费者享有的基本权利之一,受宪法保护,不能轻易受到限制,除非以更高层次的公共利益或充

---

① 孙晋:《新时代确立竞争政策基础性地位的现实意义及其法律实现——兼议〈反垄断法〉的修改》,载《政法论坛》2019 年第 2 期。

② 王先林:《以法律为基础的反垄断战略问题论纲——兼论我国〈反垄断法〉的修订与完善》,载《法学评论》2020 年第 4 期。

分且正当的理由为条件。其次,《宪法》第15条规定'国家实行社会主义市场经济',而只有在市场经济条件下才有竞争存在的余地和价值,没有竞争就没有市场经济。因此,实行社会主义市场经济是我国的最高竞争政策。最后,宪法对于与竞争政策机密相关的国家(主要通过政府)干预市场的权力与行权有授权和拘束力规定,对国家权力干预经济运行范围、程度、方式、责任诸约束也是宪法与竞争政策密切联系的表现之一。我国宪法规定'国家完善宏观调控'、'国家依法禁止任何组织或者个人扰乱社会经济秩序',表明从应然层面上,国家调节经济的自由和限度应当受到宪法和法律的约束;而竞争政策基础性和优先性实施也是为了防止国家公权力限制竞争或者过度干预市场损害竞争机制,从而破坏社会主义市场经济。"①应当讲,这些都有着深刻的道理。随着社会的发展,宪法权利的具体化逐渐成为一项非常重要的理论研究与实务工作。毫无疑问,若能够对竞争政策的基础地位问题进行释宪,必将从根本上进一步提升和巩固竞争政策在我国的地位。根据以往的实践来看,这面临不小的困难与挑战。

四、对数字经济作特别规定问题

随着数字经济的迅猛发展,包括竞争法界在内的不少人建议在《反垄断法》中特别对数字经济问题作出相应规定。从方案设计来看,他们的具体主张又不尽相同,大体上可以归为体系重构论、制度单设论和要素突出论三类。

(一)体系重构论及其评析

体系重构论,即主张反垄断法应当围绕数字经济在诸多框架性内容上进行根本性调整。"从工业经济时代的'生产大爆炸'到数字经济时代的'交易大爆炸'的转型过程中,数字经济平台利用其数据和算法等的综合能力、激发数据生产要素潜力的同时,也对基于工业经济的反垄断法带来基础理论和规制体系的挑战。需基于平台、数据、算法三元融合的规制原理,以鼓励创新与隐私保护重构反垄断法立法目的和价值体系;构建市场支配地位和相对优势地位双层规制模式;重构相关市场分析框架;将修正后的必要设施原则成文法化;跳出市场支配地位框架规制流量垄断;以监管科技强化事前事中监管范式弱化事后处罚机制,构建价格和质量并重、法律和技术共治的反垄断法体系。"②

① 孙晋:《新时代确立竞争政策基础性地位的现实意义及其法律实现——兼议〈反垄断法〉的修改》,载《政法论坛》2019年第2期。

② 杨东:《论反垄断法的重构:应对数字经济的挑战》,载《中国法学》2020年第3期。

对此,绝大部分人认为正如德国垄断委员会在2015年发布的《竞争政策:数字市场的挑战》中所指出那样:基于目前数字市场的竞争情况,还没必要对《反垄断法》进行根本性修改,但是需要考虑数字市场特殊的竞争情况。① 客观而言,情况应当如此。

就《反垄断法》的立法宗旨而言,现有内容应当是能够有效涵盖鼓励创新和隐私保护问题的。对于鼓励创新:首先,公平竞争在客观上是可以促进经营者进行不断创新的;其次,经济运行效率在范畴上包括质与量两个方面;最后,虽然市场在促进经营者创新上确实会出现短期性的失灵问题,竞争只是停留在纯粹的市场份额争夺上,处于领导地位和挑战地位的经营者没有主动及时寻求技术突破,但是这个问题已经超出反垄断这个手段可以作用的能力范围。对于隐私保护:一方面,公平竞争的要求可以包括有关个人信息的保护力度或者水平;另一方面,虽然《反垄断法》在维护消费者利益上有着应当的作用路径,但是该作用路径下的消费者保护仍然可以触及隐私保护问题,况且消费者的保护并不只有《反垄断法》。

就相关市场界定而言,现行分析框架能够有效满足所有情形的应用需求。从内容上来看,《反垄断法》第12条第2款圈定的维度是没问题的。虽然《国务院反垄断委员会关于相关市场界定的指南》进一步提及了技术和创新,但是这在根本上并未超出商品维度。毫无疑问,相关市场的界定必须依据替代性原理,即便是数字经济领域也不可能动摇这个基础。而无论是相关市场界定涉及的具体维度对应的权衡因素还是衡量替代性程度的方法,它们本身都是开放型的,必须根据具体情况进行择用。② 所以,相关市场界定的潜在问题最多就是权衡因素和方法的不断优化。即便上升到立法层面,问题焦点应当是如何进一步提升其在应用过程中的确定性。事实上,这也只是一个可选项,而非必选项。

就行为规范而言,现行规定应当是基本可以胜任规制任务的。不可否认的是,数字经济在客观上凸显了当前立法存在的一些时代性的不足,尤其是有关经营者集中的申报标准。但是,无论是禁止垄断协议制度还是禁止滥用市场支配地位制度或者经营者集中控制制度以及禁止滥用行政权力排除限制竞争制度,它们的基本规范在应对所有领域的垄断行为规制上还没有出现颠覆性的缺

① 参见韩伟主编:《数字市场竞争政策研究》,法律出版社2017年版,第91页。

② 参见丁茂中:《反垄断法实施中的相关市场界定研究》,复旦大学出版社2011年版,第27~45页。

陷。而有关相对优势地位的制度引入问题，与数字经济没有必然的联系，很早之前就存在相关的激烈争论。事实上，有关必要设施原则问题也是基本如此。略有不同的是，它在性质上并未超出市场支配地位的基本范畴。根据实践来看，必要设施在作用效果上只是导致经营者具有市场支配地位的一个因素而已，包括流量也是这样。

就规制手段而言，现有系统存有足够的扩容空间。保持强有力的威慑性是《反垄断法》得以有效遵守的基础，这是反垄断规制的支撑点。但是对经营者进行处罚并不是目的，目的在于借此维护市场竞争。对此，《反垄断法》在立法宗旨及相应制度设计上都有所强调。前者突出表现在“为了预防和制止垄断行为”的表述上，后者表现在经营者集中控制制度等上。即便聚焦到立法层面，“为了预防和制止垄断行为”也使很多带有事前性质的制度设计可以被引入，如针对滥用行政权力排除限制竞争的公平竞争审查制度。这就更不用说只是操作层面或者核心属于操作层面的内容，如通过技术进行预警并据此采取相应的行政劝告来避免潜在的垄断行为发生。

(二)制度单设论及其评析

制度单设论，即主张反垄断法应当通过专项条款对数字经济的竞争规制作出规定。就此具体实施路径而言，多数人认为应当结合反垄断法的现有各部分规定对涉及数字经济的重要内容进行项目增列或者制度补充。“企业的平台化趋势，数据与算法作为竞争要素地位的提升，以及隐私与创新方面的非价格竞争维度和损害理论的拓展，则是我国《反垄断法》修订与完善过程中需要重点关注的几方面问题。”①中国政法大学竞争法研究团队在针对《反垄断法》的修改提出的专家意见稿中，建议增加诸如“经营者不得利用算法等技术手段达成本章禁止的垄断协议”“网络平台经营者不得组织或者协调平台内的经营者达成本章禁止的垄断协议”这类规定。应当说，这些都是具有较高的可行性的。但是在以往的相关话题研讨中，也有些人建议可以直接参照《反垄断法》第55条规定对数字经济的相关问题作出概括规定。客观而言，这类建议在可行性上应当存在很大问题。

首先，数字经济与知识产权在问题属性上存在很大差异。众所周知，为了鼓励所有主体积极进行创新以推动社会发展，制度设计必须赋予智慧贡献者对此拥有独享权，这使知识产权具有独占性色彩。而当权利主体不当使用相关知

---

① 韩伟：《数字经济时代中国〈反垄断法〉的修订与完善》，载《竞争政策研究》2018年第4期。

识产权时,它在客观上会阻碍别人的创新活动。正因如此,《反垄断法》第 55 条在强调知识产权保护的前提下,又平衡性地对滥用知识产权作出规制。比较一下不难看出,数字经济在性质上只是一种业态,它本身似乎应当不存在固有的独占或者排他性问题。即便具体到数据,情况似乎也是如此。况且,就数据的共享与专享涉及的路径选择问题,可能还有不少突破传统的潜在做法。例如,建议突破"所有权—使用权"的法理范式,依据数据资源的物理属性与经济特征,不设置数据所有权,只设置具有排他效应的数据控制权。数据控制者可以决定是否将其控制的数据予以公开、许可使用,或是转让他人。① 在这种模式下,它与知识产权所涉的问题属性就相差更远。

其次,先前就此所作的相应尝试在效果上并不理想。事实上,对数字经济进行专项规定在之前已有不同程度尝试。第一次修改后的《反不正当竞争法》第 12 条就规定:经营者利用网络从事生产经营活动,应当遵守本法的各项规定。经营者不得利用技术手段,通过影响用户选择或者其他方式,实施下列妨碍、破坏其他经营者合法提供的网络产品或者服务正常运行的行为:(1)未经其他经营者同意,在其合法提供的网络产品或者服务中,插入链接、强制进行目标跳转;(2)误导、欺骗、强迫用户修改、关闭、卸载其他经营者合法提供的网络产品或者服务;(3)恶意对其他经营者合法提供的网络产品或者服务实施不兼容;(4)其他妨碍、破坏其他经营者合法提供的网络产品或者服务正常运行的行为。2018 年,全国人大常委会还颁布了《电子商务法》。从实施情况来看,无论是前者还是后者均不是非常理想。这不仅表现在争议解决的适用多寡上,而且表现在争议解决的适用质量上。②

最后,将会加剧不同立法及其制度之间的混同。就目前来讲,姑且不论《反不正当竞争法》第 2 条在理解与适用上的巨大空间,即便是仅就其具体规制条款来讲,也还有可以充分涵盖到某些类型的垄断行为。以《反不正当竞争法》第 12 条第 2 款第 3 项为例,它应当能够满足对具有市场支配地位的经营者"没有正当理由,对条件相同的交易相对人在交易价格等交易条件上实行差别待遇"进行规制的依据需求。在实践中,确实经常出现某些超级平台"屏蔽"自己主要竞争对手的产品,但允许其他经营者的同类产品在其平台上进行应用。就潜在问题而言,这类最有可能涉嫌的就是《反垄断法》所禁止的滥用市场支配地位实

① 参见丁文联:《数据竞争的法律制度基础》,载《财经问题研究》2018 年第 2 期。

② 参见焦海涛:《互联网不兼容行为的规制路径选择》,载《财经法学》2020 年第 5 期。

施差别待遇。但是,这无论是在形式还是内容上似乎又完全符合“恶意对其他经营者合法提供的网络产品或者服务实施不兼容”。事实上,类似问题还存在于《反不正当竞争法》与《电子商务法》之间、《电子商务法》与《反垄断法》之间。若再直接参照《反垄断法》第 55 条规定对数字经济的相关问题作出概括规定,则会加剧《反垄断法》与上述两个法律之间在制度上的混同。这不仅与立法成本控制相悖,而且与立法周密分工相悖。

(三)要素突出论及其评析

要素突出论,即主张反垄断法应当通过一些条款对数字经济涉及的特殊权衡因素进行适度列举。“基于数字经济条件下企业行为出现的新特点,反垄断法就需要作出必要的回应。总体来说,既有的反垄断法分析框架在数字经济时代并没有完全过时,仍然可以适用,但需要针对这些行业的新特点做出必要的调整。这种调整有的是在具体适用法律时进行适应新形势的灵活运用即可,有的则需要在法律制度中进行必要的规定,从而也成为目前我国《反垄断法》修订中不容回避的一个重要维度……除了在《网络安全法》等法律中对禁止算法采集和依据的数据范围予以明确之外,还需要在《反垄断法》修订时明确将定价算法认定为达成垄断协议的手段,将同时提价、频繁交换信息、同时转变商业策略、无明显经济压力的异常变化、长期一致高价等行为作为推断算法合谋的辅助证据。”①应当讲,这些在客观上不仅是必要的,而且是可行的。

不可否认的是,数字经济相较传统业态在很多方面确实存在不少较为特殊的地方。以市场支配地位问题为例,数字经济往往具有很强的网络效应特质。所谓网络效应,是指产品价值随着购买这种产品及其兼容产品的消费者的数量增加而增加,它是以色列经济学家奥兹·夏伊在《网络产业经济学》中提出的一个重要概念。以往的实践充分表明,网络效应通常会导致“赢家通吃”的基本格局。② 这也就是为何互联网行业总是规律性地出现寡头现象的根本原因,只是不同具体领域不同阶段的更迭速度有所差异而已。随着数字经济的进一步发展,核心业务数据量的积累基础或者控制规模的分化将会加剧网络效应及其作用结果。基数越大的经营者越容易捕获潜在的客户,其竞争对手越容易遭到蚕食并最终出现市场份额的崩塌。即便对数字经济的治理从传统的权属模式转向现代的控制模式,情况也基本如此。因此,这类权衡因素应当是数字经济领

① 王先林:《我国反垄断法修订完善的三个维度》,载《华东政法大学学报》2020 年第 2 期。

② 参见方燕:《网络产业反垄断规制的重新审视》,载《东北财经大学学报》2020 年第 2 期。

域滥用市场支配地位案件在认定市场支配地位时需要重点考虑的因素。

再如经营者集中的申报标准,数字经济在此已凸显出较强的独特个性。根据《反垄断法》第21条和《国务院关于经营者集中申报标准的规定》来看,经营者集中的申报标准目前是依据营业额来确定的。除此之外,《国务院关于经营者集中申报标准的规定》还规定,国务院反垄断执法机构在特殊情况下将会对未达到申报标准的经营者集中进行调查。就必要性而言,这是具有十分重要意义的。国内外互联网领域的很多并购交易已经充分表明,虽然它们在营业额上没有达到规定的申报标准,但是这些集中在客观上具有比较明显的反竞争效果。最为典型的代表就是互联网各个领域的寡头对初创型的竞争对手采取的猎杀式并购,如Facebook在2012年斥资10亿美元收购Instagram。[①] 可以合理预计的是,随着数字经济的不断深化,这类现象还将不断涌现。因此,在有效解决经营者集中的审查范围存在不确定性问题的基础上,确有必要通过合适的方式对数字经济在此凸显的问题作出合理指引,如针对数字经济领域的并购交易在申报标准上还需考虑交易额等。[②]

对于数字经济带来的挑战,除在具体案件中不断进行深化考虑以外,反垄断执法机构还在规范性文件中不断对此加以总结。国家市场监督管理总局在2019年发布的《禁止滥用市场支配地位行为暂行规定》第11条就明确规定:根据《反垄断法》第18条和本规定第6条至第10条规定认定互联网等新经济业态经营者具有市场支配地位,可以考虑相关行业竞争特点、经营模式、用户数量、网络效应、锁定效应、技术特性、市场创新、掌握和处理相关数据的能力及经营者在关联市场的市场力量等因素。从技术成熟度来看,这些完全可以直接移到《反垄断法》相关条款中去。

五、结语

反垄断向来是个比较复杂的问题,这客观决定了有关规则的构建往往是仁者见仁智者见智。[③] 以我国过去10多年的实践为核心导向,前文对《反垄断法》存在的立法问题作了相对系统的解析,并据此提出了基本的完善建议。

---

① 参见宁度:《部分并购的反垄断经济与法律分析》,载《经贸法律评论》2020年第6期。

② 参见陈肖盈:《互联网领域未依法申报经营者集中的执法困境及其解决方案》,载《中国社会科学院研究生院学报》2020年第1期。

③ 参见张守文:《反垄断法的完善:定位、定向与定则》,载《华东政法大学学报》2020年第2期。

习近平总书记在党的十九大报告中强调：全面依法治国是国家治理的一场深刻革命，必须坚持厉行法治，推进科学立法、严格执法、公正司法、全民守法。期望我国能够尽快完成《反垄断法》的首次修改，争取在最大限度上使市场在资源配置中起决定性作用和更好发挥政府作用，为所有企业提供一个更优的经营环境，从而促进我国经济持续健康的发展。

后　记

坦率地讲,学术研究在大多数情况下是枯燥单调且乏味的。但是每当自我感觉对一个问题貌似有所顿悟时,或者与各界朋友对相关问题进行深入交流时,或者写作的内容被发表或出版时,这些枯燥单调与乏味似乎又很快被忘记了,继而很快投入下一个阶段的工作中去。或者,这就是"痛并快乐"的感觉。

自我国《反垄断法》实施至今,时间已经过去十余年。过去十多年的实践充分证明,反垄断法目前还存在很多的立法问题,内容涵盖调整范畴、行为规范、法律责任、实施体制等方方面面,只是各部分的突出程度有所不同。在这种情况下,《反垄断法》的修订工作逐步被提上议程。为此,我国的竞争法学界对此展开了深入的研究,取得了非常丰硕的研究成果。

在竞争法学界前期取得的成果以及前期学习的基础上,本人于2019年以"反垄断法的修订研究"为题申报了国家社科基金一般项目,并获得了立项。在随后的两年时间里,本人紧锣密鼓地围绕课题进行了研究,形成了目前这个研究成果,并在2021年顺利完成了结项。

就目前的研究成果而言,本人只是对反垄断法存在的主要问题进行了一定探讨。事实上,反垄断法目前还有不少其他问题有待深入探究,如垄断协议的安全港问题、经营者集中的停表机制、滥用市场支配地位制度的定位等。即便是目前已经进行一定探讨的问题,还有不少问题的看法在客观上仍不成熟。但是无论如何,希望本研究成果能够对反垄断法的完善有所裨益。

衷心感谢竞争法学界各位前辈和师友长期以来给予的帮助和支持，衷心感谢反垄断执法机构各位领导和朋友一直给予的大力关照，衷心感谢法律出版社法治与经济分社沈小英社长和刘晓萌编辑的辛勤付出。

习近平总书记在党的十九大报告中强调：全面依法治国是国家治理的一场深刻革命，必须坚持厉行法治，推进科学立法、严格执法、公正司法、全民守法。期望我国能够尽快完成反垄断法的首次修改，争取在最大限度上使市场在资源配置中起决定性作用和更好发挥政府作用，为所有企业提供一个更优的经营环境，从而促进我国经济持续健康发展。

丁茂中

于佘山花园学府

2021 年 12 月 11 日